미래학교에선
뭘 배우지?

미래학교에선 뭘 배우지?

초판 1쇄 발행일 2018년 12월 8일
초판 2쇄 발행일 2019년 12월 2일

지은이 권순영

펴낸이 김완중
펴낸곳 내일을여는책
편집총괄 이헌건
디자인 구정남
관리실장 장수댁

인쇄 예림인쇄
제책 바다제책

출판등록 1993년 01월 06일(등록번호 제475-9301)
주소 전라북도 장수군 장수읍 송학로 93-9(19호)
전화 063) 353-2289
팩스 063) 353-2290
전자우편 wan-doll@hanmail.net
블로그 blog.naver.com/dddoll

ISBN 978-89-7746-095-9 03370

(CIP제어번호: CIP2018038843)

미래학교에선
뭘 배우지?

글 권순영

기술의 시대에서
윤리의 시대로

역량 중심 교육을 넘어
가치 중심 교육으로

내일을여는책

머리말

미래에도 학교가 있을까?

긴 복도, 칸칸이 나눠진, 네모난 방.

누군가는 앞문만, 누군가는 뒷문만….

함부로 떠들어도 안 되고 함부로 뛰어다녀도 안 된다.

정해진 시간에 밥을 먹고 정해진 시간에 쉰다.

모두 마치면 집에 갈 수 있다.

여기는 어딜까?

위 글은 TV드라마 『슬기로운 감빵생활』을 떠올리며 낸 질문이다. 예상답안은 '감옥'이지만 누군가는 '학교'라고 답할지도 모르겠다. 사실상 학교와 감옥이 매우 비슷하기 때문인데, 푸코는 이를 '파놉티콘의 도식'이라고 불렀다. 근대의 공공건물에서 쉽게 찾아볼 수 있는 파놉티콘의 학교들은 2030년 즈음에 사라질 것[1]이라고 예측된다. 가능한 것일까?

레이 커즈와일은 2034년 즈음에는 나노로봇에 의해 텔레파

시가 가능해지면서 매개체 없이 뇌에서 뇌로 지식을 곧바로 전달할 수 있을 거라고 본다. 박영숙과 박세훈은 인지기술의 발달로 지능증강이 일어나 새로운 지식을 배울 필요가 없어질 거라고 한다. 몇몇 미래학자들의 예측처럼 배워야 할 내용을 원하는 곳에 원하는 방식대로 전달하고 저장할 수 있다면 인간은 기계 혹은 또 다른 '나'와 배움을 주고받을 수 있게 될 것이다. 그렇다면 학교라는 공간에 와서 선생님으로부터 무언가를 배우는 현재의 교육은 사라질 수 있다.

그러나 타고난 호기심을 가진 인간이 무언가를 배운다는 '교육' 그리고 사회적 동물인 인간이 교육을 주고받는 사회적 제도인 '공교육'은 인간 삶의 필수불가결한 부분이므로 그 자체가 소멸될 수는 없다.

공동체의 공공성과 공익성을 추구하는 데 있어 교육만큼 분명한 효과를 낸 사회적 제도가 없었기 때문에 인간이 공동체를 꾸리고 살아가는 한, 공교육은 미래에도 존속될 체제다. 오히려 새로 구축할 필요가 없을 정도로 넓은 망을 가진 사회적 제도이기에 공동체의 존립과 발전을 위해 사회적 요구 또는 시대의 흐름을 공동체에 녹여 내는 해결사 역할은 더욱 요구받을 것이다.

하지만 미래로 갈수록 커질 수밖에 없는 공교육의 역할에 비해 권위는 오히려 낮아져 학교교육이 기대에 부응하는 효과를 낼지는 모르겠다. 앞으로는 미래지식의 특성과 미래사회의 초연결성으로 인해 기존에 누려왔던 '지식생산자'로서의 독점적 지위와 '지식유통업자'이자 '선발의 척도'로서 누려왔던 사회적 지위가 약화될 전망인데, 현재의 한국 공교육은 교육 외에 보육과 치료, 상담까지 많은 역할을 이미 맡고 있기 때문이다. 또, 학교를 거치지 않고도 부와 명성이라는 사회적 성공을 거두는 사례들이 많아짐에 따라 부와 명성을 인생의 목적으로 하는 사람에겐 학교에서 보내는 시간이 낭비로 여겨질 정도로 '학교에 간다'는 것이 의미 없는 일일 수 있다.

이전에는 한국 공교육이 사교육 시장과 경쟁하며 권위를 지키기 위해 애써왔다면, 오늘날에는 사교육뿐 아니라 '홈스쿨링' 형태의 개방학습, 협동조합학교, 마을교육공동체, 대안학교와 같이 교육기능을 수행하는 다른 형태의 학교들, 해외의 교육기관들, 가상공간의 다양한 교육 형태와 경쟁하고 있다.

특히 이미 현실화된 가상공간에서의 학교는 다양한 형태로 영역을 넓혀가고 있다. 사이버대학, 미네르바스쿨과 같이 캠퍼스가 없는 유료 온라인대학, 칸랩아카데미, 스카이프클래스와 같은 무료 온라인학교, 유다시티, 코세라, 에덱스, 무크와 같은 무료 공개강좌, 구글클라우드교육플랫폼 등에서의 배움은 공식 학력으로 인정되고 있다.

가상공간의 학교들은 건축비나 교사 인건비가 적게 들기 때문에 현실공간의 학교보다 쉽게 만들고 지식의 변화를 교육에 적용하기 쉬우며, 짧은 교육과정으로 직업의 변화에도 유연하게 적응할 수 있다. 장애와 부적응을 가진 학생, 새로운 배움을 원하는 학생들이 현실공간의 학교에 다니거나 유학을 가지 않고도 배울 수 있는 길을 열어주어 어느 정도 교육복지와 교육평등에도 기여할 수 있다. 그러나 가상공간에서의 학습활동은 직접 얼굴을 마주하고 대화하면서 거둘 수 있는 교육의 효과를 똑같이 기대하기는 어려우며 가상학교에 대한 정보나 기기가 없다면 접근하기 힘들다.

한국 미래학교의 구축방향은 기술이 접목된 스마트교실이다. 2011년 6월, 교육과학기술부에서 계획한 '인재대국으로 가는 길 스마트교육 추진 전략' 이후 한국의 미래학교에 관한 논의는 주로 기술을 어떻게 학교에 접목하느냐에 집중되어 왔다. 2011년 7월, 한국교육학술정보원에서 낸 『미래학교 체제 도입을 위한 Futuer School 2030 모델 연구』를 보면, 미래학교의 구축방향을[2] 유비쿼터스 기반 맞춤형 학습관리가 가능한 스마트학교, 글로벌·지역사회와 연계된 학교, 환경친화적이며 에너지 감축을 고려한 생태지향적 학교, 학생들을 위험이나 재해에서 보호하는 안전한 학교, 창의적이고 협력적인 학습활동을 지원하는 즐거운 학교로 보고 세종시 N초등학교를 비롯하여 전국적으로 연구학교 및 시범학교를 만들어 이를 구현하고자 했다.

연구·시범학교에서 구현하고 있는 스마트교실의 구조는 기존의 네모난 교실에서 크게 벗어나지 않는다. 선생님 책상과 전자칠판, 게시판에다 문이 두 개인 기본형태다. 그러나 유비쿼터스 기술과 가상현실 기술로 디지털교과서를 구현했고, e-러닝으로 코딩과 소프트웨어 교육을 실시했다. 아이들은 터치패드로 수업을 받고, 3D프린터로 만들기를 한다. 이렇게 기술이 접목된 미래교실과 미래학교는 한국뿐 아니라 세계에서도 내다보고 있는 미래의 모습이다.

디지털화된 미래학교에서는 최신의 기술, '에듀테크'가 접목된 새로운 교육방법들이 사용된다. 교육활동에 있어서는 가상과 실제, 교실 안과 교실 밖을 연계하는 크로스오버러닝crossover learning, 온라인과 실제 학습을 결합시킨 혼합교육blended learning, VR·AR을 활용한 시뮬레이션학습 등을 활용한다. 교육평가에 있어서는 클라우드에 저장된 학습 산출물인 e-포트폴리오, 평가를 위해 설계된 게임을 활용하는 스텔스 평가stealth assessment 등을 활용할 수 있다. 가상현실을 이용할 경우 직접 현장에 가지 않고도 음악회나 미술관, 명승고적, 과거 역사의 현장을 느낄 수 있고, 직접 실험이나 체험을 해보지 않아도 인체 구조나 화학을 배울 수 있어 학습의 안전성과 실재성을 담보할 수 있다.

미래기술과 가상공간을 활용한 교육방법은 학생마다 다른 배움의 속도와 리듬, 흥미 그리고 개인의 장애나 질병, 기능 등 다양한 특성을 반영하여 필요한 때에 필요한 지식을 완벽하게 배울 수 있는 적시학습just in time learning과 개인맞춤형 학습individualized education, 완전학습mastery learning을 가져올 것으로 기대되고 있다.

이렇게 디지털화된 학교에서 에듀테크로 구현되는 개인맞춤형 완전학습은 학생의 행복과 삶에 어떤 영향을 끼치게 될까?

오늘날의 아이들은 과거보다 높은 기술력의 시대에 살고 있으며 한 가정당 자녀의 수가 줄고, 학급당 학생 수도 줄어 부모와 교사로부터 더 많은 관심과 지원을 받고 있다. 그럼에도 불행을 호소하거나 심지어 자살과 같은 극단적인 선택을 하는 사례가 줄지 않는 것을 보면, 미래기술로 학생 개개인을 고려한 완전학습 구현이 학생의 행복을 가져오게 될 거라고 말하기는 어려워 보인다.

최신의 디지털기술이 반영된 미국의 알트스쿨Alt school은 학생마다 다른 학습계획을 짜주고, 나이에 상관없이 관심사에 따라 학습하며, 교사와 프로그래머들이 함께 교육과정을 개발하는 미래형 학교다. 그런데 2013년 문을 열자마자 문전성시를 이루었던 알트스쿨은 2017년에 이르러 입학생 부족으로 문을 닫기 시작했다. 학부모들은 자녀들이 새로운 기술은 익혔지만 새로운 무언가는 배우지 못했다고 분노했고, 학생들은 자신이 배우고 싶은 걸 배우는 데도 학습부진 또는 학습장애를 드러냈다고 한다.[3]

교육에서 '개인을 고려하는 것'이 곧 '인간을 고려하는 것'이라고 읽힐 때, 어떤 기술이든 인간의 삶의 질과 연동될 수 있다. 인간을 고려한다는 것은 한 인간이 살아갈 사회와 미래를 염두에 둔다는 것이다.

우리 아이들이 살아갈 미래는 기술 못지않게 자본과 부에 대한 욕망이 여전히 유지되며, 주변 사람들과 어울릴 수 없어 관계가 멀어지는 걸 당연하게 여기는 외로운 사회다. 그런 사회에서는 기술의 가치보다 관계의 가치가 높아지는 반면 인간의 관계 맺는 능력은 낮아져 누구와 어떻게 지식과 기술을 공유할 것인지 윤리적으로 판단하고 의사소통하는 것이 삶의 질을 좌우하는 중요한 지렛대가 된다.

평생학습과 평생노동을 해야 하는 미래사회는 일과 삶을 구분하고 둘의 균형을 맞추기 위해 노력하는 워라밸Work and Life Balance이 불가능한 시대가 될 것이다. 일에 대한 가치가 곧 삶의 가치로 병합되는 시대이기에 삶의 가치를 높이고 현재의 삶을 잘 살아가기 위한 가치정립 그리고 가치를 정립해나가기 위한 관조와 묵상이 필요하다.

미래사회가 도래하여 인간의 일을 로봇이 맡게 됨으로써 노동 없는 삶을 살게 된다면, 혹은 인간의 인지적·육체적 결점을 보완할 수 있게 되어 영생과 같은 삶을 살게 된다면, 인간은 무엇이어야 하며 어떻게 살아갈 것인지 존재와 삶에 대한 성찰이 대두될 것이다.

구텐베르크의 인쇄술이 서지형 교과서를 탄생시키고 책을 매개로 한 교육을 가능케 한 것처럼 오늘날 급속도로 발전하는 과학기술은 교육의 형태는 물론 교육의 정의까지도 바꾸어 놓을지 모른다.

그렇다면 기술을 중심으로 한 방향만 보고 가는 듯한 한국 교육에 휩쓸리기보다 '지금 우리가 해야 할 교육은 무엇'인지 자신만의 교육견해를 가져가는 것이 보다 나은 개인의 삶과 공동체의 모습을 준비하는 것이며 교육행정가와 학생, 학부모, 교사 각자가 자신의 삶을 주체적으로 살아가는 방법이 될 것이다.

감사의 글

오랫동안 배움은 수동과 타성의 행위였음에도 나는 배움을 능동의 작업으로 끌어내야 하는 교사가 됐다.

시간이 흘러 나는 어느 분교장에서 근무하게 됐다. 분교는 교육부가 내세우는 적정규모에 못 미치기 때문에 학구조정을 통해 통폐합이 되어야 하는 대상이며, 지역주민의 입장에서는 다른 시설로 바꾸어 뭔가 이익을 낼 수 있는 건물이다. 또, 신규 교사들에게는 탈출하고 싶을 정도의 문화 실조 현장이며, 경력 교사에게는 교장 눈치 보지 않고 자신의 교육철학을 실현해보거나 혹은 애들 몇몇만 가르치며 몸이라도 편히 지낼 수 있는 곳으로 여겨지기도 한다.

너도나도 지역자치를 외치지만 현실은 지방소멸의 등불 앞에서 있는 분교에 근무하면서 여러 생각들이 자라났다.

'지금 하고 있는 한국 교육이 이 아이들의 미래를 도와주고 있는가?'

'인간은 미래에도 지금과 같은 교육을 필요로 할까?'

'교육을 어떻게 하는 것이 옳을까?'

분교 아이들과 지내면서 '막연히 생각만 하는 것'을 벗어나야

겠다는 생각이 들 무렵 함께 근무하던 선생님들로부터 대학원을 가보라는 조언을 받았다. 그렇게 37세의 나이에 자발적인 공부가 시작됐다.

그때까지 교육과 관련된 나의 관심과 공부는 철학처럼 심오하지도 않았고, 사회학처럼 구체적이지도 못한 채 이리저리 표류하는 습자지였다. 하지만 대학원 공부를 통해 흩어진 생각을 끌어모으는 작업을 어느 정도나마 할 수 있었고, 그것을 '미래사회의 교육 가치에 관한 연구'라는 논문으로 갈무리할 수 있었다. 이 책은 그 논문을 풀어낸 것이다. 배움에서 논문, 책으로 이어지기까지 가르침을 주신 전일균·손영민·채수은·최창섭 교수님 그리고 주영흠·장제원 교수님께 깊이 감사드린다.

1장에서는 미래를 보는 방법을 제안했고, 2장과 3장에서는 토플러, 아탈리, 드러커, 커즈와일, 리프킨, 박영숙 등 몇몇 미래학자들이 전망하는 미래의 모습을 주 논의의 대상으로 삼고 국내외에서 출간되거나 보도된 자료로 보완하여 미래에 변화될 기술과 인간, 지식 속에서 교육에 담겨야 할 과제를 찾아보았다. 4장은 2장과 3장에서 언급된 내용을 좀 더 자세히 다루고, 앞서 고민한 여러 학자의 철학을 바탕으로 인간과 공동체를 위한 교육의 역할과 목적 즉 미래사회의 교육가치를 도출하여 '배움', '삶과 시간', '인간다움', '관계', '공동의 윤리', '인간 간의 공존', '자연과의 공존', '자본과 부의 나눔'으로 제시했다.

5장은 4장의 내용을 바탕으로 미래의 교육가치를 구현할 교육 방법을 제안했다. 새로운 지식을 만들어 가면서 관계성을 쌓고 불평등을 완화하는 '지식 공유', 직업이 곧 삶이 되는 미래에 스스로 삶의 주인으로 서는 '진로 가치', 자아와 자아, 자아와 타자가 만남으로 성장하는 '의사소통', 지엽적인 이득보다 인류 보편적인 가치를 위해 자율적으로 실천하는 '지구시민성', 가이아의 지속가능이 곧 인류의 지속가능임을 깨닫고 자연과의 공존 노력을 해나가는 '환경 윤리', 인간 간에 경계를 짓지 않고 이타와 공감의 본성을 끌어내는 '박애의 실천'이 그것이다.

글을 쓰는 작업은 말을 내뱉는 것과 달리 안으로 침잠하는 과정이었고, 그래서인지 나를 알아채는 자유와 해방감을 맛볼 수 있었다. 그리고 작업이 끝나갈 때쯤 스스로에게 또 타인에게 표리부동한 자신을 좀 더 그럴싸하게 사랑하게 됐다. 많이 성글고 바보스러워 늘 공부를 놓고 싶었지만 함께한 동기들, 가르침을 주시는 교수님들, 학교 안팎에서 교육에 관해 이야기를 나눌 수 있는 운양과 커피 동료들 그리고 묵묵히 도와준 배려 깊은 남편 정세환, 그 많은 사람들 덕에 여기까지 올 수 있었다. 또, 방학과 강원도교육청의 '학습연구년' 덕에 이렇게 책으로 펴내는 작업도 시도할 수 있었다. 아울러 '내일을여는책' 출판사 덕분에 책을 드디어 펴내게 됐다. 행운이었고 감사하다.

교육은 다양한 인간이 서로 사랑하도록 돕는 것이라고 생각한다. 이렇게 그동안의 배움을 나누고자 책으로 펴내게 되었는데, 이 책의 작은 부분이라도 누군가에게 도움이 되길 바라본다.

2018년 8월 강릉에서 권 순 영

목차

3장

미래의 인간

목차

4장

미래사회에서 더욱 중요해지는 것들

5장

미래를 준비하는 교육

1장

왜 미래를 이야기 하는가

누구나 오라클

밀레니엄을 앞둔 1999년에 개봉한 『매트릭스』는 가상공간을 다룬 영화다. 이 영화에서 진짜 현실은 인공지능이 진두지휘하는 기계세상이다. 인간은 기계들의 에너지원으로 배양되어 인공지능이 설계한 매트릭스라는 가상공간에서 꿈을 꾸며 살아간다. 그런데 모피어스처럼 꿈에서 깨어난 인간 중 현실을 제대로 직면하고 미래를 바꾸고 싶어 하는 혁명가들이 모여 네로라는 리더를 세운다. 이들은 『매트릭스 2』에서 기계와의 전쟁을 벌이다가 『매트릭스 3』에서 서로 공존하기로 협상을 맺으며 영화가 끝난다. 1편에서 네로는 자신이 디지털 세상에서 철저히 설계된 가상의 삶을 살고 있음을 인지하지 못한다. 관객도 마찬가지. 스미스 요원이 0과 1로 된 녹색 이진수로 흘러내리기 전까지는 무엇이 가상이고 무엇이 현실인지 헷갈린다. 주인공이 가상과 현실을 구분하지 못할 때, 압도적인 힘을 가진 기계세상에 대항할지 말지 망설일 때 오라클이 등장한다. 오라클은 시종 아리송한 이야기를 던지는데, 그녀의 이야기 덕분에 네로는 자신과 현실에 대해 각성하게 되고 미래를 바꾸어 나갈 것을 다짐한다.

'오라클'은 고대 그리스의 델파이라는 도시에서 아폴로 신의 뜻을 인간에게 전해주는 무녀, 신탁, 예언자를 부르는 말이었다. 오늘날 전문가 집단의 의견을 정리하여 미래를 전망하는 연구방법을 '델파이'라고 부르는데, 이 역시 고대 그리스 델파이의 이름에서 가져온 것이다.

오라클이 진짜 신의 계시를 받았는지 아닌지는 지금으로서는 알 수 없지만, 오라클이 전한 '신의 뜻'은 도시국가 폴리스의 정치가들에게 영향을 끼쳤고, 그 결과 오라클이 말한 대로 도시국가의 운명이 변화되었을 가능성이 있다.

오라클뿐 아니라 고대의 동서양에서는 신의 성령스러움에 기대어 공동체의 미래를 점치는 제사장들이 있었다. 오늘날에도 미래를 알고 싶어 하는 모습들이 있다. 이사나 혼인을 앞두고 사주팔자나 주역을 바탕으로 '손 없는 날'을 받는 것, 새해가 되면 신년 운세를 보는 일, 재미 삼아 타로카드나 점성술로 삶의 방향을 가늠해보는 것들이 그러하다. 미래에 대한 궁금증은 이처럼 동서고금을 막론하고 오늘날에도 볼 수 있는 자연스러운 현상이다. 사람들은 왜 미래를 알고 싶어 할까?

미래未來는 문자 그대로 '아직 오지 않은 시간'이다. 누구도 명확히 단정할 수 없고, 그래서 누구나 상상할 수 있다. 미래는 인간의 타고난 호기심이 가장 잘 발휘될 수 있는 영역인 것이다.

인간이라면 누구나 적어도 한 번 이상 미래에 대해 생각해보았을 것이지만, 사람들은 늘 미래를 생각하며 살아가는 것은 아니다. 호기심을 충동하는 무언가가 생겨나면 그때부터 미래를 생각하며, 미래에 일어날 일을 토대로 현재의 결정을 잘 내리고자 할 때 미래를 알고싶어 한다. 즉 좀 더 나은 내일을 맞이하고 싶은 마음이나 '바람'이 강해지면 미래를 제대로 알고자 한다. 그래서 미래를 알고자 하는 것은 삶에 순응하는 자세라기 보다 호기심과 소망을 가진 인간이 자신의 삶에 능동적으로 대처하려는 적극적인 욕구표현이다.

미래에 관한 이야기는 운명론적 관점에서 설명되거나 현재의 결정을 내리는 데 참고할 만한 정보나 삶의 활력소 정도로 치부되는 게 보통이다. 그러나 삶의 중요한 문제들, 예를 들어 전공과목이나 직장의 선택, 기업이나 국가의 정책을 결정하려면 적중률 높은 미래를 알 필요가 있다. 그래서 공상보다 상상, 상상보다는 추론과 추측이라는 과학적인 방법을 통해, 그리고 짐작보다 예상, 예상보다 예측이라는 세밀한 방법을 통해 미래를 내다보려고 노력한다. 그리고 자신의 분야에서 미래를 전문적으로 내다보고 연구해 온 '미래학자'를 오라클 삼아 그리고 그들의 연구 결과물에 의탁해 개인과 공동체의 미래를 점쳐보기도 한다.

앨빈 토플러에게 항의하기

미래에 관한 연구를 미래학 또는 미래연구futures studies라고 부른다. 미래연구는 1950~1960년대 유럽과 미국에서 시작됐다. 이 시기는 전 세계적인 냉전체제 속에 급격한 산업화, 월남전, 시민운동과 학생운동으로 미래에 대한 불안감과 발전의지가 공존했다. 이 시기에 냉전체제에서 승기를 잡기 위한 새로운 무기 개발과 연구,[4] 대공황을 이겨내기 위한 연구들이 시작됐다. 그리고 국가의 미래를 준비하기 위해 우주정거장을 짓는 등의 우주개발과 국가 주도의 체계적인 교육정책을 마련하는 연구들도 이어졌다. 이와 더불어 여러 분야의 전문가들이 함께 모여 미래에 대해 고민하고 집단적으로 의견을 모아 보고서로 펴내면서 미래연구는 현대학문의 한 분야로 자리 잡기 시작했다.

미래에 관한 연구는 전문가집단의 지식과 세계적 통계, 인류사를 바탕으로 이루어지고 있다. 미래연구방법으로는 미래예측, 추세외삽법, 미래역사, 의사결정나무, 미래바퀴, 델파이 조사, 시나리오 작성, 교차영향 분석, 체제분석, 모의실험, 과거 역사에서 미래 밝히기를 활용하거나,[5] 경제, 사회, 환경과 관련된 광범위한 인류사의 흐름 속에서 미래를 예측하기도 하며, 현재와 과거를 살펴 미래에 관한 시나리오를 작성하고 시연하기도 하고,[6] 연구개발기법RTD, research and technological development, 시나리오 기법을 활용한 세계전문가들의 연구와 국제기구 선행연구 분석자료를 토대로 미래사회의 새로운 패러다임을 제시하기도 한다.[7]

미래를 연구하는 학자를 미래학자라고 부른다. 미래학자 중에는 박영숙과 같이 미래연구를 직업으로 삼은 전문적인 미래학자가 있고, 지첵이 『지속가능한 미래』에서 역사학자인 하라리를 미래학자로 소개한 것처럼 자신의 전문분야를 중심으로 인류의 미래에 관한 의견을 내놓는 학자들도 있다. 의사가 의료 전문가인 것처럼 미래학자는 한마디로 '미래 전문가'이다.

미래학자들의 의견은 한 나라의 정책이나 교육과 같은 일부 분야에 머무르지 않고 대체로 인류와 지구공동체 전체를 조망한다. 그래서 각 국가에서는 국가생존 및 번영을 위한 정책 그리고 교육정책의 방향성을 제고하는 데 그들의 의견을 활용한다.

과거의 오라클이 신의 뜻을 받아왔다면, 오늘날의 오라클, 미래학자는 빅데이터와 분석 프로그램으로 대변되는 '과학'의 뜻과 인류사에 담긴 '역사'를 해석한다. 과학이나 역사를 읽고 이를 해석할 수 있다면, 누구나 오라클이 되어 자신의 삶과 국가의 미래를 예측할 수 있을까? 혹은 누구나 오라클이 되어 자신의 삶과 국가의 미래를 다소나마 예측할 수 있어야 할까? 정말 미래학자들의 예측은 잘 맞아떨어지고 그래서 예의주시하며 우리가 귀 기울여 들어야 할까?

미래학자 앨빈 토플러가 1970년에 펴낸 책 『미래쇼크』는 충격적으로 감탄스럽다. 그는 기자 생활을 통해 새로운 지식과 정보를 누구보다 빨리 접할 수 있었고 시대를 읽는 통찰력이 있었기에 이런 책을 쓸 수 있었을 것이다. 한국의 구본권도 토플러처럼 기자 생활을 하다 미래학자가 되었는데, 그의 저서들 역시 참으로 놀랍다.

아무튼 다시 돌아와서, 나의 존경과는 별개로 토플러의 예측은 다소 맞고 다소 틀렸다. 심지어 몇몇 주요한 생각은 완전히 빗나갔다.

예를 들어 '재택근무'에 관한 생각이 그러하다. 토플러는 그의 저작 『제3의 물결』에서 농업혁명을 통해 수렵·채집 사회로부터 변화된 농경사회를 '제1의 물결', 산업혁명에 의해 농업사회로부터 공업사회로 변화된 산업사회를 '제2의 물결', 과학기술에 의한 정보혁명으로 변화된 후기 산업사회이자 정보화사회를 '제3의 물결'로 제시했다. 그는 제3의 물결의 미래사회가 되면, 컴퓨터와 정보기술이 발달하여 '9 to 5 근무제' 아침 9시 출근하여 5시에 퇴근하는 형태가 사라지고 '자유근무시간제'로 전자주택에서 재택근무를 하는 노동형태로 변할 것이라고 예측했다. 전화기가 급격히 보급됨으로써 텔레마케터와 같이 가정에서 일하고 주문하고 생활하는 것이 보편적인 모습이 될 것이라고 말이다. 토플러의 의견에 편승한 많은 미래학자들은 정보화사회에서 언제 어디서든 일을 할 수 있게 되면 여유시간이 많아지고 실질적인 근무시간은 더 줄어들 것이라고 예측했다.

그러나 전화기를 넘어 스마트폰까지 보급된 오늘날 여전히 많은 사람들은 재택근무가 아니라 출퇴근 형태의 근무를 하고 있으며 퇴근 후에도 카카오톡과 같은 SNS를 타고 근무와 비슷한 형태의 일을 하고 있다. 일을 더 효율적으로 할 수 있게 되었지만 일의 양이 줄거나 근무시간이 줄지는 않았으며, 일의 강도는 약화됐다 하더라도 일의 시간은 무한정 길어져 오히려 삶을 잠식하고 있는 것처럼 보인다.

게다가 미래학자들은 변화 자체에 집중하기 때문에 '변화의 시간차'를 간과하곤 한다. 『제3의 물결』이 저작되던 1970년대 후반 미국은 '제3의 물결'로 진입하고 있던 반면 동시대의 한국은 '제2의 물결'에 머물고 있었으며 한국의 미래사회는 1990년대 이후로 전망되어지고 있었다. 그렇다면 지금은 미국과 한국 모두 토플러가 말한 '제3의 물결'이란 미래에 도착했는가? 기술혁신 면에서 두 국가의 디지털기술은 분명 진보를 이루었지만 토플러가 예측했던 '정보화사회'의 특징적인 사회현상들이 두 국가에서 보편적으로 나타나고 있다고는 보기 어렵다. 권력은 여전히 국가와 기업에 집중되어 있으며 많은 노동자들은 전자주택이 아닌 표준화된 작업장에서 근무하기 때문이다. 이처럼 국가들의 기술 여건과 변화 속도는 같지 않으며 한 국가가 이전 세대와 구별되는 혁신적인 기술발달을 이루었어도 그로 인한 사회현상이 미래학자들의 예측과 동일하게 나타나지는 않는다.

같은 한국에 있어도 개인에 따라 미래는 오지 않을 수도 있다. TV프로그램 『나는 자연인이다』에 나오는 사람들이 '제3의 물결'에 있다고 보기 어려운 것처럼 말이다. 그래서 미래에 대한 예측과 전망은 한 국가가 미래사회에 진입했는지 여부를 밝히거나 미래로 진화해야 한다는 주장을 하려는 것이 아니며 2050년과 같은 확정적인 시점이나 미래학자들의 예측을 필요충분조건화하여 정의 내리기도 어렵다. 미래로 가는 시간은 개인, 지역, 국가에 따라 다르게 흐르기 때문에 미래에 관한 논의는 '나'와 내가 속한 '근린사회'를 중심으로 할 수밖에 없다.

이렇게 미래학자들의 미래예측은 제한과 한계를 갖고 있다. 가드너는 『앨빈 토플러와 작별하라』에서 역사학자 토인비의 예를 들어 예측이 틀릴 수 있는 이유를 설명한다.[8]

누구도 반박하지 못할 만큼 유명하고 권위 있는 토인비가 한 예측 가운데 이런 것이 있다. "2000년이 되면 세상이 하나로 통합될 것이다." 이 대목에서 웃을는지도 모르겠다. 설마 토인비가 그런 말을? 누구나 그런 일은 일어나지 않았음을 안다. 그러면 왜 그런 틀린 예측을 했을까? 가드너는 연구자가 연구를 수행할 때 모든 인간이 그러하듯 '보고 싶은 것만 보는 착각과 편견'에 빠질 수 있기 때문에 그렇다고 말한다. 또 사람들은 대체로 불확실성을 싫어하는데, 사람들을 설득하기 위해서는 지나치더라도 자만심 있는 태도를 보여야만 설득할 수 있어서라고 말한다.

나는 가드너의 의견에 동감하면서도 다른 이유들을 보태고 싶다. 한 개인이 생겨나는 새로운 지식과 정보를 계속적으로 모두 습득하기 어렵고, 인간의 욕망이 미래의 문제에 있어 많은 것을 좌우하는데, 인간은 예상 가능하면서도 예측 불가능한 존재이기 때문에 미래학자들의 예측은 종종 틀릴 수 있다고 말이다.

맬서스주의자가 들으면 섭섭하겠지만, 특히 인구와 관련된 예측은 항상 적중률이 낮았다고 생각한다. 인구가 폭발적으로 증가해서 지구가 멸망할지도 모른다고 걱정하던 때도 있었지만, 인구는 그런 예측만큼 늘지 않았다. 1980년대 후반에 유엔은 2050년 즈음의 세계인구를 120억 명이 될 것이라고 예측했다. 하지만 1990년에는 100억 명으로 하향 조정했고 2016년 발표에서는 96억 명, 2017년 발표에서는 98억 명으로 예측했었다.[9]

미래의 세계인구 예측이 이렇게 변동된 것은 우선 중국이 '1가구 1자녀', '1가구 2자녀' 정책을 실시했기 때문이다. 아울러 여성 문명률이 높아짐에 따라 남아메리카와 제3세계 국가들의 출산율이 낮아진 면도 있고, 일본과 한국의 경우에는 출산장려정책에도 출생률이 그다지 높아지지 않았기 때문으로 풀이될 수 있다.[10] 사람들이 먹고 살 만하게 되면 아이를 많이 낳을 거라고 생각했지만, 세계 곳곳에서 교육이 확산되고 교육받은 사람들이 직업의 세계로 뛰어들면 오히려 출생률은 낮아진다. 지구의 다른 한편에서는 끝없는 내전과 분쟁으로 많은 사람들이 죽어가고 있기 때문에 앞으로도 세계의 인구가 마냥 늘어날 것이라고 볼 수 없다. 인구증가에 영향을 끼치는 주요한 요인-교육을 둘러싼 인간의 욕구, 전쟁을 벌이면서까지 얻으려는 부에 대한 인간의 욕구-을 분석하는 것이 쉽지 않기 때문에 인구증가를 둘러싼 예측은 앞으로도 단언하기 어려워 보인다.

인구 추이와 인구정책만큼 어려운 예측이 바로 자원과 관련한 예측이다. 석유에너지가 석탄에너지를 대체하면서 1970년대 미국에서는 곧 석유가 바닥나기 때문에 태양에너지와 같은 대체에너지 개발에 힘써야 한다는 주장이 대세였다.[11] 그런데 40년이 지난 지금 미국은 여전히 석유를 뽑아 올리고 있으며 최근에는 셰일가스라는 새로운 에너지원을 찾아 추출하고 있다. 화석에너지를 둘러싸고 '곧 고갈될 것이다 혹은 아닐 것이다'라는 예측은 지금도 계속되고 있지만, 사람들이 가진 에너지와 환경에 대한 인식과 어떤 대체에너지가 발견되느냐에 따라 다르게 전개될 담론이기에 단언하기 어려운 예측이다.

그럼에도 미래학자들의 의견에 귀를 기울여야 하나? 그렇다. 물론 한 개인도 전문적인 미래연구방법을 사용하지 않고도 어느 정도 미래를 예측할 수 있다. 개미가 줄지어 돌아가고 새가 낮게 나는 것을 보고 비가 올 것이라고 예측할 수 있는 것처럼 미래를 알 수 있는 신호sign와 징후signal가 현재에 있기 때문에 그것을 잘 살펴 읽어낸다면 누구나 미래를 어느 정도 예측할 수 있다. 또 인간의 역사가 수레바퀴처럼 되풀이되는 경향이 있기 때문에 다른 관점을 보여주는 여러 역사책을 깊게 읽는 것만으로도 앞으로 닥칠 역사의 향방을 읽을 수 있다. 그러나 감기에 걸리면 약국에서 사다 먹는 약 정도로 해결할 수 있지만 독감에 걸리면 의사에게 보이는 것이 나은 것처럼 미래를 알고자 한다면 다른 누구보다 미래를 오랫동안 고심하고 연구한 미래학자의 의견에 귀를 기울이는 것이 현명할 것이다.

미래학자들은 다른 분야에 있는 사람들보다 새로운 변화에 훨씬 민감하고 포괄적인 지식을 담아 전체적인 흐름 속에서 보려는 시도를 많이 하기 때문에 누구보다 먼저 미래의 징후를 알아차린다.

다시 토플러의 경우를 보자. 토플러는 정보화가 진행되면 개인 각자가 생산자이자 소비자인 '프로슈머'prosumer가 될 것이라고 예측하며 프로슈머란 명칭을 만들어냈다. 1980년대 한국에서 전화가 보편화되었어도 프로슈머가 등장하지 않았지만 2000년을 넘어 인터넷이 활성화되면서 옥션 등을 통해 실제로 프로슈머가 나타나기 시작했고 에어비앤비와 같은 공유경제와 3D프린터 등으로 프로슈머가 확산되고 있다. 네트워크 상에서 음악과 영화를 교환하던 P2Ppeer-to-peer economic system, 개인 간 교환는 가상화폐를 교환하며 새로운 형태의 문화와 경제를 조성하고, 1인 자본가로 서고 있다. 1인 방송, 1인 작가, 1인 사장님 등 1인 기업인 프로슈머가 더욱 대중화된다면 기업 중심의 경제 흐름은 변화될 수밖에 없고, 그것은 기업에 입사하려는 청년이나 기업을 운영하는 기업주 모두에게 중요한 정보로 작용한다. 바로 이 때문에 미래학자들의 이야기에 귀를 기울여야 하는 것이다.

그렇다면 어떻게 미래학자들의 예측을 읽어내야 하는가? 나는 그것을 요즘 유행하는 표현처럼 일단은 '퓨처 리터러시' future literacy라고 말하고 싶다. 퓨처 리터러시는 다양한 의견을 모아 자신의 시소에 올리고 잘 견주는 것이다. 누군가 당신에게 "미래에 인류는 몇 살까지 살까요?"라고 묻는다면 "아, 오래 살죠"라고 말하기 전에 알고 있는 정보를 모아보고 그를 통해 자신만의 견해를 갖는 것이다. 연습해보자.

커즈와일은 "의학적 문제의 50%에 해당하는 상황만 막아도 기대수명이 150년까지 늘어날 것이며 의학적 문제 상황의 90%를 막을 수 있다면 그보다 100년 더 수명이 연장될 것이고, 99%라면 1,000년을 넘길 것"[12]이라고 예측한다. 하라리는 "현대의학이 인간의 자연수명을 실질적으로 단 1년도 연장하지 못했으며 인간이 암이나 당뇨병, 그 밖의 사망 원인들을 극복해도 앞으로 거의 모든 사람은 90세까지 산다"[13]라고 본다. 인간수명에 대해 연구해온 네덜란드 틸버그대 연구진과 미국 앨버트아인슈타인의대 연구진은 의학이 아무리 발전하더라도 인간의 최대 수명은 115세를 넘을 수 없을 것으로 보고 있지만, 인간 수명과 노화를 연구해온 다른 학자들은 뇌와 기계가 연결되거나 노화를 제어할 수 있는 생명기술이 나온다면 115세보다 인간 수명이 더 길어질 것으로 본다.

1,000년을 살 거라는 커즈와일과 90년을 살 거라는 하라리의 의견 중에서 무엇이 더 잘 맞는 미래예측인가? 그래서 주장의 이유를 살펴보니, 커즈와일은 나노기술 등 기술이 빨리 발달되기 때문에 가능하다고, 하라리는 2100년이 되어도 인간복제기술이 제대로 발달되기 어렵다고 보고 있었다. 그래서 두 의견 중 선택하기에 앞서 인간복제기술, 나노기술이 얼마만큼 발전했는지 살펴보았더니, 발전하는 기술만큼 그 기술을 제어하는 윤리 논쟁이 만만치 않고, 논쟁의 합의 정도와 속도, 법제화가 기술발전에 영향을 끼칠 것이라는 것을 알게 됐다. 그렇다는 것은, 우리 각자가 기술에 대해 어떤 관점을 갖고 사회의 제도로 형성시키느냐가 미래의 수명을 좌우한다는 것이다. 처음으로 돌아가서 "미래에 인류는 몇 살까지 살까요?"라고 누가 묻는다면 어떻게 대답하면 좋을까?

사람들은 과정보다 결과를 빨리 알고 싶어 하고, '이러이러할 것이니 이러이러하라'와 같은 명확한 답을 원하지만, 그것은 착각과 편견에 쉽게 빠지는 길이다. 미래학자들의 예측에서 가장 중요하게 봐야 하는 것은 다양한 의견과 합리적 증거다.

미래연구는 미래라는 시류적 특성 때문에 미래로 갈수록 새로운 정보와 지식이 발견되고, 그로 인해 기존 연구내용이 수정되거나 그 가치가 반감되는 경우가 있어 자체적으로 연구의 한계를 갖고 있다. 미래학자들이 최신의 정보를 바탕으로 미래예측을 업데이트해 나가더라도 모든 정보를 적시에 파악하기는 어렵다. 그러므로 미래연구, 미래예측, 미래학자들의 의견에 귀를 기울이되 왜 그런지, 왜 그렇게 전개되었는지 과정에 관심을 두고 의견을 수용하는 태도가 필요하다.

오늘날 미래학자들의 연구 중에 교육과 직접적으로 관련된 부분은 적다. 유명한 미래학자 토머스 프레이와 레이 커즈와일은 자신의 생각을 바탕으로 학교를 설립하고 강좌를 개설하기도 했지만, 교육으로 미래를 준비해야 한다는 미래학자들의 관점은 기술진보로에서 출발한 경우가 대부분이다. 그래서인지 미래학자들은 현재의 교육이 미래 준비에 부적합하며 앞으로 변화되어야 한다는 비판을 쏟아낸다.

아탈리는 학교가 사회보다 늦게 변하면서 미래의 사회에서 소외되거나 신뢰를 잃을 수 있다고 했고,[14] 리프킨은 교육이 세계에서 가장 뒤떨어진 제도이며 산업시대 초기 시장경제의 성공에 필수적이었던 성실하고 근면한 노동자를 길러내는 방식에 갇혀 있다고 비판한다.[15] 커즈와일은 오늘날의 교육이 14세기 수도원학교에서 제공했던 중앙집중에서 벗어나지 못했으며 변화해야 한다고 주장하고,[16] 토플러는 100마일로 달리는 기업에 취업하려는 학생들을 10마일로 기어가는 공장식 학교로는 준비시킬 수 없다고 말한다.[17]

토플러가 한국 학생들은 하루 15시간 이상 미래에 필요도 없는 지식을 배우는 데 허비한다고 말했다는 인터넷 기사를 보면 공감과 걱정이 든다. 하지만 무엇을 어떻게 하라는 것인지 찾아보면 아쉽게도 딱히 뭐라 써놓은 것이 없다. 이것이 토플러의 미래예측에 탄복하면서도 항의할 수밖에 없는 이유다.

미래학자들의 의견은 미래를 전망하는 자료로 유용할 뿐 미래교육의 지침으로 삼기에는 많은 한계가 있다. 이 책에서 소개되는 미래학자들의 미래에 대한 견해를 생각의 촉매제로 삼되, 미래교육에 대한 논의와 전망을 보다 열린 마음으로 탐색해주길 바란다.

교육의 프랙토피아

인류가 수렵·채집 사회에서 농경사회로 넘어가는 데 적어도 100만 년 이상이 걸린 반면, 농경사회에서 산업사회로 변화되는 데는 1,000년, 산업사회에서 정보화사회로 이동하는 데는 채 100년이 걸리지 않았다. 그만큼 변화의 시간은 압축되고 있다. 각 시기는 '화식'火食, '산업혁명', '컴퓨터와 인터넷 확산'과 같이 미래에 강력한 영향력을 발휘하며 실질적인 변화를 가져올 변화의 변곡점을 지나면서 더욱 급격한 변화를 보인다. 이 변곡점을 티핑 포인트tipping point 또는 특이점singularity이라고 부른다.

미래를 향한 변화는 '2+2+2…'와 같이 순차적이고 직선적으로 일어나는 것이 아니라 '2, 2^2, $(2^2)^2$…'과 같이 어느 순간 '불과 몇 년 후'를 내다보기 어려울 정도로 가속화되는 양상을 띤다. 초기의 변화는 느리고, 미래에 대한 예측을 가능하게 하는 신호와 징후들을 쉽게 포착할 수 있다. **하지만 변화의 변곡점을 지나면서부**

터는 새로운 변화에 대한 기대감과 제어불능의 두려움을 모두 가정하면서도 현재로부터의 대처에도 불구하고 미래의 가변성을 제어하기가 점점 더 힘들어져 그저 변화에 적응해야 하는 과제만 남은 미래를 맞닥뜨리게 만든다. 왜냐하면 변화의 속도가 느릴 때에는 한 인간의 생애가 한 사회에 속해 있지만 다음 사회로의 변화는 50년이 채 걸리지 않을 만큼 빠를 것이므로, 앞으로 당도하게 될 미래에서 한 인간은 생애 동안 여러 번의 급격한 사회변화를 겪게 될 것이기 때문이다.

변화의 곡선

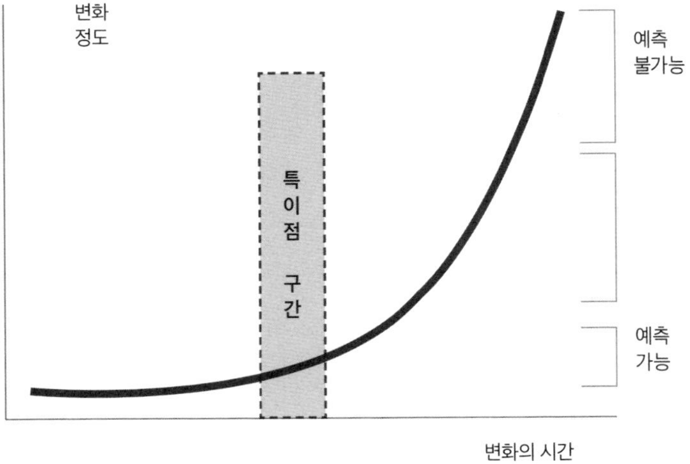

농사짓기, 불의 사용, 음식 익혀 먹기는 인류가 수렵사회에서 농경사회로, 이동하는 개인에서 정주하는 공동체로, 침팬지와 다른 형태의 외모와 내장기관으로 발달시켰다는 점에서[18] 모두 티핑 포인트이자 특이점이다.

변화의 변곡점을 판단하는 것은 관점에 따라 다를 수 있다. 독일군의 암호를 해독하기 위해 튜링이 만든 최초의 컴퓨터를 티핑 포인트로, 그 컴퓨터가 만들어진 시기인 2차 세계대전 때를 특이점 구간으로 볼 수도 있다. 하지만 그 컴퓨터가 점차 발달되어 작은 크기의 컴퓨터를 대량생산할 수 있게 된 기술을 티핑 포인트로 볼 수도 있고, 사람들의 삶 속에서 일상적으로 컴퓨터가 사용되는 21세기를 특이점 구간으로 볼 수도 있다. 즉 티핑 포인트냐 특이점이냐는 다른 요소에 영향을 끼치면서 점차 확산되어 보편적인 모습으로 자리 잡는 것과 같이 인류 전체에 끼치는 영향력을 보고 판단할 수 있다.

인간이 예측하는 미래는 크게 세 가지의 모습을 갖고 있다. 이상과 꿈의 유토피아utopia, 억압과 파멸의 디스토피아dystopia 그리고 현재와 다른 질서와 가치로 작동되는 사회이면서 실현이 가능한 프랙토피아practopia가 그것이다. 유토피아와 디스토피아가 고정되어 바꿀 수 없는 확정적인 미래의 모습이라면, 프랙토피아는 더 나은 세상에 대한 바람을 담고 있으면서 현재를 통해 변화 가능한 미래를 의미한다. 우리가 '미래를 꿈꾼다'라고 표현할 때는 바로 프랙토피아의 미래를 가정하고 있는 것이다.

프랙토피아의 미래는, 그 미래가 현재를 통해 변화될 수 있다는 미래의 가변성과, 여러 가지 사실과 징후를 통해 미래를 예측하고 예측된 미래를 대비하기 위해 현재의 행동을 결정할 수 있다는 미래와 현재의 상호작용 그리고 미래를 예측케 하는 새로운 징후와 사실들이 발견·발명될 때마다 수정해갈 수밖에 없는 현재진행형의 특징을 가진다. 그래서 미래예측의 결과는 하나의 미래로 단정되어 예언되기 어렵고 여러 가능성 있는 미래들로 전망된다.

교육의 미래도 프랙토피아다. '현재의 사회'는 과거의 교육정책과 교육제도에 따라 과거의 교육대상자가 받아온 교육이 검증되는, 과거 교육대상자들의 '미래'이자 과거의 교육제도와 교육정책의 결과였다. 반면 교육의 '미래'는 교육대상자가 받아온 과거와 현재의 교육이 어떠했는지 검증되는 장이자 현재의 교육대상자가 살아갈 삶의 현장과 그들이 만들어가는 사회다. 즉 교육의 미래는 '과거-현재-미래'의 수평선에서 운명적으로 결정되어 시간이 흘러가면 도래할 어느 시점을 의미하는 것이 아니라 '과거 ↔ 현재 ↔ 미래'의 유기적인 인과망 속에서 이루어진 선택과 결정의 결과로 전망되어지는 '총체적인 사회상'이다.

2017년 '신고리 5·6호기 공론화' 과정이 있었다. 4개월 정도 2만 명이 넘는 시민이 원자력발전방안과 신고리 5·6호기 건설안을 두고 첨예한 토론을 벌였다. 그 결과 건설을 재개하되 차후 에너지정책에 있어서 원자력발전을 축소하는 방향으로 갈 것을 제안했다.[19] 이를 두고 교육의 결과라는 견해가 있다. 교육을 통해 국가발전의 의미를 효율적이고 균형적인 국토개발로 배웠기 때문에 결정의 우선순위에 있어 경제적인 이유를 최상위에 놓는다는 것이며, 원자력에너지를 친환경의 고효율에너지로 배웠기 때문에 원자력에너지에 대한 우호적인 태도가 형성되어 그런 결정에 이르렀다는 것이다.

원자력 공론화에 있어 교육과 결정 간의 상관관계에 대한 후속연구는 없었지만 이러한 짐작이 나름 의미있게 여겨지는 것은 교육의 결과가 개인과 국가의 미래를 바꾸어놓을 때가 많았던 때문이다. 미국 빈민가에서 이루어진 클레멘트 코스 결과 많은 청소년이 희망의 삶을 살 수 있었고,[20] 나치의 전체주의적 민족주의 교육 결과 타민족에 대한 제노사이드가 가능했던 것과 같다.

그래서 교육은 개인과 사회의 미래 모습을 변화시킬 수 있는 동력이며 개인의 미래와 사회의 미래가 교육으로 연결되어 있다는 것 그리고 교육의 미래에 대해 우리가 어떤 생각을 갖고 행동하느냐가 미래의 모습을 결정짓는다는 것을 기억하고 있어야 한다.

교육의 미래에 있어 교육대상은 지금의 청년들, 소년들, 유년들, 막 태어난 세대 그리고 앞으로 태어날 세대 모두, 즉 '미래세대'다. 미래세대는 과거보다 미래에 더 많은 인생의 시간을 가지며, 가까운 미래에서 오늘날 교육의 연장선에 있는 교육 그리고 먼 미래에서 미래사회의 새로운 교육을 받아들이게 된다. 미래세대는 미래사회에서 파생될 과제를 해결하면서도 좀 더 나은 삶을 꿈꿀 수 있도록 '미래를 준비하는 교육' 즉 미래교육을 필요로 한다.

왜 미래를 이야기해야 하는가? 그것은 미래가 프랙토피아이기 때문이다. 미래예측은 그저 오라클과 미래학자에게 맡겨두고 찾아가는 답이 아니다. 미래가 변화될 수 있다는 믿음을 갖고 자신의 해석을 토대로 현재의 결정을 내릴 수 있도록 누구나 때로는 오라클일 수 있어야 한다.

인간은 교육을 통해 자기를 발견하고 자아를 인식하며 자기를 창조해 가며,[21] 교육은 현재보다 미래의 좀 더 나은 삶의 상황에 일치하는 방식으로 이루어지면서도 인간성의 이념과 인간의 소명에 합치하는 방식으로 이루어질 때[22] 개인과 공동체의 바람직한 미래를 내다볼 수 있다. 미래교육에 대한 논의는 미래세대가 살아갈 공동체의 보다 나은 미래가 실현되도록 '미래를 준비하는 교육정책'의 토대를 마련하고, 미래세대가 미래에 변화될 세상과 삶의 방식에 적절히 대비하도록 도울 수 있을 것이다.

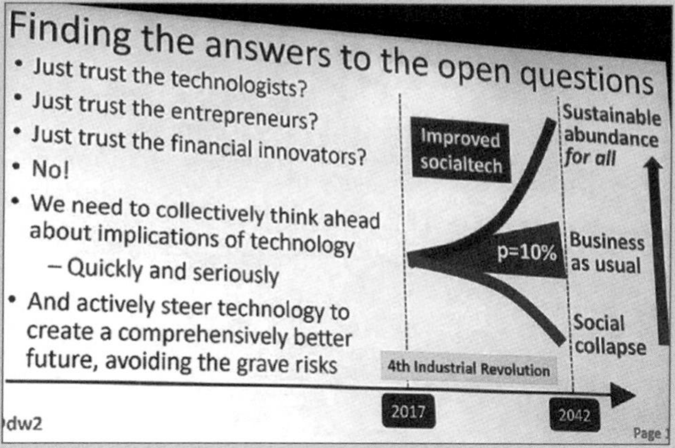

위 사진은 2017년 11월 서울에서 열린 제5회 TV조선 글로벌리더스 포럼에서 심비안OS를 개발한 창업자, 데이비드 우드가 예측한 미래의 모습이다. 그는 지금과 비슷한 미래는 10%, 환경오염과 인류멸망 등 사회가 붕괴되는 비극적인 미래는 30%, 현명한 선택으로 긍정적인 미래를 맞이할 확률은 60%라고 설명한다. 미래학자들은 유토피아를 지향하면서도 비극과 희극의 미래, 긍정과 부정의 미래에 대해서도 열어놓는다.

2장

미래의 사회

미래사회를 부르는 말

미래를 부르는 말은 참 많다. 토플러[23]는 기술발전으로 인류 문명사에 급격한 변화가 일어난다는 의미에서 제3의 물결이라 불렀고, 드러커[24]는 지식에 주목하여 지식이 부의 척도가 되는 지식사회라 불렀다. 아탈리[25]는 교통과 통신의 발달로 이동과 갈등이 심화되는 하이퍼제국이라 불렀고, 리프킨[26]은 에너지원과 소통의 변화로 공유와 협력의 경제현상을 보이는 3차 산업혁명, 박영숙과 글렌 제롬[27]은 인공지능의 발달에 주목하여 인공지능시대, 의식기술시대라 본다. 커즈와일[28]은 인간과 기계의 연결에 주목하여 영적기계의 시대, 슈밥[29]은 4차 산업혁명, 구본권[30]은 기계시대, 자동번역시대, 로봇시대 등으로 부른다. 최윤식[31]은 미래사회를 제4의 물결로 통칭하면서도 인간지능의 증강으로 오는 미래사회는 가상혁명시대, 지능혁명시대, 초연결지능형사회, 경제와 자본의 변화에서 오는 사회는 예측과 발명이 자동화되는 시대, 개인자본주의

미래 사회를 부르는 말

관점	교육부 한국교육과정평가원 한국정보화진흥원	앨빈 토플러	피터 F. 드러커	자크 아탈리	제레미 리프킨	박영숙 글렌 제롬	레이 커즈와일	최윤식 최현식 김건주	구본권	클라우스 슈밥	다니엘 핑크
기술	지능 정보화 사회		정보사회 지식사회		접속의 시대	인공지능 시대	영적 기계의 시대	환상사회	기계 시대, 자동번역 시대, 로봇 시대		
사건			지식혁명 사회		3차산업 혁명		특이점이 나타나는 시대	4차산업 혁명 지능혁명 시대		4차 산업혁명	
사회 현상				하이퍼 제국		초연결 사회		지능형 초연결 사회, 예측과 발명이 자동화 되는 시대		초연결 사회	
경제		초산업 주의, 후기 산업 주의, 정보화 사회			분산 자본주의 한계비용 제로사회, 협력과 공유사회, 태양에너지시대	초산업 시대		개인 자본주의 시대			
과제					공감의 시대 협업의 시대						하이 콘셉트 하이 터치 시대
인류사		제3의 물결					제5기	제4의 물결			

시대로 부른다.

슈밥이 산업의 특징에 주목하여 4차 산업혁명이라고 부른 미래사회를 리프킨은 3차 산업혁명, 토플러는 후기산업주의, 박영숙과 아탈리는 초산업시대라고 부른다. 같은 학자라도 말하고자 하는 관점에 따라 여러 이름을 붙여놓았으며, 이 이름표에는 미래를 변화시키는 동력과 그로 인해 발생될 사회현상에 대한 해석이 담겨 있다.

한국의 교육정책을 담당하는 기관들은 '방대한 정보를 수집, 분석, 처리, 저장할 수 있는 컴퓨터 및 지능형 시스템의 발달, 그 컴퓨터 및 시스템들 간의 상호작용 기술을 기반으로 수요자에게 맞춤형 정보가 최적의 형태로 제공되는 것을 '지능정보화'[32]로 보고, 4차 산업혁명시대라는 표현 대신 '지능정보화사회'라는 이름으로 미래사회를 부른다.

미래사회에서 지식과 기술을 동인動因 삼아 미래로 갈수록 더욱 급격하게 변화가 일어난다. 미래사회의 변화를 가져올 기술로는 나노기술nano technology, Nanotech, NT, 생명기술bio technolgy, Bio-tech, BT, 정보기술information communication technology, information tech-nology, Infotech, ICT 또는 IT, 인지기술cognition technology, Cogtech, CT 등이 있다. 이러한 나노·생명·정보·인지기술은 미래의 모습을 이전 사회와 구별될 만큼 변화시킬 수 있는 특이점이자 티핑 포인트로 볼 수 있다. 따라서 이 책에서는 이를 미래기술NBIT이라 부르고, 혁신적인 미래기술로 초연결hyper connected과 초지능super intelligenced의 특징을 보이며 기존의 사회에서 습득한 것들이 무용한 것이 되거나 개인과 인류공동체의 지속이 위협받을 정도로 저항 불가의 급격한 변화가 사회전반에 일어나는 미래의 현상학적 총체를 미래사회로 정의한다. 또한 이 책에서는 미래사회의 특징점을 기술, 지식, 욕망, 양극화로 보고 이로 인해 나타나는 사회의 모습을 환상기술사회, 참여지식사회, 욕망사회, 멀어지는 사회로 이름 붙여 설명하고자 한다.

현재의 연장선에 있는 '가까운 미래'에는 교육과 그 사회가 영향을 바로 주고받기 때문에 한국의 상황을 반영하고, '먼 미래'에는 초연결의 특징으로 단일 국가를 초월한 범지구적인 문제와 인류가 영향을 주고받기 때문에 이것과 관련된 보편적인 상황을 반영한다.

미래사회의 공간적 배경은 한국을 중심으로 논의하되 인류보편적인 문제에 있어 인간문명의 관점을 강조할 때는 '지구공동체'로, 생태계의 관점을 강조할 때는 '가이아'Gaia로 표현하여 논의했다.

가이아는 러브록이 대지의 여신을 뜻하는 그리스 말에서 가져온 용어다. '물, 흙, 공기가 포함된 생태계 공간을 뜻하는 생물권'(生物圈, biosphere)과 '생물권에서 살아가는 모든 생명체를 뜻하는 생물계'(生物界, biota)가 합쳐진 하나의 거대한 유기체를 지구라고 보고, 이 지구가 하나의 주관적인 생명체로서 생명을 유지하며 사고한다는 의미에서 '가이아'라고 불렀다.

이 책에서는 지구가 지구의 생명체들, 생물군들, 물리적이고 화학적인 환경이 뗄 수 없는 관계로 영향을 주고받는다는 전제 하에, 지구가 인간이 살아가는 '생물권'이며, 인간은 지구에서 살아가는 '생물계' 중 하나라는 점에서, 지구가 인간과 연결된 생명체로 소중히 다뤄져야 한다는 의미로 러브록의 '가이아'라는 용어를 빌려왔다.

미래학자들의 미래예측

	제레미 리프킨	클라우스 슈밥	앨빈 토플러	박영숙 글렌 제롬	다니엘 핑크
미래 사회	3차 산업혁명 협업의 시대 공감의 시대 분산자본주의 한계비용제로사회	4차 산업혁명 초연결사회	초산업주의 제3의 물결 후기산업주의	인공지능시대 초연결사회 초산업시대	하이콘셉트· 하이터치 시대(개념과 감성의 시대)
미래 인간	호모 엠파티쿠스 (Homo empathicus)	인지력이 쇠퇴하며 인간감성이 부족한 인간	조립인간	멀티플레이어	지식근로자
미래 사회 특징	엔트로피 부채 축적, 인공지능 수평적 권력 재생가능 에너지 에너지 공유 인터그리드	인공지능과 로봇 디지털 소외 권력의 비대칭, 복잡성, 불예측성, 인구 이동, 폭력, 분쟁, 불평등 심화, 중앙정부 약화, 윤리 문제	애드호크러시 조직 다양성, 불확실성 탈도시화, 초국가주의, 적응력의 한계, 제2의 물결과 제3의 물결의 갈등, 정보의 과부하, 결정스트레스	개방형 인공지능 생태계, 수명연장 개별국가소멸 기후변화, 민족분쟁 사이버전쟁 불평등 심화 윤리적 결정	아웃소싱 혼돈화 자동화 물질적 풍요 연결 확대
미래 대비	협업과 분산을 토대로 한 새로운 교육모델 협업통치기구 에너지민주화	인간과 기술의 조화 공동가이드라인 마련 정치경제 사회시스템 개편	미래협의회 운동: 미래지향적이고 미래형성적인 기동 대책반	교육의 근본적인 변화 세계적 공조확대 윤리의식 강화	미래인재 양성
미래 학교	3차산업혁명 커리큘럼 운영학교	교육개혁	학교교육약화 교사, 교재의 비고정성 탈대중화	생활지원기관으로 변화, 온라인 교육 개인화 전 세계 평등교육	우뇌 발달 교육
미래 교육 방법	나노기술, 생명공학, 고급정보, 생태학에 관한 교육과정 재생가능에너지 개발 등과 관련 직업훈련 다양한 장소	상황맥락지능 함양 정서지능 함양 영감지능 함양 신체지능 함양	공동체생활 대비교육 비상교과과정운영 홈스쿨 확대 탈표준화 다양성 확대	인공지능, 가상현실, 게임을 활용한 교육 교육기회 확대 완전교육, 무료교육 글로벌생태교육제도	스토리, 디자인, 조화, 공감, 유희, 의미 중심 교육
미래 교육 가치	생물권 의식 생물애 동질감 공감	창의력 정체성 도덕성 윤리	적응 도덕적 가치관	지능향상, 창의성 분석적 사고 추상능력	하이 콘셉트 재능(창조) 하이터치 재능(공감)

최윤식·최현식	자크 아탈리	피터 F. 드러커	레이 커즈와일	
지능형 초연결사회 4차 산업혁명시대 지능혁명시대 제4의 물결 개인자본주의 시대	하이퍼제국 (hyper empire)	정보사회 지식사회 지식혁명사회	제5기 영적기계의 시대 특이점이 나타나는 시대	미래 사회
지능혁명으로 클라우드 뇌를 가진 인간	디지털 유목민 트랜스 휴먼	지식근로자	인간의 뇌와 인공지능의 융합	미래 인간
인공지능, 로봇 가상세계 제조업부흥 수십억 개의 개인산업 발달 도시화 가속 세계전체가 하나의 초지능체	하이퍼 분쟁 환경 위기 불평등 심화 다양성 증가 국가 약화 자가 감시 자원 고갈, 전쟁	인구구조 변화 경쟁사회 신분이동용이 무국경 이민 증가 기업의 형태, 구조, 기능 변화	지식분산, 권력분산 불균형 전쟁 유전학 혁명 나노기술 혁명 로봇공학 혁명 생물학의 한계극복	미래 사회 특징
인공지능 제도혁신 기술혁신과 비즈니스 혁신 결합 시장 창조	하이퍼 민주주의 (hyper democracy)	비영리사회부문 조직성장 기업혁신	유전학, 나노기술, 로봇공학의 위험성에 대 한 행동장려원칙 GNR기술	미래 대비
인공지능에 의한 지도학습과 인간 스스로 학습에 의한 비지도학습 병행 초등학교: 지도학습 중등교육: 지도, 비지도학습 고등교육: 비지도학습	교육개혁 수업양 감소	학교교육유지	분산화된 체제 전 세계 평등교육	미래 학교
정보 업데이트 정보 필터링 시뮬레이션	노동시장과 세계표준에 부합하는 방식	성인계속교육 비전통적인 방법 다양한 장소 온라인교육	온라인 교육 개인 교육 가상현실교육	미래 교육 방법
인공지능과 협력 시간 디자인 통찰력, 상상력 인문학적 소양	보편적 지능 하이퍼 지능 박애의 정신	새로운 지식습득	비생물학적 지능과 인간의 생물학적 사고 융합으로 인간 한계 극복	미래 교육 가치

환상기술사회

과학의 달 4월에 열리는 과학상상그리기대회 때 공상의 나래를 펴며 로봇이나 우주도시를 그려본 적이 있는가? 공상만화와 SF영화를 보며 자란 세대에게 지금의 기술들은 놀라운 성취다. 어린 학생들도 휴대폰을 사용할 정도로 상상속의 기술들은 보편화됐다. 1997년 『해리포터』에 등장했던 투명망토[33]는 2017년 한국에서 곤충과 빛을 이용하여 사물을 가릴 수 있는 기술이 개발되어 차후 무기 등에서 활용되리라 예견되고 있으며, 2002년 『마이너리티 리포트』에 나왔던 홍채인식 기술은 2018년 최신 스마트폰에 적용되고 있으며, 인도에서는 신분증Aadhaar에도 활용한다. 불가능해 보였지만 과거에 우리가 했던 상상들은 이제 환상적으로 실현되고 있다.

나노·생명·정보·인지의 영역에서 혁명적으로 진일보된 첨단기술은 가장 먼저 자본 그리고 사회의 교통·통신·의료·교육·문화 등 모든 분야에 접목되어 유비쿼터스 모바일, 빅데이터, 로봇, 3D·4D 프린터, 클라우드, 휴먼인터페이스, 자율배송시스템, 자율주행자동차autonomous vehicles, self driving car, 사물인터넷internet of things, IoT 등으로 사회에 퍼지기 시작한다. 상품을 통해 확산된 미래기술은 국가시스템에도 활용되면서 전방위적으로 인간의 일상으로 들어오며 미래사회의 모습을 특징짓는다.

미래기술에 의해 도래할 미래사회는 초연결과 초지능의 특징을 보인다. 초연결은 사물인터넷으로 사물과 사물이 연결되고, 가상공간에서 사람과 사람이 연결되며, 유비쿼터스 환경 속에서 사물과 사람이 연결되고, 지식과 기술, 산업과 문화가 기존의 경계를 허물고 가상과 현실이 융합하면서 점차 일치하는 세계로 나아감을 말한다. 초지능은 인간의 뇌가 인공지능, 클라우드, 빅데이터와 연결되면서 똑똑한 인간향상을 이루는 것을 의미한다. 초연결과 초지능은 개인과 지구공동체를 긴밀히 연결시키고 새로운 인간 유형을 탄생시킨다. 미래사회는 미래기술이 사회의 모든 영역과 결합하고 전 지구가 서로 연결되는 초연결사회hyper connected society이며, 인간과 인간, 기계와 인간, 기계와 기계, 사물과 사물이 융합되어 인류 역사상 최 고도의 지능이 구현되는 초지능사회super intelligenced society라 볼 수 있다.

초연결·초지능 미래사회로 변화를 가속시킬 미래기술을 정리해보면 뒤에 나오는 표와 같다.

표에서 볼 수 있듯 나노·생명·정보·인지기술은 서로 융합하여 의사, 작곡가, 소설가, 군인, 요리사에 이르기까지 다양한 직업군에서 나타나고 있으며, 포켓몬고, 로봇강아지 아이보와 같이 인간의 유희와 관계에서 활약하고 있고, 왓슨과 알파고와 같이 약을 조제하고 병을 진단하며 인간의 생사에도 관여하고 있다.

인지기술과 학습기술을 바탕으로 만들어져 인간과 대화를 할 수 있는 로봇의 경우, 역할에 따라 이름을 붙이기도 하지만 페퍼Pepper를 두고 부르는 사람에 따라 소셜봇, 감성로봇, 감정로봇, 비서로봇, 토이봇, 펫봇 등 다양하게 부르는 것처럼 미래기술과 관련된 분야는 확정된 영역이 아니라 구축되고 있는 미증유의 영역이다.

사람들은 다음 중 어떤 기술을 더욱 발전시키고 싶어 할까?

① 쉽고 빨리 이동하고 연락할 수 있는 교통통신기술

② 가상공간과 관련된 기술

③ 신체능력(외모, 건강, 힘, 기억)을 증강시킬 수 있는 기술

④ 인간의 결점(노화, 질병)을 없애고 오래 살 수 있는 기술

⑤ 인간의 노동력을 덜어주고 친구 역할을 해줄 인공지능로봇 기술

기술은 사회적 필요에 의해, 많은 사람들이 원하는 방향으로 개발되기도 하겠지만 일부 헤게모니 집단이 자신의 명분과 이윤

미래기술이 담긴 상품들

주요영역		기술의 실제명칭 또는 기능
나노기술		나노 발전기(Nanogenerator, 사람의 체온으로 생산하는 전력기구) 실내공기청정장치 나노섬유(Nanofiber, 위폐방지, 우주복)
생명기술		진단기구(SpiroSmart, Nano-Biosensor, Biochip) 인공 장기·세포·근육 생산 및 이식 대중화 아기 디자인(designer baby) / 유전 기술(Genetics, Genome Editing)
정보통신 기술	사물 인터넷 웨어러블 컴퓨터	스마트 안경(Google glass, Airwave) 스마트 전화(3차원 가상 통신기구) 스마트 의류(Smart Clothes, 길 안내용 신발) 스마트 약통(약 먹을 때를 알려줌) 가상기술(Virtual Reality, Medical Realities) 증강기술(Augmented Reality, Pokémon GO) 투명 디스플레이(유리창에 붙이는 TV) 3D 인터넷(가상공간 형성기구) 3D 프린터(맞춤형 제조기구) 4D 프린터(3D 프린팅 생산품이 추후 자가변형되는 기술) 자율배송(Autolivery, Carr-E) 미래 자동차(뇌와 연결된 입는 로봇)
		빅데이터(Big Data, 데이터분석기술) (구글번역시스템, 아마존 도서추천시스템, 서울 올빼미버스) 클라우드(Cloud Computing, IT서비스기술)
인지기술		학습기술(deep learning, machine learning) 음성 및 영상인식기술(Cognitive Radio, openCV, Hidden Markov Model) 뇌와 컴퓨터 연결(Brain-Computer Interfaces, ACT-R)
기술 융합	인공 지능 로봇	인공지능 의사(Aibril, Watson) 인공지능 예술가(FlowMachines, Shimon, AI Duet, The Next Rembrandt) 인공지능 작가(Shelley, Benjamin) / 인공지능 바둑기사(Alphago) 인공지능 교사(Jill Watson, Nerdifybot, Tabtor, YaNetu) 감정 로봇, 소셜 로봇(Leka, Pepper, SARA, RealDoll, JIBO, BUDDY) 비서 로봇(Care-O-bot3, Cody, Zenbo, Kuri, Siri, Cortana, Friends) 군인 로봇(Exo-Skeleton, LS3, FEDOR, SWORD) 감성 로봇(Kismat, Paro, Aibo, Drinky) 식당 로봇(Asimo, CAFERO, Flippy, 로봇 바리스타) 스포츠 로봇(축구로봇, 탁구로봇) 재난대응 로봇(HUBO) / 교육용 로봇(OLLO, Nao, Root)

을 강화하는 방향으로 많은 사람들의 필요를 끌고 가서 개발할 수도 있다. 장애인들이 자율주행자동차를 만들어 달라고 요구해서 만들어졌다기보다, 먼저 자율주행자동차를 만든 뒤 인간이 운전할 때의 여러 문제점을 부각시켜 자율주행자동차의 필연성을 믿게 만들 수도 있다.

이러한 미래기술에 대해서는 상충되는 의견이 존재한다. 인간향상주의자transhumanist와 같은 기술찬성론자techno progressives는, 기술에 의해 유토피아의 신세계가 도래할 것으로 보고 기술이 인간을 노동으로부터 해방시키며 인간의 능력과 선한 합의로 기술을 통제할 수 있을 것으로 믿는다.

그러나 산업혁명 직후의 영국에서 일어난 러다이트Luddite 운동가나 오늘날의 전자불복종극단Electronic Disobedience Theater, 생명보수주의자bioconservatives와 같은 기술반대론자techno against는 인간적 가치가 침식되고 통제할 수 없는 기술에 지배당할 수 있다고 본다. 그들은 기술이 인간을 지배하는 착취도구이자 정신을 파괴하는 기제라고 보고 디스토피아적 미래를 우려하여 기계와 경쟁하기도 하고 파괴하기도 한다.

기술을 놓고 상충되는 의견이 있지만, 어떤 입장이든 과거에 공상 또는 환상이라고 상상했던 것들이 미래기술을 통해 미래사회에서 실현될 것을 전제로 한다. 학문적 탐구에 대한 인간의 갈망과 이윤을 창출하려는 기업의 시도, 세계경쟁에서 우위를 점하

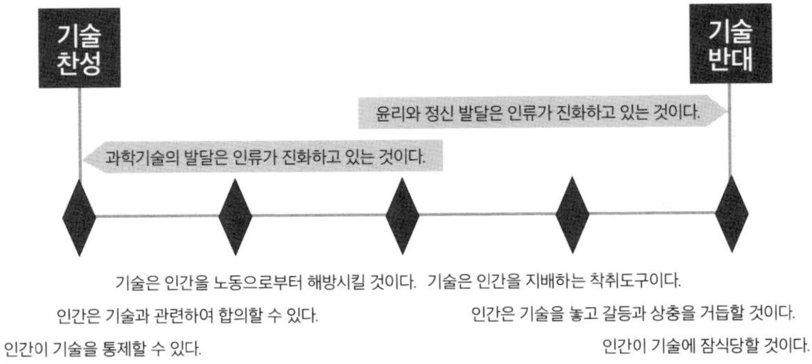

이 글을 읽고 있는 당신은
기술찬성론자의 입장과 기술반대론자의 입장 중
어느 쪽에 더 가까운가요?

려는 국가적 노력에 따라 미래사회로 갈수록 이런 기술이 더욱 발전할 것은 자명해 보인다. 오늘날 인간은 기술의 도움 없이 일주일 아니 하루도 살아가기 쉽지 않으며, 미래로 갈수록 기술의 편익성에 녹아든 인간의 삶에서 기술을 떼어낼 수 없을 것이다.

다윈에 의하면 진화는 인간의 속성이다. 그는 『인간의 유래』에서 인간은 '자연선택'으로 생물학적·지적·사회적 진화를 해왔으며 생존해 나가기 위해 앞으로도 진화해 갈 것이라고 보았다.[34] 종족 유지의 과정 자체가 진화라고 본다면, 인류가 인류문명을 지속해 나가기 위해 진화는 일어나야 하는 것이다.

근대 이후 인류는 과학으로 대표되는 물질문명의 발달을 진화로 받아들여 왔다. 과학이 앞서고 물질과 부를 축적한 국가를 선진국이라 부르며 선망하고 그렇게 되고자 해왔다. 그러면서 윤리와 가치로 보이는 정신문명의 발달은 과학의 진보에 비해 다소 소홀히 다루어져 온 측면이 있다. 오늘날 일어나는 많은 문제들-높은 자살률과 분노감, 낮은 행복감, 짙어지는 혐오와 전쟁은 기술 중심의 진보에만 매진한 결과이자 정신문명이 결핍되고 물질로부터 인간이 소외된 결과일 수 있다.

바우만은 『액체근대』에서 기술이 증강될수록 일상의 삶이 그 의미를 잃게 되며 인간의 윤리는 알 수 없는 영역으로 넘어가 버린다고 말한다.[35] 기술이 윤리에서 출발했다고 해도 기술의 달콤한 결과만을 추구하는 삶은 출발점이었던 윤리와 가치를 잃게 만들 수 있다. 헉슬리는 『진화와 윤리』에서 정치적·사회적 존재인 인간이 사회생활을 개선해 나가기 위해서는 **윤리도 진화의 과정**으로 이해해야 한다고 말한다.[36]

도덕적으로 살아가는 사람이 손해를 보는 세상이라면 우리 아이들은 손해보지 않고 쾌락과 경쟁의 사회에 잘 녹아드는 것을 터득하는 것이 더 나을지도 모른다. 그러한 아이들이 자라서 만들어가는 미래는 비도덕적인 사람들이 더 잘살 수 있는 편견과 폭력이 강화된 사회일 수 있다.

마을에 특수학교가 들어오지 않는 것이 그 마을에서 땅과 건물을 가진 사람에게는 좋은 일일 수 있지만. 특수학교에 갈 자녀를 둔 부모의 입장에서는 슬프고 분노할 일일 수 있다. 그러나 지역사회의 풍토가 집값을 중요하게 여긴다면 이웃과의 관계를 위해서라도 특수학교 설립 반대에 한 표를 던져야 할지 모른다. 학교에서 LGBTQ성소수자, lesbian, gay, bisexual, transgender, questioning에 대해 배울 수도 말할 수도 없는 것이 보수기독교 부모의 입장에서는 안심되는 일일 수 있지만 LGBTQ 당사자들에게는 서양에서 황인종과 흑인을 질병 보듯 하던 봉건시대로의 회귀로 느껴질 수 있으며 남성과 여성의 두 갈래에서 배움의 길을 잃어버릴 수도 있다. 그러나 학교가 소수보다 다수의 이야기에만 귀 기울인다면 분란이 일어나는 게 불편하게 여겨지는 학교와 주변인들은 약자의 편에서 소리치기보다 보편의 이름으로 침묵할 것이다.

이처럼 개인의 윤리와 사회의 윤리가 상충될 때에는 사회의 윤리 앞에서 개인이 자신의 윤리와 도덕을 지키고 싶어도 그럴 수 없을 때가 많다.

선이 내면화된 즉 윤리적으로 훌륭한 사람들이 사회에서 생존할 수 있기 위해서는 쾌락과 경쟁의 사회에 저항하고 선함을 추구함으로써 사회가 윤리적으로 진화해 가는 것을 지지해야 한다. 자랑스러워할 만큼 기술이 발달되는 사회로 왔음에도 행복감은 낮아지고 우울감은 높아진 사회현상에 대한 해결방안으로도, 도덕적인 개인이 사회 속에서 자신의 윤리를 지켜낼 수 있기 위해서도, 기술이 가진 양적 표식, 물질적 지표를 강화하는 방향으로 교육이 이뤄지는 것이 아니라 기술과 윤리가 균형을 맞출 수 있도록 그동안 상대적으로 소홀하게 다뤄진 윤리와 가치에 대해 관심을 두어야 한다. 그러기 위해 교육의 영역에서는 사회에 필요한 윤리가 무엇인지, 가치가 무엇인지 적극적으로 고민하고 교육에 그것을 담아야 한다.

미래사회로 나아가면서 기술과 과학만을 진보와 진화로 받아들인다면 미래세대의 삶은 그 가치를 잃어버릴 수 있다. 그래서 미래사회가 과거의 환상이 실현될 정도로 기술이 발달된 환상기술사회이며 일부의 결정이 공동체의 삶과 직결될 수 있는 초연결사회라면, 오늘날 미래기술에 대한 환영과 우려, 찬성과 반대에 있어 과학자 또는 행정가에게 맡겨서만은 안 되며 미래세대는 물론 공동체원 각자의 의견을 가지고 목소리를 낼 수 있어야 한다.

환상기술사회에서 미래교육의 과제는, 기술의 방향과 수용에 있어 각자의 의견을 낼 수 있고, 그 의견이 개인과 공동체 모두에게 바람직한 결정으로 내려지도록 돕는 데 있다. 그러나 기술과 과학에 대해 긍정적인 관심을 갖도록 하는 것 못지않게, 자연적으로 내려온 또는 보편적으로 여겨져 온 '가치'있고 '윤리'적이며 '도덕'적인 삶에 대해 관심을 갖고 미래세대 스스로가 윤리적인 사회로 만들어가도록 돕는 것이 보다 중요하다.

미래기술 어디까지 왔나?

- 2016년 3D바이오프린터로 만든 '귀'를 살아있는 쥐에 이식하는데 성공했다고 하네요. 2018년 안락사가 허용되는 네덜란드에서는 '사르코'라는 자살기계가 엑스포에 등장했는데, 이 역시 3D프린터로 만들었다고 합니다.
- 1999년부터 팔린 일본의 로봇강아지 아이보는 수명이 다하면 사찰에서 합동장례식을 치른대요. 로봇강아지는 인간뿐 아니라 우울증에 걸린 반려동물에게도 좋은 친구가 된대요. 일본에는 불교식 장례를 집전하는 로봇승려(Robot Priest)도 있다고 하네요. 그러면 로봇이 로봇의 장례를 치르는 건가요?
- 일본과 한국에서는 '인공지능 소설쓰기대회'가 열리는데요, 배경요소와 첫 문장만 기록하면 소설이 뚝딱 완성된다네요.
- 인공지능 작곡가는 30초면 새로운 곡을 만들 수 있고, 인공지능 작곡가와 인간 음악가가 협업하여 낸 앨범도 있대요.
- IBM이 개발한 인공지능 '왓슨'은 2016년부터 한국의 여러 병원에서 암진단 의사로 활약하고 있어요. 미국의 한 연구에서는 왓슨과 인간 의사 중 누구의 진단을 따르겠냐고 묻자 더 많은 환자들이 왓슨의 진단을 신뢰했다고 하네요.
- 2016년 인공지능 변호사 로스(ROSS)는 미국법인에 고용되었고,

런던대학 실험 결과 인공지능 판사의 판결 적중률이 79%였대요.
그러나 인공지능 판사는 더이상 발전시키지 않을 거라고 하네요.
로봇이 인간을 심판하는 걸 아직은 받아들일 수 없나 봐요.

군인로봇 vs 살인로봇

군사용 로봇에는 만화 『로보트 태권V』, 영화 『리얼스틸』에 나오는 로봇들처럼 인간이 결정의 주체가 되어 조종하는 인공지능로봇이 있고, 자기학습으로 스스로 판단하여 움직일 수 있는 '지능확장형(Intelligence Augmentation) 로봇'이 있다. 이 가운데 '지능확장형 로봇'을 자율무기, 살인로봇이라 한다.

2015년, 세계적인 인공지능국제회의인 IJCAI에서는 2만 명이 넘는 인공지능과 로봇연구 학자들이 자율무기체계를 개발하지도 사용하지도 말자고 약속했다. 2017년에는 알파고의 아버지라 불리우는 구글의 하사비스, 특이점으로 유명한 커즈와일, 전기자동차의 머스크를 비롯한 세계적인 기술개발자들은 이 기술을 UN의 특정재래식무기 금지협약에 넣어 국제적으로 금지시켜 줄 것을 요청했다. 2018년 IJCAI에서는 36개국 160여개 인공지능 관련 기업 및 단체와 90여개국 2,400여 명의 학자들이 자율무기 금지에 찬성했다.

한편, 한국과학기술원(KAIST)은 2018년 국방인공지능 융합연구센터를 열었다. 그러자 세계 여러 대학의 50여 명의 로봇 전문가들은 살인로봇 개발을 중지할 것, 그렇지 않다면 카이스트와의 공동연구를 거부하겠다는 공개서한을 보냈다.

자율무기체계에 대해 우려하는 이유는, 핵무기와 달리 재료를 구하기 쉬워 대량생산이 가능하고, 해킹되기 쉬워 독재자 또는 악인이 마음만 먹는다면 쉽게 해킹되어 악하게 사용되기 쉽기 때문이다. 자율무기는 인간을 해칠 가능성이 있다. 만약 한 국가가 이를 개발하기 시작한다면 세계적인 군비경쟁은 불가피할 것이다.

참여지식사회

사전적 의미에서 지식은 '경험, 교육, 연구를 통해 얻은 체계화된 인식의 성과 또는 총체'를 뜻하지만, 미래사회에서의 '지식'은 '뭔가를 혹은 누군가를 바꿀 수 있는 정보'[37], '지금 하는 일이나 목표와 직접 관련된 의미있는 정보'[38], 생산적인 성과를 가져오는 '정보 응용 능력' 즉 인간의 두뇌와 기능에 의한 '인간 고유의 능력'[39]이다.

미래사회에서 지식은 '자산'을 의미한다. 드러커는 그의 저작들에서 현 시대가 이미 육체노동의 공업시대를 지나 지식노동의 지식사회에 진입했으며 미래로 갈수록 지식사회의 모습이 더욱 공고해질 것이라고 말한다. 그러면서 **지식사회의 권력과 부가 지식에서 나온다**고 말한다. 토플러 역시 그의 저작 곳곳에서 미래사회는 지식기반의 사회이며 지식에 기반한 경제가 미래의 부를 주도할 것이라고 보았다. 최윤식·김건주[40]는 미래사회로 갈수록 지식이 가속적으로 생산되며, 미래사회에서 부를 지속하려면 지식, 시간, 가치가 필요한데 모든 지식이 인간에게 필요한 것이 아니기 때문에 지식을 다루는 사람의 인성과 능력이 중요하다고 보았다. 그들은 지식의 선별기준을 부를 창출하느냐 잃게 하느냐로 보고, 지식을 창조적으로 융합할 때 부를 창출할 수 있다고 말한다. 한편 아탈리는 인류가 보다 바람직한 하이퍼 민주주의hyper democracy의 미래로 가기 위해 지식은 누군가의 사유물이 아니라 인류 공동의 재산으로 다루어져야 한다고 주장한다.

본래 지식은 고정되어 있지 않고 생성, 공유, 소멸의 역사를 가진다. 하지만 미래사회의 지식은 그 주기가 가속화되며, '비경쟁적이고 형태가 없으며, 관계적이고 퍼져나가는'[41] 특징을 보인다.

지식생성을 설명하는 데 널리 받아들여지고 있는 가설로 무어의 법칙Moor's law이 있다. 반도체 기업 인텔의 창업자 무어가 반도체 생산에 들어가는 부품 수가 해마다 두 배로 증가하고 있다는 사실을 발견하면서 이름 붙여진 무어의 법칙은, 이후 컴퓨터의 처리능력 및 정보기술의 발전과 관련된 지식의 생성을 설명하는 데 사용되고 있다. 무어에 따르면 정보기술과 관련된 지식은 매년 일정한 '양'이 아니라 일정한 '비율'로 성장한다. 아브스만은 무어의 법칙을 이용하여 미래사회의 주요기술과 관련된 기존의 지식데이터가 두 배가 되는 데 18개월이 걸리며, 로봇 기술은 2년마다 두 배가 되고 신경과학에 관련된 기술은 7년마다 두 배가 되고, 의

학기술의 진보는 인간의 기대수명을 매년 0.4년씩 증가시키고 있음을 발견했다.[42]

아브스만은 지식의 소멸 주기도 발견했다. 그는 방사성 동위원소 집합체가 체계적으로 붕괴하는 반감기가 있듯이, 지식도 기존의 지식이 뒤집히고 정보가 갱신되는 측정 가능한 방식 즉 지식의 반감기the half-life of facts가 있다고 말한다.[43] 지식의 반감기에 따르면 하나의 지식은 만들어진 순간부터 붕괴, 소멸로 향한다. 기술이 발달할수록 새로운 지식도 폭발적으로 생성되지만 동시에 소멸되는 지식도 폭발적으로 많아진다. 어떤 지식은 수명이 긴 반면 어떤 지식은 만들어지자마자 소멸하기도 하는데, 지식의 수명은 지식의 공유에 달려있다.

지식공유에 있어서는 무어의 법칙과 유사한 주커버그의 법칙Zuckerberg's law이 통용된다. 페이스북 창업자 주커버그는 2008년 페이스북 내부에서 취합한 데이터를 이용해 웹에서 공유되는 정보의 양이 24개월이 지나면 두 배로 늘어난다는 것을 발견했다. 리프킨은 지식공유에 있어 이러한 배증 현상이 가까운 미래까지 계속될 것이라고 예상한다.[44] 네트워크는 규모가 커짐에 따라 메트칼프의 법칙Metcalfe's law과 같이 기하급수적으로 가치가 증대하는데, 네트워크에서 생겨나는 지식은 수확체증의 법칙increasing returns of scale과 같이 공유의 과정이 많아질수록 시너지가 발생되어 새로운 지식을 발생시킨다.

커즈와일은 수확 가속의 법칙law of accelerating returns을 제시하며 인간이 새로운 지식에 의해 생성되는 패러다임을 받아들이는 데 걸리는 시간이 점점 빨라져 10년마다 반으로 줄어들고, 21세기의 기술발전은 200세기 동안의 발전에 필적할 것으로 예측한다.[45] 즉, 공유의 과정은 지식의 소멸과 생성을 모두 낳으며 공유가 많이 될수록 가치가 높아져 새로운 지식생성에 기여한다는 것이다.

생성된 모든 지식이 공유되는 것은 아니다. 지식의 생성에서 소멸에 이르기까지 사회 속에서 빠르게 소비되는 과정을 통해 사회에서 필요에 의한 지식만이 더 많이 생성되고 더 오래 지속되고 확산되며 그렇지 않은 지식은 더 빨리 소멸된다. 이렇게 지식은 동시에 균질하게 공유되지 않는다. 우리가 어떤 지식을 유효하게 받아들이는 순간 다른 한편에서 이미 그 지식은 소멸된 것일 수 있다. 토플러 부부는 미래사회에서는 기존의 지식이 더이상 지식으로 볼 수 없는 쓸모없는 거짓지식을 근거로 의사결정을 내리는 무용지식의 함정the obsoledge trap에 빠지지 않도록 주의해야 한다고 말한다.[46]

그렇다면 왜 어떤 지식은 살아남고 어떤 지식은 쓸모없어질까? 인간의 욕망과 사회적 필요에 의해 불균질하게 공유되기 때문이다. 부를 창출할 수 있는 지식, 선발이나 평가에 유용한 지식, 사회제도에서 인정하는 지식과 같이 인간의 관심과 욕구에 맞닿아 있거나 사회에서 '가치있다'고 인정받는 지식은 더 오래 살아남고

지식의 순환

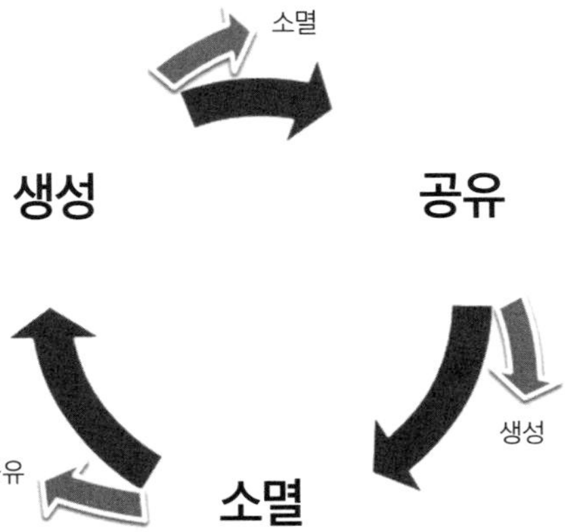

널리 공유된다.

지식은 다른 지식들의 변화를 수용하며 새로운 지식으로 거듭나기도 하지만 각 지식의 단계들이 그 시대의 모든 이들에게 균등하게 공유되거나 흡수되지는 않으며 앞서의 이유들이 다시 지식의 불균질한 생성과 소멸에 영향을 끼친다. 인간의 욕구와 맞닿은 사회적 필요에 의한 지식들만이 공식적 지식으로 변모하여 인간의 직업과 사회문화적 모습을 결정짓는 중요한 지식으로 인식되면서 불균질하게 공유되고 그것이 다시 새로운 지식을 불균질하게 생성시키고 또 소멸시킨다.

그렇게 되면 사회인으로의 삶에 있어 지식의 불균질은 개인의 사회에 대한 적응을 어렵게 만들며 개인이 선택할 수 있는 진로와 직업의 한계를 심화시켜 사회 불평등으로 이어질 수 있다는 문제를 만든다. 그래서 각자가 어떤 지식을 공유하고 만들어낼 것인지가 중요해지고 지식의 공유에 참여하는 것을 통해 불균질의 문제를 완화시킬 여지가 생긴다.

인터넷뉴스를 클릭해본 경험이 있다면 쉽게 알 수 있듯 누구나 지식의 순환에 관여하고 있다. 클릭 수가 많을수록 더 많은 사람들이 쉽게 클릭할 수 있는 곳에 걸리고, 댓글이 적을수록 네트워크 어딘가에 있겠지만 사람들이 쉽게 볼 수 있는 화면에서는 사라진다. 이렇게 누구나 지식과 연관되어 지식의 생성과 공유, 소멸에 이르기까지 영향력을 발휘한다는 점에서 미래사회를 참여지식사회라고 부르고자 한다.

참여지식사회에서는 어떤 지식을 공유할지, 소멸시킬지, 생성시킬지에 대한 개인의 선택들의 합에 의해 지식의 불균질한 정도가 결정되므로 개인이 지식에 대해 가진 식견과, 어떤 지식을 공유해서 전달할 것인가와 관련된 윤리가, 지식을 사용할 수 있는 방법이나 능력, 환경보다 더 중요해진다.

전문가에 의해 만들어지는 지식을 전문지식으로, 비전문가에 의해 만들어지고 유포되는 지식을 참여지식으로 부른다면, 근대 이전의 사회에서는 전문지식만이 사회적 가치를 가졌기 때문에 근대교육에서는 전문지식을 습득하는 데 집중했다. 반면 초연결의 미래사회로 갈수록 미래세대는 접근과 이해가 편리한 참여지식을 더욱 빠르게 소비함으로써 참여지식의 사회적 가치를 높인다. 그래서 지식의 생성에서 소멸 그리고 다시 생성에 이르는 지식의 순환을 가속시켜 참여지식과 무용지식을 더욱 많이 생성한다. 그러면 집약된 지식을 전수받아 학령기 이후의 삶을 유지했던 방식으로 지식의 속도를 따라잡는 것은 불가능해진다.

참여지식사회에서 미래교육의 과제는 넓게는 '지식전달'이라는 교육목표와 관련지어 '배움'의 의미를 제고하고, 좁게는 지식을 만들어내는 윤리와 지식을 볼 수 있는 식견을 기르는 데 있다. 미래세대 스스로가 지식의 참여자가 되는 참여지식사회에서 미래세대가 어떤 참여지식을 만들어낼지, 무엇이 무용지식인지, **누구와 어떻게 공유해갈 것인지 윤리적 결정**을 내릴 수 있어야 하며 **사회적 불평등을 완화시킬 수 있는 지식공유**에 관심을 가져야 한다. 그러기 위해 미래교육은 미래세대가 지식의 의미를 해석하고 **지식 이면에 담긴 역학을 통찰해낼 수 있는 비판적이고도 합리적인 시각**을 갖도록 도와야 한다.

욕망사회

욕망欲望, desire은 인간의 타고난 본성이자 행동의 심리적 동인이다. 욕망은 결핍에서 비롯된 욕구need와 다른, 근원적이고 자연스러운 것이지만 인간은 신성 혹은 이성에 기대어 이런 욕망을 다스리거나 높은 이상과 신념으로 변치시키는 노력을 해왔다. 괴테는 『파우스트』에서 신성에 의한 구원으로 해석했고, 칸트는 이성으로 욕망을 극복하고자 했다고 볼 수 있다. 매슬로우는 '생존-안전-사회-존경-자아실현욕구'의 다섯 단계로 욕망을 설명하고자 했다고 볼 수 있다. 인간이 성악설과 성선설 어느 것으로도 설명되기 어려운 것처럼 욕망 자체도 밝고 어두운 양면을 고루 가진다. 대부분의 사람들에게 중요한 것은 욕망을 다루는 방법보다는 욕망의 대상이 무엇인가였다.

인간은 무엇을 욕망해왔는가? 사람마다 우선하는 욕망은 다르지만 20세기 산업화의 물결 속에 세계적으로 널리 퍼진 자본주의의 영향으로 인간은 '자본資本, capital과 부副, wealth의 소유'를 적극적으로 욕망하기 시작했다. 여기에 민주주의가 발달함에 따라 자본과 부의 차등, 경제적 불균형이 개인 능력의 결과로 받아들여지는 사회문화가 형성됐다. 자본주의가 발달한 국가에서는 물질을 소유하는 데 만족했던 임계점을 지나 교육, 문화, 감정, 지식도 소비하고 있으며, 심지어 인간마저 소유와 소비의 대상으로 거론된다.

농경시대에는 종교와 신분, 산업시대에는 국가와 정부, 정보화시대는 기업과 전문가가 부와 권력을 가졌다면 미래사회에서는 네트워크와 지식으로부터 부와 권력이 나온다. 그래서 희소성에 기초한 지적 헤게모니를 장악한 집단 혹은 도시는 초연결된 미래사회에서 부와 권력을 독식하기 쉬우며 개인 간, 집단 간, 국가 간의 경제적 불평등을 심화시킨다. 경제적 불평등이 심화될수록 부에 대한 갈망은 더 높아지며, 자본과 부의 불평등 속에서 인간은 '쾌락의 쳇바퀴'에 빠져 소유에 더욱 집착하게 된다.

미래사회로 갈수록 욕망은 자연적으로는 줄지 않으며 부와 권력을 갈망하는 인간의 정념과 갈등은 여전히 유지되면서 인간보다 물질과 기술을, 공동체보다 개인의 이득을 우선에 놓고 결정하게 한다. 인간의 '억제할 길 없는 탐심'[47]은 인간 삶의 터전인 동시에 다른 생물종들과 유기적으로 연계되어 있는 하나뿐인 생태계, 가이아를 파괴시켜 왔다. 최윤식은 『총·균·쇠』로 유명한 인류학자

다이아몬드의 주장을 들어 인류의 문명들이 붕괴될 때에는 공통적으로 환경파괴라는 자살의 과정이 있었다면서 마실 물이 지금의 3%보다 더 줄어든다면 물을 먹기 위해 핵전쟁을 불사할 수도 있을 것이라고 보았다.[48]

미래학자들은 미래사회에서의 생존과 패권을 놓고 일어나는 이견과 충돌-기계문명에 저항하는 자와 적응하는 자 사이의 갈등, 로봇이 인간노동을 대체함으로써 심화되는 불평등, 인공지능을 인간감시의 도구로 활용하려는 빅브라더 정부의 등장, 해킹과 사이버테러, 종교 간의 대립, 제2의 물결문명과 제3의 물결문명 간의 대립, 제3의 물결문명 안에서의 주도권 다툼, 이민자와 정착민 간의 갈등-이 더욱 발달된 첨단기술 때문에 인류의 존속을 위협할 만큼 파괴적인 형태로 나타날 수 있다고 경고한다. 사이버전쟁과 로봇전쟁, 도시와 국가의 전쟁, 선점 전쟁, 기술혁신 전쟁, 군사패권 전쟁, 무역전쟁, 환율전쟁, 원가전쟁, 산업전쟁, 인재전쟁, 노마드 전쟁이 일어날 수 있다고 말이다.

부와 결합된 욕망의 결정은 불균질과 불균형을 심화시키며 양극화된 불평등은 분쟁과 전쟁을 만들고 기후변화와 환경파괴를 용인한다. 이는 지구공동체의 붕괴를 야기하고 나아가 인류의 자멸로 이어질 수 있다.

인류의 지속 가능성이 위협받는다는 전 지구적 인식은 각국의 경제적 이해관계를 뛰어넘어 '빈곤퇴치협약', '기후변화협약' 같은 인류 공동의 노력을 만들어내기도 했다. 그러나 지금까지 이상기후, 가뭄과 허리케인, 미세먼지, 지구온난화라는 가이아의 질병 증세에도 불구하고 서식지 파괴와 환경오염으로 가이아를 훼손시켜 온 인간은 미래사회의 경제적 이해관계 앞에서 부와 결합된 욕망으로 지구를 파괴하는 결정을 쉽게 멈추지는 않을 것이다. 세계 제1의 부국인 미국이 자국의 부를 확고히 하기 위해 파리기후변화협약United Nations Climate Change Conference에서 탈퇴를 선언했듯이 말이다. 하지만 동시에 가이아와 지구공동체의 공멸을 막기 위한 고민과 노력도 지속적으로 나타날 것이 분명하다.

욕망이 유지되는 미래사회에서 교육의 과제는, 인간 욕망의 어두운 면을 경계하는 것, 인간다움을 찾으려는 노력, 풍요와 소비 대신 결핍과 교환을 경험하는 것, 개인이 아닌 공동체를 회복하는 것, 국제기구와 세계적인 연대로 함께 행동하는 것, 공동의 윤리를 갖고 실천하는 것을 고민하고 공유하고 실천하도록 돕는 데 있다. 인간은 지구를 공유하고 있는 생물권 내의 구성원이라는 자각과 가이아를 지켜나가기 위해 행동하는 세대를 길러낼 때 미래 세대가 살아갈 미래사회의 지속과 안녕을 담보할 수 있을 것이다.

2018 지구 뉴스 세 가지

황금두꺼비, 멜로미스에 이어 지구상에 한 마리 남았다고 알려진 북부흰코뿔소가 2018년에 결국 멸종했습니다. 이를 두고 백악기 이후 최대의 대멸종기가 시작됐다고 말하기도 합니다. 대멸종기가 되면 지구의 70%의 동식물이 멸종될 것이라고 합니다. 대멸종기가 오지 않더라도 지구의 온도가 지금보다 약 2도 정도 오르면 2055년까지 지구상의 동식물 25%가 멸종할 것이라고 합니다.[49]

2018년에 사망한 최후의 북부흰코뿔소.(사진 출처 YTN 2018년 기사 중)

자연 분해되는 데 약 500년이 걸린다는 플라스틱은 1분마다 트럭 1대 분량이 바다로 흘러가 태평양 한가운데에 플라스틱 쓰레기 섬을 만들고 있습니다. 지구에서 가장 깊은 바닷속 수심 1,898m에서 비닐봉지가, 북대서양 물고기 73%에게서 미세플라스틱이 발견됐다고 합니다. 미세한 플라스틱 쓰레기(microbeads)는 우리가 해산물을 먹을 때마다 우리 몸에 축적된다고 합니다.[50]

30년 전과 비교해 지구온난화로 빙하가 녹아 4분의 1 정도의 빙하만이 남아있습니다. 그중 영원히 얼어 있을 줄 알았던 그린랜드의 20m 두께의 빙하 일부가 2018년 여름 녹고 있음이 관찰되었습니다. 빙하가 녹으면 찬 공기와 따뜻한 공기가 잘 섞이지 않게 막아주는 제트기류가 약해지면서 이상기온 현상을 만든다고 합니다. 탄소배출을 줄이는 정도가 아니라 땅속에 있는 탄소까지도 모아 배출(Negative Emission)시키지 않는다면 지구온난화는 가속되어 2030년 즈음이면 북극의 빙하가 모두 녹을 것으로 예측됩니다.[51]

멀어지는 사회

미래로 갈수록 자석의 N극과 N극처럼 가까이 있을 수는 있지만 결합할 수 없는 것들이 더욱 자기만의 성질을 강화하면서 한껏 멀어지는 경향을 보인다.

너무 멀어진 사회의 모습은 다방면에서 목격된다. 색스는 『아날로그의 반격』에서 디지털화된 세상에서 오래된 레코드판과 종이로 된 다이어리 같은 아날로그적인 것들이 더 두각을 나타낸다고 했는데, 디지털 문화가 확산되는 만큼 아날로그 문화도 재등장하고 있다.[52]

멀어진 사회에서는 가까워질 수 있는 요소가 발달될수록 더 멀어지는 아이러니를 보인다. 국가가 부유해져 국민 모두가 과거보다 풍족한 환경을 누릴 수 있게 되었지만 부자는 더욱 부유해지고 가난한 사람은 더욱 가난해졌다. 교통이 발달되어 지방과 대도시를 더 쉽게 오갈 수 있게 되었지만 지방이 도시만큼 커지거나 도시의 규모가 지방으로 분산되기보다 도시는 더 커지고 지방은 더 작아져 도시와 지방의 문화적 간극은 더 커진다. 여성과 남성이 함께 평등하게 살 수 있도록 사회적·법적 제도들이 정비되어 가면서 여성과 남성이 서로 어울리며 이해할 기회가 많아졌지만, 서로를 평등하게 여기기보다는 오히려 이해가 줄어들고 남성과 여성의 입장은 더 멀어진다. 공교육이 보육과 방과후교실 같은 복지 영역을 흡수하고 평가의 수량화, 객관화를 강조하며 활동을 매뉴얼화, 표준화시켜 규칙과 공평을 강조하게 되었지만 공교육의 질과 위상이 낮아지며 비공교육 영역에 의지하는 학부모의 수요가 결코 줄지 않고 국제학교, 자립형사립고, 대안학교, 홈스쿨과 같이 대안적 교육기관이 많아지며, 공교육과 비공교육의 영역이 각각 발달된다. 가장 세계적인 것과 가장 지역적인 것이 동시에 극대화되고, 시장에서 거대 기업의 힘과 P2P를 통해 개인의 힘도 각각 강화되며 멀어지는 모습은 미래로 갈수록 더 강화될 것이다.

멀어지는 사회에서 디지털과 아날로그, 도시인과 지방인, 정주민과 이주민, 세계 전체의 평화를 강조하는 사람과 애국심을 강조하는 사람, 부자와 빈자, 남성과 여성, 공교육을 선택하는 사람들과 비공교육 기관을 선택하는 사람들은 점점 멀어지고 있다.

멀어지는 사회에서 구성원들은 서로에게 관심을 두기보다 자신이 선택할 수 있는 것에 더욱 관심을 쏟는다. 도시인은 지방인에게, 부자는 빈자에게, 정주민은 이주민에게 관심을 두기보다 자신이 속한 부의 계층 안에서 자신이 가질 선택지에 집중한다. 공교육기관, 자립형사립고, 홈스쿨 중에서 무엇을 선택할 수 있느냐, 한국에서 좋은 직장을 얻지 못한다면 다른 나라에 가서 직장을 고를 수 있느냐 등 선택의 문제를 기회 균등으로 여기고 선택지가 있는지 여부를 중요하게 여기며, 그런 선택지를 선택하는 문제는 개인의 책임으로 귀결시킨다. 그런데 개인은 사회의 문화에 녹아 살아가기 때문에 자신의 온전한 의지대로 선택하고 있다고 말하기에는 다소 부족한 부분이 있다. 헤게모니를 가진 집단이 자신의 힘을 유지하기 위해 펼쳐놓는 선택지들이 우선적으로 구성되기 때문에 진정한 다양성이 존재하고 있다고 보기에도 다소 부족하다. 개인의 책임으로 귀결되어도 충분할 만큼 실질적인 선택의 스펙트럼이 골고루 균형 있게 펼쳐져 있다고 보기 어렵다.

멀어지는 사회는 개인 간의 구별을 과도하게 강화한 데서 시작된다. 개별성을 무시하고 집단성만을 강조하여 개인의 희생을 당연시하는 전체주의totalitarianism는 독재체제를 양산하고 2차 세계대전이라는 인류의 교훈을 남겼다. 그래서 인류는 민주주의를 주요한 정치의 틀로 삼아 개인의 자유와 인간 간의 평등을 지향하며 국민보다 시민으로 서고자 해왔다. 자유에 대한 과도한 믿음은 개인의 삶을 각자의 문제와 책임으로 구분 짓고, 서로를 각자로 멀리 떨어뜨렸다. 민주주의를 향한 걸음 속에서 시민의 힘은 강화되어 갔지만 국가가 가졌던 무소불위의 힘은 시민이 아니라 도시와 기업이 가져갔으며. 미래에는 도시와 기업 그리고 지식과 네트워크를 가진 소수집단이 가져갈 것이다. '국가 없는 국가'주의 시대의 국가는 역할과 책임을 여전히 강조받지만 행사할 수 있는 힘의 크기가 과거에 비해 줄어 국민과 시민의 기대에 부응하기 어려워졌다. 이 때문에 시민 각자는 자신의 힘을 강화시키고 각자도생과 자력구제에 나서야 하는 상황에 빠질 수 있다.

멀어지는 사회에서 가장 멀어진 모습은 혐오로 나타난다. 혐오는 불안한 사회에서 희생양을 만듦으로써 동질성이 강한 공동체를 구축하려고 할 때 나타난다. 그래서 혐오는 개인의 취향을 넘어 쉽게 문화로 형성된다. 혐오문화는 인간에 대한 편견을 갖고 자아와 타자를 다르게 구분 짓는 데서 시작되어, 타자를 가치 없고 열등하며 해로운 존재이고 자아는 우월한 존재로 계급화하는 방향으로 나아간다. 아울러 자아는 타자와 함께 살 수 없으며 타자는 거부되거나 소멸해야 하는 존재로 받아들여지게 된다.[53]

혐오의 첫 단계, '타자는 자아와 다르다'라는 이원론적 사고에는 소수와 비교하여 기득권과 다수에 속했다는 우월감뿐 아니라 소수에 속한 경험의 부재와 소수의 희생을 당연하게 여기는 문화, 소수에 속할까 봐 생기는 두려움과 자기보호의 욕망이 함께 들어있다. 소수의 차이에 대한 개인의 마음은 그것에 대한 동조와 지지를 받거나 미디어의 희화화가 반복되며 가상공간에서 재확산되어 현실공간으로 나와 차별로 확장된다.[54]

기득권과 다수를 우월하게 보고 소수의 희생을 당연하게 여기는 전체주의적 풍토가 보편적인 문화로 자리 잡은 사회에서 쉽게 싹트는 혐오는 다양성이 부재하고 다름이 어떻게 다른지를 알 수 없는 사회에서 쉽게 고착되어 지워지기 어려워진다.

멀어지는 사회에 있는 부자와 빈자, 정주민과 이주민, 도시인과 지방인, 남성과 여성들 각자가, 자신이 속한 넓고 느슨한 사회공동체에 분명히 존재하지만 자신을 둘러싼 근린사회 밖에 있으면서 근린사회에서의 선택지를 뛰어넘는 시도를 하지 않는다면, 그리고 가까워질 수 없는 집단에 대한 무관심이 지속된다면 혐오문화를 개선하기보다 혐오 표현이 만들어내는 혐오문화에 적응하는 것에 관심을 두게 될 것이며, 혐오문화는 멀어지는 사회의 가장 보편적인 문화가 될 것이다.

혐오문화가 우려되는 것은, 개인의 삶의 질을 떨어뜨릴 뿐 아니라 사회의 윤리를 아둔하게 하여 '제노사이드'와 같이 비이성적이고 비극적인 역사를 만들 수 있기 때문이다.

진리를 절대적 혹은 상대적으로 보는 데 따라 멀어지는 사회는 문제일 수도 아닐 수도 있으며 불안요소일 수도 기회요소일 수도 있다. 그러나 점점 더 멀어지는 사회에 적응하여 삶을 살아가자면 이것도 옳고 저것도 옳은 양비론을 받아들일 수밖에 없다. 상대주의를 넘어선 양비론은 적극적으로 이해하려는 공감과는 달리, 체념 섞인 피곤함을 담아 모든 것이 옳고 그럴 수 있다고 받아들이는 풍토를 만들어 도덕, 정의, 윤리와 같은 영역에서 지향점과 구심점을 모두 흙탕물로 만들고 본질과 진리, 진실과 같은 가치를 가릴 수 있다.

미래교육의 과제는 왕권시대로 회귀하거나 사회민주주의를 옹호하려는 게 아니라 끈 떨어진 연처럼 너무 멀어져 단절되어도 괜찮을까 하는 우려에서 출발하여 연결자를 찾는 데 있다. 개인은 공동체를 벗어나 홀로 살아갈 수 없으며 마음 깊숙한 곳으로부터 타인에 대한 관심을 갖고 있다. 미래교육은 양극화에 순응하거나, 양비론으로 본질을 희석시키거나, 양극을 전체주의처럼 억지로 붙이려는 것을 경계하도록 하는 것이다. 이로써 자신이 속한 집단과 근린사회가 자신만을 위해 존재하는 것이 아니라 근린사회 밖에 있는 다른 집단 모두를 위해 존재하고 있다는 사실을 받아들이고,[55] 멀어지는 사회 속에서 개인은 지구 곳곳에서 일어나는 사회현상에 대해 고민하며 어떤 윤리와 가치관으로 살아갈 것인지 사색하고 성찰하는 기회와 시간을 갖게 하는 것이다.

벽

영화 『엘리시움』은 선택받은 일부의 시민들만이 최고의 의료혜택을 누릴 수 있는 계급화된 미래를 보여준다. 영화 『디스트릭트 9』는 난민 혹은 빈자를 외계인으로 은유하면서 철저히 경계 짓는 사회를 풍자한다. 영화에서 있을 법한 이런 일이 남아메리카 페루에 실제로 있다. 수도 리마 외곽에는 수치의 장벽(Wall of Shame)이라 불리는 10km의 벽이 세워져 있는데, 이 벽을 사이에 두고 수도와 전기도 들어오지 않는 판자촌과 높은 빌딩의 부촌이 구분되어 있다. 1980년대에 만들어지기 시작한 이 벽은 줄어들기는커녕 지난 30여 년간 계속 길어지고 높아져 왔다.
1820년에는 가장 부유한 나라들의 평균소득이 가장 빈곤한 나라들의 3배였는데, 1913년에는 11배가 되었고, 1950년에는 35배, 1973년에는 44배, 1993년에는 72배가 됐다. 인류의 가장 부유한 5분의 1이 세계 수입의 86%를 거둬들이고 있는 반면 가장 가난한 5분의 1은 겨우 1%만을 차지하고 있다. 최하층에 속하는 사람들 10억 명의 총재산은 100대 부자들의 재산을 합친 것과 비슷하다. 1999년 하루에 1달러 미만을 가지고 사는 사람이 10억 명이나 되지만, 2040년에는 그런 사람들이 2배 이상으로 늘어날 것이다.[56]
2017년 한국 상위 0.1%의 1인당 평균근로소득은 약 6억 6,000만 원으로, 하위 10%의 1인당 평균근로소득 69만 원보다 1,000배 많은 수준이다.[57]

3장

미래의 인간

디지털노마드

콜럼버스가 새로운 대륙을 발견했다.
몽골의 징기즈칸이 인류 역사상 가장 넓은 나라를 만들었다.
남아메리카 사람들은 천주교를 믿는다.
캐나다, 호주, 뉴질랜드라는 나라가 생겼다.

인류는 생존을 위해, 자유를 찾아, 그냥 그러고 싶어서 많은 이동을 해왔다. 인류에게 이동은 타고난 기질일까? 아탈리는 그렇다고 말한다. 그는 인류가 이동이라는 기질을 타고났다고 보고, 인류를 유목민, 유랑자, 이동하는 인간을 뜻하는 호모노마드Homo Nomade로 지칭한다. 그는 호모노마드가 끊임없이 이동하면서 유목 물품으로 교류하고 전파하며 나눔으로써 인류의 역사가 발전되고 확산됐다고 본다.

첫 번째 영장류로부터 1만 년 전 최초의 정착민들에 이르기까지 인류는 태풍, 추위, 가뭄을 피하고, 먹이와 피난처를 찾기 위해, 그리고 커다란 맹수들을 피하기 위해 불안정성과 불확실성 속에서 여행을 하며 살아왔다. 이렇게 오랜 기간을 거치는 동안 방랑생활에 가장 잘 적응한 종족들만이 살아남게 되었고, 이동과 양립할 수 있는 수렵과 채취기술만이 진보했으며, 여행에 의미를 부여하는 신화와 제례의식만이 존속하게 됐다. 인간은 이렇게 신체적으로나 문화적으로 필수불가결한 방랑으로부터 생겨났으며, 노마디즘은 인간의 신체와 정신을 형성했다.[58]

미래사회로 갈수록 호모노마드는 확산된다. 분쟁과 재해로 난민이 되거나 태어나자마자 입양의 처지에 놓이는 등 비자발적으로 이동할 수밖에 없는 사람들이 있다. 또, 경제나 종교, 문화에 있어 불균형과 불평등의 양극화가 심해지면 이동하고 싶은 이유가 많아지고, 텔레비전 방송과 같은 미디어를 통해 이동 욕구를 자극받기도 한다. 쉽고 빨리 이동할 수 있을 만큼 교통기술이 발달되기 때문에 인류의 이동은 가속화될 전망이다.

아탈리는 다음과 같이 부의 불평등이 커져 21세기에 유럽의 절반 이상이, 인류의 9분의 1 이상이 여행 후에 새로운 삶의 터전에서 시작할 것으로 보았다.

2003년, 지구상에는 9,000만 명의 신생아가 태어나고 있는데, 해마다

정치적, 경제적 또는 문화적인 이유로 자기 나라를 떠나는 사람들의 수는 1,000만 명이다. 북쪽 국가에서, 남쪽 국가에서 그리고 북쪽 국가와 남쪽 국가 사이에서 이루어지는 상업적 노마디즘의 가속화에 관련된 다른 이동들과 함께, 향후 50년 내에 10억 이상의 인류가 자기가 태어난 나라가 아닌 다른 나라에서 살게 될 것이라 예견된다.[59]
2006년, 아프리카에서는 인구의 5분의 1 이상이 자기가 태어난 곳이 아닌 다른 곳에 둥지를 틀었다. 이 비율은 오스트레일리아의 경우 인구의 5분의 1, 미국 인구의 12분의 1, 유럽연합 인구의 20분의 1로 각기 달라진다.[60]

호모노마드는 이동과 정착에 필요한 불, 옷, 무기, 말, 자동차, 비행기, 시계, 전화, 컴퓨터를 가지고 이동과 정착을 반복해왔다. 호모노마드가 들고 다녔던 물품들을 유목물품Nomandic Objects이라고 부른다. 디지털노마드digital nomade는 디지털기기라는 유목물품을 들고 다니며 이동하는 인류를 뜻한다. 스마트폰과 노트북을 들고 해외를 오가며 일이나 여행을 한다면 그 사람을 디지털노마드라고 부를 수 있다. 오늘날 누구나 스마트폰을 들고 다니며 메시지를 주고받고 있으니 현대인들은 모두 디지털노마드라고 볼 수도 있다.

가까운 미래에 미래기술이 발달하면 몸속이나 몸에 부착된 웨어러블 통신기에 가족 같은 애완동물 대용 로봇을 데리고 다니며 일하기도 하고 정주하기도 하는 디지털노마드가 인류의 보편적인 모습이 된다. 먼 미래에 자신의 정신이나 복제된 인간을 이동시키는 것이 가능해진다면 미래 인류는 시공간의 차이 없이 동시에 이주민이자 정착민의 모습을 갖게 될 것이다.

토플러는 아탈리처럼 이동을 인류의 본성으로 보는 것은 아니지만 제1의 물결이 정착민의 시대라면 제2의 물결부터는 이동이 많아지는 시대로 보았고 이 점은 과거가 정착민의 시대였다면 미래는 유목민의 세계라는 아탈리의 의견과 같다고 볼 수 있다. 토플러[61]는 미래로 갈수록 이동이 다양하고 많아지며 이로 인해 새로운 유목민과 정착민immobile 간에 갈등이 일어날 것으로 예측했다. 아탈리 역시 비자발적 이주민infra-nomade과 자발적 이주민hyper-nomade과의 갈등을 예측한다. 토착민은 결혼, 학업, 취업 등의 이유로 자발적으로 이동한 정착민과 문화와 종교, 학교와 취업자리를 두고 갈등할 수 있으며, 여행과 일을 위해 자발적으로 이동하는 노마드끼리도 체류기간에 따라 갈등할 수 있다.

전쟁과 재해로 원치 않은 이동을 한 인간 집단은 생존의 문제 때문에 세금과 거주지를 둘러싸고 토착민과 갈등할 수밖에 없다. 이동하는 인류로부터 파생될 수밖에 없는 이런 갈등들은 인류 모두가 결국은 이주민이자 정착민이라는 것, 서로가 중요한 가치 있는 존재임을 깨닫기 어려운 상황이 지속되면 분쟁, 쿠데타, 전쟁으로 심화된다.

이동을 편리하고 빠르게 해주는 미래기술이 발달될수록 유목물품이 곧 자기 자신이 될 수 있다면 인체에 기반한 인간의 정체성을 어떻게 설명해야 하는지 그리고 더욱 늘어나는 새로운 인간상과 이주민과 정착민들 간의 갈등은 어떻게 해결해 나가야 할지 정체성과 갈등 해결의 과제가 생긴다.

2018년 7월, 태국의 한 동굴에 갇혔던 '야생멧돼지' 유소년 축구단이 구출됐다. 이 과정에서 태국인이 희생되기도 했지만 미국, 영국, 호주 등지에서 온 전문가들의 도움으로 모든 아이들은 무사히 구출됐다. 동굴에 갇힌 지 보름이 넘었는데도 어떻게 아이들이 무사할 수 있었는지 취재한 기록을 보면, 코치의 공로가 컸다고 한다. 탈출의 순간에도 제일 마지막으로 나온 엑까뽄 코치는 태국인이 아니라 미얀마에서 태국으로 온, 국적 없는 난민으로 10년 정도 수도승 생활을 한 이력이 있다고 한다. 많은 나라들이 구출되길 바랐던, 태국 군인의 희생으로 구출된 아이들 중 몇몇도 태국인이 아닌 난민이었다.

이동하는 인간이 많아지는 미래사회에서 한 인간은 평생 정착민으로만 살거나 이주민으로만 사는 것이 아니라 비자발적 이동자이자, 자발적 이동자이자, 정주민이라는 세 가지 삶을 한 인생에서 모두 겪게 될 것이다. 그렇기에 이동하는 인간의 삶을 살아가기 위해 필요한 미래교육은 유목물품, 디지털기기를 다루는 능력, 빠르고 편리하게 이동할 수 있는 기술을 선택하는 능력을 키우는 것보다 먼저 이주민도 정착민도 모두 같은 사람이라는 사실을 깨닫는 과정이어야 한다. 아울러 지구공동체 안의 인간과 국가공동체 안의 인간, 개인 인생의 변화에 따른 인간의 삶에 대해 생각할 기회여야 한다.

한국으로 오는 사람

'이동하는 사람'은 늘고 있다. 법무부에서 발간한 『2016년 출입국·외국인 정책 통계연보』를 보면 2016년 한 해 동안 한국을 드나든 사람은 약 8,000만 명에 이른다. 이 기간 동안 한국에 체류한 외국인은 200만 명에 이르며 이 수치는 전체 인구의 약 4%에 해당한다. 우리나라에서 가장 많이 체류하는 외국인의 본 국적은 중국, 베트남, 미국 순이다.

한국으로 오는 사람들 중 정치적 의견이나 종교, 인종과 관련된 갈등과 분쟁으로 난민이 된 외국인들이 많아지고 있다. 2013년 난민법 시행 이후 한국에 온 난민들이 난민 신청을 하는 경우도 꾸준히 증가하고 있다. 2016년 한 해 동안 7,542명이 난민을 신청했고 그중 98명이 난민 인정을 받았다. 전체적으로는, 2016년 말까지 총 2만 2,792명이 난민을 신청하여 그중 672명이 난민인정을 받았다.

내국인·외국인 출입국자 추이 및 비율

(단위: 명)

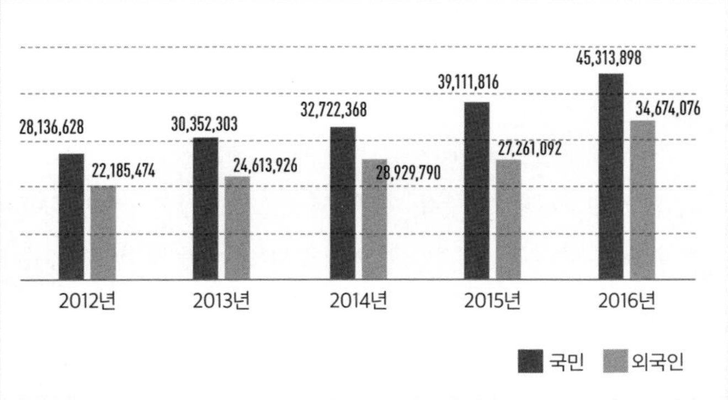

* 출처: 법무부. 2016년 출입국·외국인정책 통계연보. 15쪽.

한국을 떠나는 사람

한국은 지금의 한반도에서 5,000년의 역사를 이어왔다고 말한다. 이 때문에 이동하는 인간과 관계가 없어 보이기도 하지만, '청나라 화냥년', '일본의 우토로마을 사람들', '우즈베키스탄 고려인', '중국 조선족', '남아메리카 애니깽' 등의 사람들을 떠올려보면, 한국 역시 이동의 역사와 무관하지 않고 타국에 의해 강제적인 이동의 역사를 겪은 것으로 보인다. 현대에 이르러서는 한국이 자국민을 강제로 이동시키고 있기도 하다. 1953년부터 시작된 한국 아기들의 해외 입양은 '아기 수출국'이라는 국제적 비판, 입양특례법 제정, 저출산에 의한 인구감소 염려로 국내 입양이 장려되면서 감소했으나 여전히 지속되고 있다.

한국 아기의 해외 입양 추이

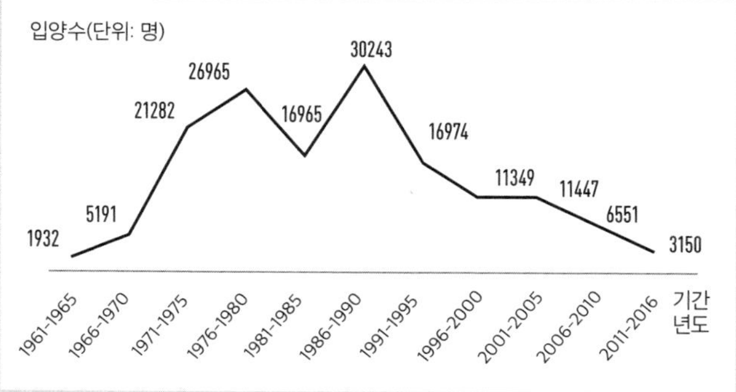

* 출처: e-나라지표와 김재민(2015)[62]연구 재구성

일회용 인간

2016년 전체 가구 19,840,000명
2016년 전체 1인가구 5,5353,000명
2016년 65세 이상 1인가구 2,3014,000명

전통적으로 관계는 역사와 혈연 그리고 지연을 바탕으로 만들어진다. 그리고 관습을 바탕으로 한 사회적 계약 안에서 구속감과 책임감을 느끼고 운명공동체라는 인식으로 결속되어 공동의 문화를 이룬다. 근대 이후 자본주의 사회에서는 전통적 관계 못지않게 명시적이며 수량화할 수 있는 상품화된 관계가 많아졌다. 이동이 가속화되고 자본의 양극화가 예측되는 미래사회로 갈수록 이러한 상업적 관계가 전통적 관계를 압도한다.

전통적 관계가 호혜적이며 개인보다 공동체의 이익을 중시하고 사회적 유기체의 일원이라는 안정감을 주는 반면 자본주의 시대의 관계는 교환성이 강하다. 각자의 이익을 기대하는 동안 공동의 네트워크를 유지하고 더이상 이익을 교환하지 않을 때는 쉽게 소멸된다. 그래서 처음부터 깊은 관계를 기대하지 않고 시작된다.

미래사회로 갈수록 이익을 교환하는 상업적 관계가 많아지며, 편리하고 빨라지는 이동으로 변화를 마주하게 된다. 새로운 사람, 새로운 공간, 새로운 물건, 새로운 조직과 만나는 것이다. 이동이 많아질수록 변화도 커지며, 변화가 클수록 적응은 힘들어진다.

빨라지는 변화의 장 속에서 인간은 과거와 이어지는 시간이 아니라 과거와도 미래와도 구별될 일시적인 현재만을 지낸다는 생각이 강해지며 타인이나 조직과 단기적이고 분절적인 관계를 맺어간다. 상업적이고 일시적인 관계가 많아질수록 관계에 쉽게 지치고 서툴고 불편해진다. 다른 인간과 경험을 공유하며 관계를 쌓아 나가는 데 시간을 쓰기보다 혼자 또는 가상공간의 누군가 또는 인간이 아닌 동물이나 로봇과 같은 존재와의 관계를 더욱 편하게 여기게 된다.

시간이 지나면서 스스로도 누군가에게 쉽게 대체될 수 있는 일회용 인간disposable person[63]이 되는 것에 염증을 느끼게 되면 온전히 자신을 이해받을 수 있을 것 같은 전통적 관계를 시도한다.

새로운 조직이나 인간과의 전통적 관계에서 깊은 유대감으로 관계를 맺기 위해 노력하더라도 지리적·시간적으로 이동이 빈번해지는 미래사회에서 많은 인간들은 상업적이고 일시적인 관계의 편리함을 쉽게 버릴 수 없을 것이다. 결국 미래인간은 일시성에 놓인 일회용 인간의 불연속적인 삶에 만족하며, 소수의 사람들만이 전통적 관계를 고수하고자 할 것이다. 하지만 그 전통적 관계망 역시 과거보다 좁고 짧을 수밖에 없을 것이다.

조립형 정체성

Instagram - Facebook
KakaoTalk - Twitter - band.us

인류학자 오제는 정체성과 관계된 것을 '장소'로, 정체성과 관련되지 않고 역사적인 것으로 정의될 수 없는 공간을 '비장소'라 말한다. 그는 근대를 지나면서 이동과 소비, 커뮤니케이션을 하는 비장소가 많아져 비장소의 익명성 속에서 고독감을 경험하게 된다고 보았다.[64]

피상적인 인간관계에서 느끼는 불안감과 고독감은 새로운 집단에 발을 들여놓게 한다. 인터넷이 보급된 뒤 그 새로운 집단의 역할은 가상공간virtual space, cyberspace, digital world이 맡고 있다. 접속[65] 은 자본과 네트워크에 의해 움직이는 것이 아니라 마치 자신이 선택한 것처럼, 게다가 무상으로 즐길 수 있다고 느끼게 해주기 때문에 사람들은 기꺼이 자신이 살아가는 순간을 가상공간에 내놓으며 디지털정체성digital identity을 만든다. 과거의 관계가 현실공간real world을 기반으로 이루어졌다면 미래사회로 갈수록 가상공간은 인간관계의 중요한 영역으로 입지를 굳히게 되고, 먼 미래에는 두 공간 간의 경계가 흐려져 구분되지 않을 것이다.

가상공간에서 디지털정체성을 가진 인간은 네트워크 접속을 통해 인간관계를 맺는다. 네트워크 상에서 연애도 하고 정치적인 발언도 하고 사업도 하고 자랑도 하면서 말이다. 디지털정체성은 지리적 한계를 초월하여 가상의 공동체virtual community, telecommunity를 이루기도 하고, 생면부지의 모르는 사람들과 협력하거나 공유하며 문화를 만들어갈 수 있다.

가상공간에서 타인과 상호작용을 하는 시간이 늘어나면서 실제 삶과 디지털 삶이 깊이 연계되어 디지털정체성으로 살아가는 사람들이 많아지고 있다. 태어날 때부터 스마트폰을 갖고 노는 디지털 시대에 태어난 디지털 원주민digital natives은 아날로그 시대에 태어나 디지털 환경에 적응하며 살아가는 디지털 이주민digital immigrants에 비해 가상공간에서의 디지털정체성을 확장시키고 디지털 기기를 통한 비대면 의사소통으로 인간관계를 만들며 멀티태스킹으로 가상과 현실을 오간다. 디지털 이주민에게 전화가 편리한 소통기구라면 디지털 원주민에게는 문자가 편리한 소통방법이고, 디지털 이주민이 글과 사진으로 공부한다면 디지털 원주민은 동영상으로 배운다. 미래사회로 갈수록 디지털 원주민의 수가 많아지고 디지털정체성을 바탕으로 디지털화된 의사소통이 보편화될 것이다.

가상공간에서 디지털정체성은 탄생되기 쉬우나 사라지기 어렵다. 디지털정체성은 쉽게 해킹될 수 있어 현실의 삶을 위협할 수 있고 가상공간에서 만들어진 평판은 현실에까지 영향을 끼친다.[66] 한병철[67]은 그의 저작 『투명사회』에서 세상이 훤히 비치는 투명사회에서 인간은 뭘 하며 사는지 다 보이는 '유리인간'이 됐다고 했다. 자유롭게 자신의 삶을 가상공간에 내어놓은 디지털정체성의 '나'는 시간이 갈수록 사생활을 보장받지 못하는 유리인간이 되어 오히려 가상공간의 통제를 받게 된다. 미래기술은 사진, 글로 표현되는 인간의 디지털정체성을 전 세계로 쉽게 이동시키며 한 번 만들어진 정보는 쉽게 사라지지 않은 채 현실에서의 실제 정체성과 간극을 만든다.

그래서 한 인간을 오롯이 이해하자면 **디지털정체성과 현실정체성을 조립**해야 될 것이다.

가상공간과 미래기술로 생겨나는 정체성에 대해, 커즈와일은 정체성이 육체와 결부되어 있다는 가정에서 벗어나야 하며 오히려 가상현실에서 개인의 다채로운 인간성을 맘껏 표현하라고 말한다.[68] 이에 반해 리프킨은 가상공간으로 흩어진 자신의 삶과 경험들, 잘게 분할된 자신의 존재를 다시 사들이며 자신의 정체성을 확인하는 것을 이야기한다. 그러면서 만약 자아가 통합되고 연속적인 삶을 누리고자 한다면 애초에 타인과 맺는 인간관계를 어떤 방향으로 설정하고 싶은지 스스로에게 물어봐야 한다고 조언한다.[69]

미래사회에서 인간은 가상의 삶으로 흩어지거나 일시적이고 분절적인 정체성을 만들고 유동적이고 쉽게 소멸되는 단기적인 인간관계를 맺게 된다. 그리고 이 모든 흩어짐을 조립함으로써 비로소 한 인간으로 온전히 설명될 수 있으므로 미래교육은 이 모든 변화에 잘 적응하도록 돕거나 흩어지지 않고 조립될 필요가 없는 인간으로 살아가도록 도와야 한다.

☆ 이런 영화 어때요

『주피터스 문』

- 2018. 헝가리 -

목성의 달, 목성의 위성(유로파)이라는 뜻을 지닌 영화. 난민의 입국을 도우면 징역형에 처하는 헝가리의 국경에서 한 난민에게 신비한 일이 일어난다. 이를 알게 된 타락한 의사와 난민을 쫓는 경찰, 과연 난민은 머물 곳을 찾을 수 있을까?

『디스커넥트』

- 2012. 미국 -

한 인간이 맺을 수 있는 관계의 크기는 정해져 있을까? 음악과 SNS에만 빠져 지내는 10대 소년. 그가 못마땅한 두 친구는 가상의 인물 제시카를 만들어 SNS로 소년에게 접근하고, 마음을 주어버린 그 소년은 제시카와의 관계를 증명하기 위해 자신의 나체 사진을 전송하게 되는데….

『카운터스』

- 2017. 한국 -

재일한국인, 재일조선인은 일본의 세금과 일자리를 갉아먹는 바퀴벌레이며 나쁜 범죄를 일으킬 수 있는 악의 축이므로 죽여야 한다는 오래된 '혐한시위'에 맞선 착하지 않은 전직 야쿠자. 일본 최초로 혐오표현금지법을 제안하는 데 성공할 수 있을까?

사이보그

600만불의 사나이 - 소머즈
로보캅 - 공각기동대

인간과 기계의 결합은 장애나 질병과 같은 육체적 단점을 극복하려는 노력으로 시작됐다. 기계와 결합된 인간을 사이보그cyborg라고 부르는데, 사이보그처럼 인간의 신체적·인지적 능력이 향상된 존재를 증강인간, 초인간이라 부른다. 미래사회에는 자연인이 장애나 질병의 극복뿐 아니라 미용이나 직업을 위해 또는 영생을 꿈꾸며 나노기술, 생명기술을 이용한 나노로봇과 인공지능기관을 휴먼인터페이스 기술로 삽입하거나 입음으로써 기계인간으로 탈바꿈한다.

최윤식·김건주[70]는 이진우의 글을 인용하면서 사이보그 즉 기계인간이 21세기 인간이 될 것이라고 보았으며, 커즈와일[71]은 2030년 이후에는 아무 데도 손대지 않은 인간을 찾기가 오히려 어려울 것이라고 보았다.

글렌[72]은 2050년이면 인공지능 휴대폰과 인공지능 의복과 연결된 신체가 통합된 증강천재가 나타날 것이라고 예측한다. 행복과 영생을 추구하는 인간은 건강과 수명, 신체능력을 향상시키는 기술을 지속적으로 개발하고 있으며 기계인간에 대한 긍정적인 인식은 육체뿐 아니라 감정, 지능의 영역에서의 인간개조와 인간향상을 자연스러운 선택으로 자리 잡게 한다. 그래서 미래사회로 갈수록 기계인간은 많아진다.

미래인간을 보통 초인간이라고 부를 때, 신체능력에 초점을 두고 기계인간이나 사이보그, 증강인간을 슈퍼맨super man이라고 부르는데, 주로 미래기술을 연구하는 미래학자들에 의해 사용되는 말이다. 지금과 다른 초지능적 존재에 초점을 둘 때는 다음 세대의 인류라는 뜻에서 포스트휴먼post human이라 부르기도 한다.

미래의 인류는 트랜스휴먼trans human이 될 것이다. 아탈리는 미래인류가 공간을 이동한다는 점에서 트랜스휴먼이라고 불렀고 기술찬성론자뿐 아니라 기술윤리를 논하는 학자들은 인간의 인지와 정신이 네트워크 상과 현실공간을 이동한다는 점에서 트랜스휴먼이라 부른다. 아탈리가 트랜스휴먼이라 할 때에는 이상적인 공동의 세상을 위해 정착성과 노마디즘이 결합한 트랜스휴먼

미래인간

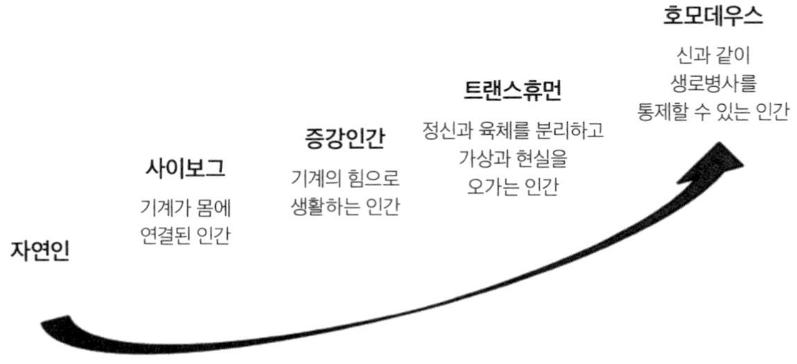

이 되어야 한다는 의미다. 반면 기술론자들이 트랜스휴먼을 말할 때에는 인간향상을 통해야만 인간의 정신을 이동시킬 수 있기 때문에 인간을 변형시킨다는 의미라고 볼 수 있다. 슈퍼맨이든 포스트휴먼이든 트랜스휴먼이든 한국말로는 모두 초인간으로 번역되는 편인데, 미래인간을 총칭할 때 초인간이라 하면 신체적·인지적으로 모두 우월한 존재를 뜻한다고 볼 수 있다.

초인간은 생물학적 인간과 비생물학적 인간이 함께 존재하며 상호작용하거나 뇌에 들어있는 나노봇을 통해 외부의 클라우드 컴퓨터로 뇌를 업로드한, 뇌로 존재하는 미래의 인간이다. 커즈와일은 『영원히 사는 법』에서 2034년의 독자들에게 나노기술로 생겨날 일들을 다음과 같이 들려준다.[73]

독자: 나노봇이 생겨서 뭐가 어떻게 좋아지나요?

레이: 가령 나노봇은 우리 뇌에서 직접 검색엔진 기능을 합니다. 나노봇은 우리의 생각을 듣죠. 계속 한 생각에 몰두하면 창의적인 아이디어가 떠오르도록 유용한 정보를 제공합니다.

독자: 그런 건 지금도 할 수 있어요.

레이: 이제는 나노봇이 인터넷에 접속해 있기 때문에 뇌와 뇌끼리 직접적인 커뮤니케이션이 가능합니다.

독자: 그럼 2034년에는 텔레파시가 별로 놀라운 일이 아니겠네요?

레이: 맞습니다. 나노봇 덕분에 완전 몰입되는 가상현실에도 들어갑니다.

독자: 완전 진짜 현실은 잊고 살게 되겠군요

레이: 대체로 현실과 가상현실이 어느 정도 섞인, 증강현실에서 삽니다. 작은 아바타들이 튀어나와서 진짜 현실이 어떻게 돌아가는지 알려주곤 하죠. 현실이 어디서 끝나고 어디부터 가상현실이 시작되는지는 거의 구분이 안 됩니다.

미래기술의 도래를 필연적이라고 보는 커즈와일은 인간이 1.0, 2.0, 3.0 버전으로 진화하면서 기계와의 융합을 통해 3.0버전의 초인간으로 나아가야 한다고 주장한다. 1.0은 현재의 인간이며 2.0은 기계와 결합되었거나 설계에 의해 탄생된 신체를 가진 인간이며, 3.0은 '비생물학적-생물학적' 인체의 경계 없이 시공간을 넘나

들며 신체를 바꿀 수 있는 초인류를 뜻한다. 실제로 초인류를 탄생시키려는 연구들이 진행되고 있다. 미국의 한 신생기업Nectome은 인간 두뇌를 냉동보존한 뒤 뇌에 저장된 인식을 컴퓨터에 업로드하는 방안을 연구하다, 살아있는 인간에게서 뇌를 떼어내는 일이 살인 또는 자살방조라는 윤리적 난제에 처해 더이상 연구를 진행하지 못하고 있지만 말이다.

커즈와일은 2040년대가 되면 육체 속의 생물학적 지능보다 업로드한 초인간의 지능이 우위를 점하게 됨으로써 사람들은 스스로 업로드를 하게 될 것이라 예측한다.[74] 그러나 하라리[75]는 비용과 가치의 문제로 소수의 인간만이 초인간으로 업그레이드를 할 것으로 본다. 엘리트주의를 지향하고 부와 권력을 지닌 소수의 인간만이 미래기술을 쉽게 활용할 수 있으며 이들이 초인간으로 향상되어 다시 권력을 강화해 가는 것이다. 결국 미래기술의 발달로 기계인간, 증강인간, 초인간이 등장하고 많아지기 시작하면 미래의 인류는 다수인 자연인과 소수의 초인간으로 계층화되어 새로운 계급사회가 도래할 수 있다.

인간디자인

3만 개의 인간유전자지도를 해독하는 게놈프로젝트는 지속되고 있으며, 통상 2년의 수명인 쥐를 5년까지 생존하게 하는 기술이 개발됐다. 미국의 Life Extention 회사에서는 인공지능을 이용하여 만든 늙지 않는 알약(Ageless Cell)을 판매하고 있으며 알코어 생명연장재단에서 냉동시킨 인간은 150여 명에 다다른다.
2009년 노벨생리의학상을 받은 연구진은 텔로미어 길이를 억제할 수 있다면 암의 완치가 가능하며 텔로머라제를 정상세포에서 활성화시킬 수 있다면 인류는 노화를 극복하고 영원한 젊음을 얻을 것으로 생각한다.[76]

육체의 노화를 멈추고 노화를 역전시킬 수 있는 기술들이 개발되고 있어 육체의 수명이 연장될 것으로 기대되고 있다. 나아가 생명기술과 유전공학의 발달로 유전자맞춤, 아기맞춤, 어른맞춤 생산이 가능해짐으로써 미래의 인간은 설계되고 창조될 수 있다. 커즈와일과 박영숙, 글렌은 기술적으로 2020년대 말 즈음이면 생식세포에서 질병 유전자를 제거하고 지능이나 외모 수준을 높이는 유전자를 보강할 수 있게 되며, 2030년대 중후반에는 인공자궁에서 유전자 설계에 따른 맞춤형아기designer baby를 생산할 것으로 예측한다.[77] 기술적으로 줄기세포와 바이오 3D프린터의 융합이 가능해지면 장기복제는 물론 인간복제human cloning까지도 내다볼 수 있다.

유전자복제 기술은 세계의 식량문제를 해결하고 멸종생물을 보전하거나 되살릴 수 있으며 장애와 질병으로 구속되었던 행복을 찾을 수 있다는 긍정적인 평가가 있어 왔으며 실제로 우리 삶 곳곳에 이미 존재하고 있다. 전문사육가 브리더breeder가 인간의 요구에 따라 개나 고양이를 교배시키는 것처럼 유전자 교합은 인간의 필요에 의해 사용해 온 방법이다. 유전자 조합으로 옥수수나 콩, 유채, 목화, 딸기, 토마토, 돼지 등 우리에게 필요한 먹거리들을 생산해냈기에 재해나 계절에 상관없이 수많은 먹거리들을 마트에서 쉽게 만날 수 있는 풍족하고 편리한 세상이 되었다.

현재 복제기술은 개와 원숭이 복제에 성공한 단계다. 2005년 최초의 복제견으로 태어난 스너피를 다시 복제한 재복제견이 2017년 한국에서 태어났으며, 2018년 중국에서는 인간과 가까운 원숭이를 복제하는 데 성공했다. 그리고 유전자 교합을 통해 수명을 10배

늘린 회충을 만드는 생명연장 기술도 나와 있다.

이렇듯 인간의 유전자지도와 크리스퍼 유전자가위CRISPR Cas9 기술이 발달하고, 인간의 배아 유전자를 조작한 중국과 미국의 성공사례들이 알려지면서 복제인간의 실물을 볼 날이 머지않은 것으로 보인다.[78] 이런 유전자 복제 및 편집에 대해 그것이 식물이든 인간이든 생태계를 교란시키고 불가침의 신의 영역에 간섭하며 자연의 섭리를 거스른다는 반발도 있다. 유전자지도를 알고 있으면 유전자 편집기술로 새로운 종을 탄생시키거나 멸종시킬 수 있기 때문이다.

현재 말라리아 등 전염병을 옮긴다고 알려진 모기를 멸종시킬 수 있는 기술은 나와 있다. 지구상의 다른 생명체들의 유전자지도 정보가 모일수록 인간은 다른 종의 생사여탈권을 쥐게 되는 셈이다. 새로운 종을 탄생시킬 수도 혹은 멸종시킬 수도 있는 것이다. 그렇다면 인간이 다른 인간에게 이 생사여탈권을 휘두르지 않으리라는 확고한 믿음을 가질 수 있는가?

아직 유전자기술을 둘러싼 논쟁들은 유전자기술에 대한 사회적 윤리관, 개인의 윤리관이 정립되어 있지 못하기 때문에 유전자기술에 관심이 있거나 우려하는 일부 계층을 중심으로 퍼져 나가는 정도에 그치고 있다. 그러나 유전자기술로 탄생된 GMO식품이 부지불식간에 우리 식탁에 오르고 있듯 미래사회에는 유전자기술로 탄생된 아기들이 사회구성원으로 자라날 것으로 예측되고 있다. 따라서 나와 먼 이야기로 치부해버리기에는 그 중요성이 매우 크다.

유전자기술을 둘러싼 논쟁 중 인간복제에 대해서는 어느 정도 합의된 부분이 있다. 탄생되는 복제인간을 정체성을 가진 하나의 새로운 인간으로 인정할 것이라는 점이다. 앞으로 힘들고 어려운 일을 할 노동력이 부족해지고, 그 일을 로봇이나 인공지능에 맡기기 어렵다면 인간복제를 통해 충원할 것이다. 인간의 필요에 의해 탄생된 인간이 인간계층의 최하위에 놓인 삶을 살게 될지, 자연스럽게 태어난 인간이 그들에게 밀려 무가치한 존재로 여겨지며 별 볼일 없는 삶을 살게 될지 확언할 수 없지만, 신체능력, 지적능력을 남보다 우월하게 가져가려는 욕망이 줄어들지 않는 한 전체적으로 인간이라는 존재가 자본에 의해 소비되는 선택가능한 소비품목 중 하나로 전락하는 것은 막을 수 없을 것이다.

영화배우 안젤리나 졸리가 유전자검사로 유방암에 걸릴 확률이 높다는 것을 알게 되어 미리 유방절제수술을 받아 질병에 걸릴 확률을 낮추었다는 보도가 있었다. 질병을 예방하기 위한 유전자검사는 지금도 행해지고 있지만 국가에 따라 허용 한도가 다르고 가격도 비싸 누구나 쉽게 유전자검사를 받을 수 있는 것은 아니다. 그러나 영화 『가타카』에서처럼 돈과 가치, 필요에 의해 유전자조작이 사회적 선택이 된다면, 유전자검사는 인간을 구별하고 우열 짓는 잣대가 될 것이다.

인간이 스스로 탄생과 죽음을 선택하고 통제할 수 있는 것이 가능해지면 그것은 인간에게 행복일까? 불행일까? 진보일까? 파멸일까?

미래사회의 인간은 육체적·지능적으로 기계와 결합하거나 생명공학의 발달로 유전적으로 우월한 인간을 탄생시킴으로써 향상된다. 먼 미래에 인공지능과의 융합기술이 완성되면 인간은 육체라는 생물학적 한계를 극복하고 시공간을 초월하여 지능적으로 영생을 꾀할 것이다. 그리고 그 과정에서 과연 인간이란 무엇인지, 인간의 삶에서 무엇을 가치있게 추구할 것인지, 인간이 지켜야 할 윤리는 무엇인지에 대한 답을 찾아야 할 것이며 미래교육은 인간에 대해 스스로 성찰하고 삶의 가치를 스스로 판단할 수 있도록 도와야 한다.

☆ 이런 영화 어때요

『가타카』

- 1997. 미국 -

에단 호크는 유전자 조작 없이 자연스럽게 태어난 아이이다. 그는 우주항공사 가타카에 취업하려 하지만 심장질환으로 31세에 사망할 범죄자의 유전자를 갖고 있다. 자신의 꿈을 이루기 위해 우주비행사에 적합한 유전자가 필요한데….

『트랜센던스』

- 2014. 미국 -

한 육체 안에 한 정신이 합치되어 있을 때 우리는 그것을 인간이라고 부른다. 육체만 있고 정신이 없거나, 정신은 있는데 육체가 소멸되면 죽음의 수순을 밟아야만 한다. 그러나 육체가 죽더라도 뇌(인식)를 네트워크 상으로 옮겨 놓는다면 그때의 인간은 살아있는 걸까, 아닐까? 조니 뎁은 기술반대론자의 공격으로 목숨을 잃는다. 그렇지만 그의 연인 레베카 홀은 그의 뇌를 컴퓨터에 업로드하는데….

『아일랜드』

– 2005. 미국 –

지구 종말로 일부의 사람들만 살아남아 살기 좋다는 '아일랜드'로 갈 추첨을 기다린다. 이완 맥그리거는 자주 악몽을 꾸지만, 아침이면 신체 검사를 받고, 좋은 음식을 먹으며 지내다 맘에 드는 스칼렛 요한슨도 만나게 된다. 그러던 어느 날 추첨을 받아 떠난 동료가….

그리고,
미래의 학생과 교사

학생과 교사 수직적 관계에서
수평적 관계로
다시, 일치의 존재로

미래세대는 디지털 원주민이다. 인터넷, 휴대폰, 디지털 문화를 즐기며 문자보다 이미지, 이미지보다 영상에 반응하며 디지털 이주민인 기성세대와 교사들에 비해 가상공간의 디지털정체성과 글로벌 환경의 디지털노마드 삶을 익숙하고 자연스럽게 여긴다.

이들은 타인보다 자신의 자유를 중요한 행동 근거로 삼으며, 보다 쉽게 이동한다. 현실공간에 있으면서 동시에 가상공간에 접속하고 있어 이전 세대에 비해 집중력이 짧고 깊이 있는 관계에 서툴다. 가상공간에서의 디지털정체성과 인간관계를 자연스럽게 받아들이면서 지역이나 국가, 민족으로부터 부여받은 현실의 정체성과 인간관계로부터 더 자유로워지려 한다. 미래세대는 미래기술에 대한 수용도가 높아 현실과 가상의 경계를 허물고 가상공간의 조력자를 더 신뢰할 수 있으며 이전과 다르지만 자신에게 가치있게 여겨지는 문화를 보다 쉽게 형성해 가면서 미래사회의 변화를 주도할 것이다.

한편, 전통적인 학교에서 교사는 졸업장 또는 자격증과 같은 사회적으로 인증된 요건을 충족시킴으로써 가르칠 권한을 부여받았다. 해박한 지식을 바탕으로 전문성을 길러 학생들이 지식을 잘 습득할 수 있도록 교육과정을 구성하고 학생들의 학습결과를 평가하는 역할을 수행해 왔다. 그러나 미래사회에서의 지식은 교사의 습득 속도보다 더 빨리 생성되고 누구나 쉽게 접근할 수 있기 때문에 '교수 집단에 대한 불신'은 증가되고 교사자격증이 교사라는 직업을 지속적으로 보장하기 어렵게 된다.

미래사회의 교사는 의사나 변호사와 같은 다른 전문직군과 마찬가지로 한곳에서 정착하여 일하기 어려워지며 '고용가능성'을 찾아 이동하게 될 것이다.[79] 동시에 희소하고 전문적인 경험을 가진 교사, 인문학적 식견을 가진 교사들은 비슷한 삶의 가치를 찾는 학습자들에게 도제방식으로 이어지면서 '학교에 간다'는 의미가 교사-학생-학부모가 함께 만드는 '공동체 안으로 들어간다'를 의미하게 될 것이다.[80]

미래사회에서 학습자들이 감정에 휘둘리지 않고 지적으로 풍부한 인공지능교사를 더 선호한다면 인간교사의 역할은 급격히 변화할 것이다. 실제 미국에서 질Jill과 루츠Root라는 인공지능 로봇교사를 교육현장에 투입했더니 학생들이 교사의 역할에 만족했다는 결과를 보였으며, 미국 정부는 향후 더 많은 학교에 로봇교사를 투입할 예정이라고 한다.[81]

이처럼 로봇교사에 의한 교육은 현실화되고 있으며 앞으로 보편적인 현상이 될 것이다. 인간교사는 직접 가르치는 역할을 내려놓고, 학습을 공유할 수 있는 집단을 설계하거나 학습자에게 어떤 형태의 학교나 교육방법이 적절한지 조언하는 컨설턴트로 변화될 수 있다.

미래기술에 더욱 친화적인 미래세대는 컴퓨터 프로그램과 같은 도구를 활용하여 스스로 교사가 되어 높은 교육성과를 거둘 수 있다. 그래서 미래세대는 교육 내용 자체보다는 지속적인 학습 의욕과 능력이 더 중요해질 것이다.[82]

그렇다면 미래사회의 교사는 학습자가 학습을 지속할 수 있도록 학생들의 강점을 지지하고 새로운 영역에 도전할 수 있도록 독려하는 경험 동반자의 역할, 창조적이고 윤리적인 영역에서 인간적 감성을 불어넣는 역할에 좀 더 초점을 맞출 필요가 있다.

먼 미래사회에서 미래기술이 교사 역할을 전적으로 맡게 되면, 인간교사는 인공지능이 할 수 없는 인간만의 영역을 찾고자 할 것이다. 그러나 이미 그 즈음에는 교육의 의미가 변해 있을 것이다. 미래세대는 스스로 교사이자 학생으로 변화하며 각자의 필요에 따라 자유롭게 교육을 선택하고 활용하는 배움의 주체로 서 있을 것이다.

4장

미래 사회에서 더욱 중요해지는 것들

배움

교육방법과 교육환경이 변화되더라도 미래사회에서 배움은 여전히 중요한 가치다. 미래사회에서 지식은 사회의 부와 권력을 이끌어낼 수 있는 본질적인 자본이 되며, 개인의 사회적 삶을 결정지을 수 있는 중요한 자원이 된다. 이 때문에 미래사회에서 '배움'은 여전히 지식에 관한 것이지만 그 지식의 의미는 지엽적인 지식의 나열이거나 인쇄된 교과서와 같이 근대교육에서 말하는 지식과는 다른 '자산'의 의미를 지닌다.

미래사회에서는 지식은 넘쳐나지만 그 지식은 나에게 중요할 수도 혹은 쓸모가 없을 수도 있다. 따라서 지식을 아는 것보다 의미 있는 지식을 스스로 선별하는 과정이 중요해진다. 자신에게 필요한 지식을 선별하는 능력이 부족하다면 의미 없는 정보를 검색하는 데 많은 시간을 소요하게 된다. 그래서 지식이 많을수록 자신에게 필요한 실용지식을 선별할 안목이 필요해진다. 이것을 미디어 리터러시, 디지털 리터러시라고도 부른다.

그런데, 오로지 적절한 정보를 찾아 재배치하는 데에만 인간의 능력을 집중시키다 보면, 더이상 지식을 근원적으로 생성하는 것에 소홀해지고 점차 생성할 수 있는 능력을 잃을 수 있다. 지식 생성을 전문가에게 맡기고 자신은 그들이 나열한 지식들 중에 고르기만 하다 보면 더이상 고차원적으로 지성을 발휘하는 행위를 할 필요가 없게 되는 것이다. 겐이치는 이처럼 더이상 창조적으로 생각하는 행위를 하지 않게 되는 것을 '지식의 쇠퇴'라고 불렀다.[83]

지식을 만들어내는 것은 인간 능력의 매우 높은 단계다. 교육이 인간 능력의 향상을 도모하는 것이라면 지식의 쇠퇴에 빠지지 않고 고차원적 지식을 생성하기 위한 부단한 노력은 중요하다.

미래사회에서는 지식에 쉽게 접근할 수 있다. 정보의 접근성이 높아짐에 따라 누구나 지식 생성과 지식 공유에 참여할 수 있는 참여지식이 많아지고, 집단지성collective intelligence을 통한 공동의 작업이 쉬워지면서 함께 만드는 집단지식도 많아진다. 그런데 참여지식과 집단지식이 증가할수록 지식을 만드는 사람의 가치관과 윤리성이 더 중요해진다. 저작권을 주장하기 어려울 만큼 출처가 불분명한 많은 정보들이 공유됨에 따라 자신이 올린 아이디어가 쉽게 남의 아이디어로 둔갑할 수도 있으며, 가짜지식이 사실로 통용될 수도 있다. 그래서 가짜지식을 거를 수 있는 기초지식과 식견, 이념과 의도에 따라 타자를 호도시킬 지식을 만들지도 유통시키지도 않으려는 윤리성이 필요하다.

과거에 지식을 얻는 데 걸렸던 시간과 저장하는 데 필요했던 공간은 모두 압축되어서 검색창과 빅데이터를 통해 쉽게 얻을 수 있게 됐다. 미래기술로 이런 변화들이 점점 더 쉽고 빠르게 일어날수록, 지식은 더이상 인간 고유의 성과물이 아닌 인터넷 검색엔진과 빅데이터에 의해 대체가능한 결과물일 수 있다. 지식을 얻는 것이 쉬워질수록 남과 구별되는 자신만의 전문분야와 깊이 있는 지식이 돋보이게 되고, 스스로 익힌 경험과 그 과정을 통해 스스로 느끼고 생각해낸 지식이 더 가치 있어진다.

고등교육으로 갈수록, 그리고 직업을 얻고 유지하는 데 필요한 지식은 더욱 전문화된다. 그러나 학문의 세계에서 전문분야만을 익히고 사회적 역할에 따른 지식만을 깊게 습득한 경우, '초연결'과 '다원화'의 미래사회에서 총체적인 식견을 갖기 어렵다.

글로벌인재포럼2017. 10. 31에 참석한 모턴 샤피로노스웨스턴대 총장와 토머스 베일리컬럼비아대 교육센터장는 학문별로 공부하면 미래를 준비하기 어려우며 학교가 특정 직업을 위한 역량만을 갖추면 무용지물이 될 수 있기 때문에 자신의 삶과 일을 설계하고 사회에 적응할 수 있는 일반교육이 필요하다고 말했다.[84] 미래사회에서 지식이 분절적이고 전문적으로 발달한다면 자신의 주된 영역 밖의 세계와 관련된 지식에도 소홀해서는 안 되며 동시에 이를 융합하고 통합하는 경험도 중요해질 수밖에 없다.

면 미래에 휴먼인터페이스가 더 발달되면, 인간의 '뇌' 밖에 있는 '인공 뇌' 또는 '클라우드 뇌'를 활용해야 하기 때문에 어떤 영역을 융합하고, 어떤 영역을 분배하여 지식을 저장하거나 생성할 것인지가 중요해진다. 학생들은 자신의 전문지식을 일반 지식과 연결시키거나 서로 다른 지식들을 조합시키는 시도와 연습을 통해, 다른 영역의 지식들과 조화를 이루면서도 성과를 내는 방법을 배울 필요가 생긴다.

이상을 종합해보면 미래사회에서는 지식을 분별하는 것만큼 생성하는 것도 중요하고, 자신만의 경험으로 쌓아진 지식 못지않게 다른 영역의 사람들과 윤리적으로 쌓아가는 지식도 가치 있게 된다.

근대에서 인정받아 왔던 무언가를 안다는 것에 집중된 '사실에 관한 지식·설명할 수 있는 지식·선언과 명제로 나타낼 수 있는 지식'보다는, '누구를 알고 있는지 인물에 관한 지식·누구와 어떤 과정을 통해 지식을 생성할 것인지 네트워크에 관한 지식' 그리고 '시도와 과정을 통해 얻을 수 있는 실행습득지식·방법지식·절차지식'과 '경험한 후에야 아는 후험지식·경험지식'이 더 의미를 지닌다. 변하기 어려운 하드웨어 같은 지식보다 유연하게 적용 가능한 소프트웨어 같은 지식이, 교과서와 공식적 교육과정을 통해 배우는 형식화된 지식·공식적 지식보다는 관계와 활동을 통해 자연스럽게 배워지는 암묵지식·비공식적 지식이 중요해진다.

이런 지식들이 중요해진다 해도 모두가 알고 있는 공유지식·공통지식과 모든 지식에 일반적으로 적용되는 기초지식·일반지식은 참여지식을 만들고 전문지식을 이해하는 데 도움이 되기 때문에 소홀해서는 안 된다.

결국 미래사회에서 '배움'은 지식의 일부 영역만 과도하게 강조되어서는 안 된다. 그러나 미래사회로 갈수록 관계와 가치가 약화되고 기술과 과학이 강조되기 때문에 과거에 비해 '관계와 경험을 통해 얻어지는 지식'이 더 가치를 가지게 되는 것은 분명해 보인다. 따라서 미래학교에서 배워야 하는 지식은 바로 이것이 되어야 한다.

그러나 현재의 한국 교육으로 '관계와 경험을 통해 얻어지는 지식'을 습득하는 것은 어렵다. 왜냐하면 공식적 교육과정의 결과로 실시되는 '대학입시'와 같은 선발과 평가가 학령기 이후의 삶에 깊은 영향을 끼친다는 믿음으로 학교교육이든 학원교육이든 한국 교육은 정부 주도의 공식적 교육과정에 맞춰져 있기 때문이다. 공식적 교육과정이 선발의 척도가 되는 한, '관계', '경험'은 교육내용은 될 수 있으나 평가대상이 되기 어려우므로 학교교육에서 제외시키기 쉽다.

학교교육에서 '관계와 경험을 통해 얻어지는 지식'을 습득하기 어려운 또 다른 이유는 교과서에 몰입하기 때문이다. 교과서로 대변되는 서지는 잘 변화될 수 없는, 고정적이고 절대적인 지식으로 구성되어 있다. 그로 인해 대개 과거에 머물러 있으며 지면의 한계로 전달할 수 있는 정보의 양이 적다. 최윤식과 김건주는 스마트폰의 보급에 따라 정보의 양이 급증하고 있는데 2013년 한 해 생성된 정보 4.4조 기가바이트의 10배인 44조 기가바이트가 되는 데는 약 7년이면 가능하다고 보았다. 교과서 안에 담긴 지식의 양은 최근 일 년 동안 인터넷에서 생산되는 정보량에도 미치지 못한다.[85]

교과서를 중심으로 배우는 것은, 지식의 양뿐 아니라 새로운 지식을 받아들이는 속도에서도 뒤처지게 한다. '쓸 만한 실용지식의 수명이 3년'[86]밖에 안 되고 '지식이 5년 주기'[87]로 달라질 정도로 생성-공유-소멸에 이르기까지 지식이 가속되는 변화를 보이는 것에 비해, 관료적인 학교는 형식과 절차에 따라 안정적으로 변화하고자 한다. 새로운 지식을 학교교육과정에 넣기까지, 변화될 교육방침을 알리고 그에 따라 공식적 지식을 선정하고 선정된 교육내용을 텍스트화한 후에 학생들에게 전달하는 과정을 거치는 데 최소 3년을 보낸다. 그렇다면 배운 내용이 대학을 졸업할 즈음에는 쓸모없는 정보일 수 있다는 것, 학교에서 배운 지식을 학령기 이후에 활용할 수 없게 될 것이라는 걸 예상할 수 있다.

한국 정부는 서지형 교과서를 통한 교육에서 보이는 일방적인 지식전달과 지식의 양을 보완하기 위해 디지털교과서를 제작하여 2018년부터 실용화한다.

디지털교과서는 학생별로 학습이력을 기록하고, 기록된 내용을 스스로 확인할 수 있을 뿐만 아니라 학교 밖의 지식을 검색엔진을 통해 학교 안으로 가져올 수 있다는 점에서 서지형 교과서의 단점을 극복한 것으로 보인다. 그러나 디지털교과서는 정부 주도의 연구 결과물로 학습의 주요한 내용과 흐름을 정해 단위학교에 전달하는 일방적 흐름에서는 벗어나지 못했다. 디지털교과서로 배우는 것은 교과용 도서 자유발행제를 시행하는 국가의 학생과 교사들이 스스로 변별하고 재구성하며 배우는 것과 비교해볼 때 여전히 자율성과 주체성을 제한받는 것이다.

컴퓨터가 보급되던 2000년 초부터 서지형 교과와 함께 가정과 학교에서 활용할 수 있도록 CD형 교재도 보급되어 왔다. 컴퓨터가 없거나 작동속도가 느려서 실제로 활용하기 어려웠던 CD형 교재는, 컴퓨터가 정착되고 작동속도가 빨라진 오늘날에는 쓸모가 없어지고 있다. 지식의 저장장치가 CD에서 USB로 넘어가면서 CD 작동기가 아예 달리지 않은 컴퓨터가 보급되고 있을 뿐만 아니라 휴대폰으로 필요한 정보를 찾는 것이 더 빨라졌기 때문이다. 몇 년 후에나 원활하게 작동할 디지털교과서보다 클라우드와 플랫폼을 지식의 통로이자 저장소로 활용하는 것이 더 편리하므로 CD형 교재나 디지털교과서를 개발하는 노력에 비해 효용이 그다지 높지 못할 것이다.

따라서 스스로 정보를 변별하는 능력을 기르는 데도, 새로운 지식을 생성하며 고차원적 지성을 쌓아가려는 학습의욕에 있어서도, 시대에 부합하는 교육을 하는 것에도 디지털교과서가 크게 효과를 발휘하리라 기대할 수 없다. 즉, 서지의 형태든 디지털의 형태든 국가가 학습의 범위와 경계를 정하는 것은, 자율을 배우기 위해 순응을 먼저 익혀야 하는 딜레마와 국가교육과정이 가진 태생적 한계를 극복하는 것이 중요하다.

학생이 공식적 지식에 대해 선별하거나 비판적으로 수용하기보다 순응적으로 습득하는 것이 선발과 경쟁에서 더 좋은 성과를 낼 수 있다면, 학교에서 배우는 지식의 양과 속도를 충전하고 불균질을 극복하기 위해 가상공간에서 지식을 얻어 교육활동에 활용하더라도, 대학입시와 같은 선발에 있어 유용한 지식을 얻을 뿐 그것이 진정 미래사회에 필요한 지식인지에 대해 회의적일 수밖에 없다.

손쉽게 얻는 지식은 지식획득에 대한 의존도를 높일 뿐 고차원적인 새로운 지식을 만드는 데 기여하기 어렵다. 학교가 '왜'라는 질문보다 순응적인 지식 습득을 좋은 성과로 여기는 것을 그만두지 않는다면, 어디서 얼마만큼 어떻게 지식을 얻든지 간에 기술발달에 따라 지식을 쉽게 구할 수 있으면 있을수록 오히려 지성의 쇠퇴를 가져올 것이다.

앞서 얘기한 바와 같이 학교 안에 새로운 지식을 다 담는 것은 애초에 불가능하다. 그럼에도 오늘날 학교교육이 소멸될 지식 습득에만 매여 있다면 이제는 학교가 '배움'에 있어 근본적인 검토와 새로운 방향 설정을 해야 한다.

미래사회에서 '배움'은 학령기에 학교 안에서 지식을 습득하고 학령기 이후에 지식을 활용하는 순차적 흐름이 아니라, 학령기 구분을 넘나드는 과정이며, 나아가 학교 안과 학교 밖, 직업과 일상, 가상과 현실까지 넘나드는 자율적인 과정이어야 한다.

미래사회에서 학령기 안의 '배움'은 국가와 교사 주도의 방향성을 벗어나 국가와 교사 그리고 학생이 함께 만들어가는 교육이거나 학생들로부터 배움의 설계가 시작되는 교육이어야 한다. 아울러 평가나 선발과 같은 교육의 결과보다 고차원적인 지성을 쌓으려는 자기성장의 목적을 가지고 개인의 삶의 과정으로 일어나는 자연스러운 일상행위여야 한다.

지식의 마태효과

마태효과(Mathew effect)는 신약성경 마태복음 25장 29절 "무릇 있는 자는 받아 풍족하게 되고 없는 자는 그 있는 것까지 빼앗기리라"라는 말에서 가져온, '부익부 빈익빈' 현상을 표현하는 말이다. 축적된 자본이 있어야 더 큰 부를 재생산할 수 있다는 뜻으로, 경제학 분야에서 사용되기 시작했다.

프랑스의 사회학자 부르디외(1930~2002)의 주장도 마태효과로 설명될 수 있는데, 가정의 높은 문화자본과 상징자본을 아비투스로 내재화한 학생이 학교와 사회의 문화자본을 습득하고 소유하는 데 더 유리하다고 보았다. 보울스(1939~)와 긴치스(1940~)도 사회경제적 지위(SES)가 높은 부모의 자녀가 학교생활에서 더 쉽게 성공하며 사회에 나와서도 더 높은 경제적 지위를 가진다고 주장했다.

이런 주장들과 비슷한 맥락에서, 기초지식과 기본지식, 공통지식이 충분해야 상위지식을 쌓을 수 있다고 보는 것이 지식의 마태효과다. 부르디외의 사회자본론과 보울스와 긴치스의 대응이론은 자본을 강조하고 타고난 개인의 성향과 노력을 간과하는 경향이 있고 학교교육을 사회불평등을 악화시키는 요소로 보고 있다면, 지식의 마태효과는 그런 현상에서 비롯된 표현만 가져온 것이다. 무에서 유로 창의성이 창조되는 것이 아니라 바탕이 되는 지식이 있어야 창의성도 발현될 수 있다는 의미를 부각할 때 사용되는 표현이다.

명작전집의 시작

미국의 교육학자, 로버트 허친스(1899~1977)는 고전을 통해 인류가 마땅히 알아야 할 것들을 배워야 한다고 주장했다. 그에 따르면 교육의 목적은 인간의 최고 덕목인 이성을 계발하는 데 있으며, 이것은 '고전'을 통해 가능하다고 보았다. 허친스는, 고전 속에 시대를 초월한 절대불변의 진리이자 인류의 지혜가 농축되어 있다고 보았으며, 같은 철학을 가진 학자들과 함께 인류가 읽어야 할 저서를 위대한 저서(Great Books)로 명명하고 50여 권의 전집을 발행했다. 그는 단순히 책을 읽는 것뿐 아니라 고전을 해석하며 토론하는 것을 강조한다.

허친스와 아들러의 항존주의 사상은 그가 만든 '위대한저서재단'으로 남겨져 있다. 고전 읽기를 통한 교양교육을 강조하는 그의 철학은 한국에도 영향을 끼쳐 명작전집을 발간시켰으며 독서토론활동을 교육방법으로 등장시켰다.

그러나 독서를 통해 교양을 쌓고자 했던 허친스의 교양교육은 한국에서는 활자화된 책이라는 범주를 넘지 못한 채 그저 책을 읽는 독서교육으로 정착된 것으로 보인다. 호메로스의 글이나 단테의 신곡을 초등학생이 읽고 해석할 경우, 책의 내용을 지식으로 습득할 수는 있어도 그 속에 담긴 정신을 이해할 수 있을지는 장담하기 어렵다. 그런 이해는 그 학생이 겪는 경험이 풍부하고 깊이 있을 때 그리고 경험 속에서 느끼고 생각한 바를 누군가와 나눌 때에야 비로소 가능할 것이다.

삶과 시간

시간은 본질적으로 모든 인간에게 공평하다. 누구도 생산하거나 독식하거나 축적할 수 없다. 그러나 전 세계에 표준화된 시간이 퍼지면서 시간은 중요한 사회적 약속으로 작용하기 시작했다. 거기에 개인용 시계가 발명되면서 개인용 시계를 갖고 시간을 구분한다는 것은 스스로 자신을 통제할 수 있는 자율을 반영하는 것 즉 시민의식의 표현으로 여겨지기 시작했다.[88]

시간은 산업사회를 거치면서 화폐와 같은 자본으로 다루어지고 있다. 개인의 삶의 시간은 하나의 시장으로 보이며, 누구에게나 있는 시간을 어떻게 분배하고 활용하느냐가 개인의 부를 증대시킬 수 있는 주요한 기제로 여겨진다. 시간은 사회적 필요에 의해 개념화되었고, 오늘날 개인의 가치를 드러내는 도구이자 경제요소로 작용되고 있다.

현대로 올수록 시간은 점점 빨라진다. 절대적 시간이 빨라졌

다기보다 '빠름'을 가장 중요한 가치에 놓고 시간을 배분하고 활용해 온 것이다.[89]

한정된 시간 안에 무언가를 빨리 한다는 것은 다른 것을 할 시간을 만들어주고, 만들어진 잉여의 시간에 별도의 생산적인 무언가를 한다면 개인의 부를 쌓고 삶의 질도 높일 수 있을 거라고 믿었다. 그래서 인간은 발달된 기술력을 무언가 빨리 하는 데 적용하고자 했다. 손빨래하는 시간을 세탁기로 줄이고 걸어다니는 시간을 자동차로 줄이듯이 말이다. 느린 것은 시간을 허비하는 것이고 빠른 것은 시간을 버는 것으로 여겨지면서 중요한 산업사회의 효율적인 기술들을 이용해 허드렛일로 보이는 노동의 시간을 줄이고, 그 대신 직업과 같이 생산적이고 효율적으로 여겨지는 활동에 전념했다. 점점 더 발달되는 기술은 다양한 형태의 노동시간을 점점 줄여주었고, 노동시간의 단축은 여가와 자유의 시간을 보장하고 삶의 질을 높일 거라고 믿어졌다.

토플러는 『제3의 물결』과 『부의 미래』에서 프로슈머와 재택근무가 늘어남에 따라 자기가 자기 시간의 주인이 될 수 있는 세상이 온다고 말했다. 기술이 발달할수록 시간을 꼭 지켜야 한다는 생각이 엷어지고 자기에게 맞는 '맞춤형 시간'을 관리할 수 있을 것으로 보았다. 그러나 21세기 들어 기계화와 자동화는 더 확대되었으나 인간의 노동시간이 줄어들었다고는 보기 힘들다. 오히려 24시간 네트워크 접속이 가능해지면서 가정과 직장의 구분

인간의 시간

-- 매우 부정 < - < 0 < + < ++ 매우 긍정

구분	하루 일과에서의 비율(%)	일상 활동	1주일 당 시간	경험의 질	
				행복감	몰입
생산 활동	24~60	근무나 공부 담소·식사·몽상	20~45 4~15	-	+
유지 활동	20~42	가사 식사 몸단장 운전·출퇴근	8~22 3~5 3~6 6~9	- ++ 0 0	- 0 0 +
여가 활동	20~43	TV·독서 취미·운동·영화·외식 담소·교제 휴식·빈둥거리기	9~13 4~13 4~12 3~5	0 + ++ 0	- ++ + --

* 출처: 칙센트미하이, 1997/이희재 역, 2007: 20, 53. 재구성

이 모호해지고, 과거보다 노동시간이 오히려 늘었다고 볼 수 있다.

인간의 시간은 수면을 제외한다면 대개 다음과 같이 생산활동, 유지활동, 여가활동의 세 영역으로 이루어진다.

인간의 삶에서 3분의 1 정도를 차지하는 생산활동 즉 직업 활동은 개인의 부와 직결되어 있다. 어떤 일을 빠르게 해냄으로써 생산활동에 소요되는 시간이 줄어들면 인간은 자연스럽게 남은 시간을 유지활동이나 여가활동에 사용할 것이라고 생각되었다. 그래서 생산활동을 효율적으로 해내는 것, 시간을 단축하는 것은 부의 축적을 위해 매우 중요한 일로 여겨졌다. 그러나 인간은 효

율을 통해 얻어진 시간을 다시 생산활동에 사용함으로써 개인의 부를 더 축적하고자 했다.

부에 대한 욕망은 생산활동에 과도하게 몰입하여 유지활동이나 여가활동에 필요한 시간을 희생하게 만든다. 인간은 과도하게 생산활동을 해내는 가운데 스스로 소진되어 유지활동이나 여가활동을 제대로 누리기 어려워진다. 효율적으로 시간을 보내게 디면서 오히려 삶의 질이 낮아지고 자신에게 필요한 자유시간이 늘 부족하다고 여기게 된다. '부'와 '부를 쌓는 인간의 시간'에 대한 관점과 생각이 변경되지 않는다면 소진과 불행감, 삶의 질에 대한 해결안을 찾기는 어려워 보인다.

본질적으로 시간은 모든 인간에게 공평한 재산이지만 초연결된 세상에서는 공간과 함께 압축되면서 가속화되는 시간만큼 또 커지는 기회비용만큼 시간의 값어치도 높아진다. 주어진 시간에 고를 수 있는 선택지가 다양해졌다는 것은 무언가를 고르면 그와 동시에 고를 수 없는 기회비용-사지 못한 물건, 갖지 못한 직업의 길, 만나지 못한 사람들-이 더 많아졌다는 것을 의미한다. 첨단기술이 발달할수록 기회비용은 더 커지기 때문에 인간은 기회비용을 최소화하거나 만회하기 위해 '최적의 선택'을 하려고 애쓰게 된다. 결과적으로 무언가를 고르고 선정하는 데 자신의 자유시간과 여가시간을 허비해버린다.

살레츨은 『선택이라는 이데올로기』에서 인간이 자기 인생의 주인이 되는 궁극의 수단으로 선택을 중요하게 여기고 인간이 합리적인 선택을 할 수 있다는 믿음을 갖게 되면서 '선택 이데올로기'에 빠지게 된다고 보았다. '선택'을 함으로써 인간으로서 주체적인 행위를 하는 것으로 보이지만 사실은 우연, 정치체제, 무의식에 의해서도 이루어지는 수동적인 행위다. 그럼에도 주체적 행위로서의 선택을 강조하고 선택의 책임을 개인만의 것으로 돌려버린다는 것이다. 그러면 선택하지 못한 것들에 대해 더 큰 박탈감을 느끼게 되고 그 결과 더욱 잘 선택하기 위해 스스로의 시간을 선택하는 데 소비하며 자신의 삶을 압박하게 된다.

한병철은 『피로사회』에서 개인이 성과에 집착하는 것은 사회가 성과를 개인의 책임으로 귀결시키기 때문으로 보았다. 성과를 극대화하기 위해 인간 스스로 가해자이자 피해자가 될 정도로 과다하게 자기를 착취하며 강제한다는 것이다.

1973년 프린스턴대학에서 실시한 '착한 사마리아인 실험'을 보면, 시간 압박에 시달리는 신학생들보다 그렇지 않은 신학생들이 쓰러진 남자를 적극적으로 도우려는 모습을 보였다. 이처럼 가속화된 시간의 압박은 다른 사람의 아픔에 둔감하게 하고 경쟁의 불안에 인간을 가둔다.

효율과 성과, 선택을 강조할수록 불안과 경쟁은 가중되고 '타인을 사랑하는 것'이 어려워지며,[90] 인간에게 진정 중요한 '사색하는 삶'[91]을 사는 능력을 잃게 된다.

그러나 미래사회로 갈수록 빠르게 생성되는 정보와 지식들은 인간을 '정보 과부하'와 '결정 스트레스'에 빠뜨릴 만큼 인간이 채 수용하기도 전에 빠르게 변화하여[92] 더 빨리 변화가 일어나고, 더 효율적으로 선택해야 하는 상황이 더욱 많아진다. 가상과 현실을 오가며 더 빨리 더 많이 더 쉽게 접속할수록 기다리는 시간은 상대적으로 더 비생산적으로 여겨지고, 선택하지 못한 것들에 대한 기회비용이 더 큰 박탈감을 준다. 만약 사회가 지금과 마찬가지로 '효율', '성과', '선택'을 강조하고 강화하도록 내버려둔다면, 미래세대의 삶은 이것에 매몰되고 진정 삶을 살아간다는 의미가 무엇인지 놓아버린 채 그저 최적의 선택을 내리기 위한 시간으로 삶을 허비해버릴 수 있다.

인간은 어떤 시간을 보낼 것인가보다 시간을 늘리거나 통제하는 데 미래기술을 활용하고 있다. 그 결과 의료기술 및 인지기술, 뇌과학의 발달은 인간 삶의 절대적 시간을 늘려줄 것으로 예측되고 있다.

오늘날 인간의 평균수명은 80세 전후이며 인간의 생애는 유년기(1~20세)-청년기(21~40세)-장년기(41~60세)-노년기(61~80세)의 네 주기로 설명된다. 미래사회에서 인간의 수명은 100세 나아가 120세, 150세로 보고 있으며 2050년까지 80세 이상의 인구는 지금의 3배에 다다를 것으로 예측된다.[93] 그렇다면 미래사회에 인간의 생애는 다섯 주기 혹은 여섯 주기가 되어 개인과 국가는 80세 이후의

현재의 생애주기

미래의 생애주기

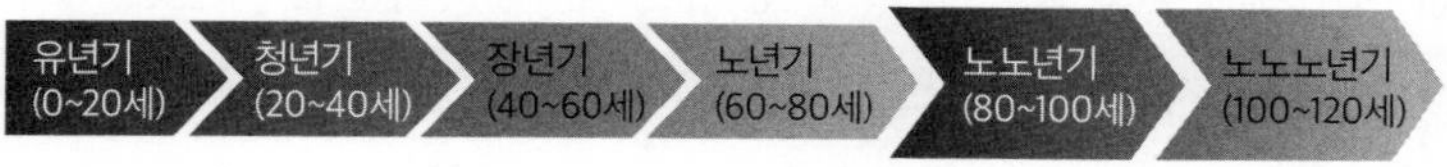

삶에 대해 준비할 필요가 생긴다.

미래사회로 갈수록 인간수명 못지않게 일할 수 있는 시간과 자율적으로 운용할 수 있는 시간도 절대적으로 늘어난다. 특히 노년층은 장애 극복과 생명 연장으로 건강한 삶을 살아가며 오래 일할 수 있게 된다. 60대에 은퇴한 후 120세까지 실업자로 지내는 것이 아니라 적어도 80세 정도까지 활발한 사회적 활동을 하게 된다.

사회공동체에서 노년의 비율이 늘어남에 따라 젊은 계층의 부양만으로는 사회적 비용을 감당할 수 없다. 이 때문에 '인생은 60부터'라는 말 그대로 활발한 노동활동을 80세 정도까지 해줘야 사회적 비용을 낮추고 공동체의 경제를 유지할 수 있다. 따라서 사회와 국가가 나서서 노년층의 재교육을 권장하고 재취업을 알선할 것이다. 노년층이 직업을 유지함에 따라 청년층은 일자리를 찾아 세계 속으로 이동하고, 노동시장은 유기적으로 영향을 주고받게 된다. 그렇게 되면 젊은이부터 노령층에 이르기까지 일거리를 찾아 교육과 취업을 반복하는 **평생노동의 시대**가 되는 것이다.

미래기술의 발전은 삶에서 직업에 종사하는 시간뿐 아니라 직업 자체에도 변화를 만든다. 아탈리는 '현재 대학생인 사람은 40세가 될 때까지 평균적으로 무려 10~14가지 정도의 서로 다른 직종에 종사할 것'이라는 예측을 내놓기도 했다.[94] 박영숙과 글렌[95]은 뇌-컴퓨터 인터페이스가 보편화되면 누구나 원하는 기술을 쉽게 얻고, 하고 싶은 직업을 쉽게 가질 수 있게 된다고 보았다. 꾸준한 연습과 훈련이 필요했던 직업들도 특정 기술을 활용하면 직업에 필요한 전문기술을 쉽게 습득할 수 있다는 것이다. 두뇌의 특정 부위에 전류를 흘려보내는 경두개직류전기자극법transcranial Direct Current Stimulation 기술은 직업을 얻는 데 방해요소가 되는 우울증, 분노, 만성 통증, 강박장애 등을 치료할 수 있고 인지능력을 향상시킬 수 있는 방법으로 제시되고 있다.

그러나 미래사회에서 직업의 고유성이 흔들리고, 직업을 변경하는 횟수가 늘어날수록 직업을 얻고자 하는 노동자들의 긴장감은 높아지고 지위에 대한 불안감도 심화된다. 이런 불안감은 첨단기술이 인간의 노동력을 대체하기 쉬워질수록 더 커진다. 첨단기술은 직업을 갖기 위한 시간을 줄여주고 누구나 원하는 직업을 쉽게 가질 수 있게 하겠지만, 누구나 쉽게 직업을 가질 수 있다는 점은 인간이 새롭게 변화되는 직종을 얻고, 적응하고, 유지하는 과제를 계속 부여받게 된다는 뜻이기도 하다.

배움의 용이함과 인간의 불안감은 미래사회에서는 인간의 시간을 직업을 유지하기 위한 혹은 새 직업을 갖기 위한 끝없는 교육으로 채우도록 할 수 있다. **평생학습의 시대**가 되는 것이다.

평생학습시대는 인공지능과 로봇이 인간이 해오던 일들을 도맡아 해줌으로써 미래에 많은 직업이 사라질 것이라는 걱정의 시나리오를 바탕으로 한다.

슈밥은 19세기 초 미국 노동력의 90%가 농업에 종사했지만 현재는 2%만이 농업에 종사하고 있으며 향후 20년 안에 미국 내 직업의 47% 정도가 자동화로 대체될 것으로 본다.[96] 프레이와 오스본은 2013년 702개 직종에 미치는 전산화의 영향을 분석하여 미국 내 47%의 직업인이 자동화로 인해 직업을 잃을 수 있다는 전망[97]을 내놓았다. WEF는 2017년 『The Global Risks』 보고서에서 프레이와 오스본의 연구를 인용하며 실업 또는 불완전고용이 세계 위험요소 중 하나가 될 것이라고 전망했다. 그러나 WEF는 '로봇 하나가 늘어날 때마다 세 명의 노동자가 직업을 잃을 거'라고 보면서도 노동자를 기계로 교체하는 것은 비용이 많이 들기 때문에 자동화에 의한 고용시장의 영향력이 그리 크지 않을

수 있으며 장기적으로는 긍정적이라고 말한다.[98]

세계 최대 인터넷쇼핑몰인 아마존에서 2014년부터 짐을 나르는 '키바로봇'을 도입했지만 이전의 근로자들은 해고되지 않고 새로운 역할로 재배치되면서 로봇과 인간이 협업하여 생산성이 향상됐다는 보도[99]가 있었다.

이런 보도에도 불구하고 기계에 의해 대체될 노동시장의 변화에 대해서는 여전히 불안감이 크며 기계노동자가 인간노동자를 밀어내지 않을 거라고 확신하기 어렵다. 왜냐하면 변화가 일어날 것이라고 누구나 얘기하고 있고 내가 그 변화의 당사자가 될 수도 있을 거라고 생각하기 때문이다.

코헨은 사라지는 일자리와 생겨나는 일자리의 수에 상관없이 새로운 일자리는 미숙련 노동자에게 아무런 도움이 되지 않을 것이라고 본다.[100] WEF는 기술진보, 부와 소득이 집중되는 세계의 불안감 속에서 사람들은 '비역량시민' 또는 '역량시민'이 될 것이며 새로 생기는 직업이 있어도 기회가 불평등하게 분배될 것이기 때문에 직업을 유지하기 위해 최대한 최신의 기술을 많이 배워두라고 충고한다.[101] 드러커는 이런 위기를 인식하고 다음[102]과 같이 스스로 평생학습을 위해 노력해야 한다고 조언한다.

의사, 기술자, 화학자, 회계사, 변호사, 교사, 경영자 등은 앞으로 15년 후에 필요로 하게 될 기술, 지식, 도구는 지금의 것들과 매우 다른 새로

운 것이 되리라고 가정하지 않으면 안 된다. 그들은 정말이지 장차 15년 후에는 지금 하는 일과 전혀 다른 새로운 일을 하게 될 것이고, 새로운 목표를 갖게 될 것이고, 또 대부분의 경우에는 새로운 경력을 가지게 될 것이라고 가정해야만 한다. 나아가 그들은 자신에게 필요한 평생학습의 계획을 그 방향을 설정하는 데 있어 오직 그 자신만이 책임을 질 수 있다고 가정해야만 한다.

그러나 음악을 LP, Tape, CD, USB, 휴대폰으로 듣게 됨에 따라 그것을 만들고 유통하는 산업구조가 변화하고 컴퓨터와 인터넷의 발명 이후 관련 기업이 무수히 생겨난 것처럼, 미래기술에 의해 사라지는 일자리 대신 새로운 일자리가 창출되는 것이 자연스러운 변화이며, 일의 형태가 달라지면서 세계가 오히려 발전할 것이라는 긍정의 시나리오도 있다.

2015년 한국의 TV 강연에서 토마스 프레이는 "2030년까지 20억 개의 직업이 사라질 것이지만 그것은 실업자 20억 명이 생긴다는 의미가 아니라 새로운 일자리로 변화된다는 뜻"이라며 컴퓨터개성디자이너, 음식프린터요리사 등 새로운 직업들을 소개했다.[103] 긍정의 시나리오에서는, 새로운 기술은 인간노동자의 위기가 아니라 새로운 직업에 도전하고 기존의 방법으로 얻기 힘든 부를 창출하고 새로운 사회체제를 가져올 수 있는 기회다.

긍정의 눈으로 보면 미래사회에서 인간의 시간은 로마시대의 지배층이 가졌던 방탕과 유희로 채워질 수도 있다. 로마인이 노예에게 노동을 맡김으로써 고차원적인 문화, 정치활동, 유희에 매진했던 것처럼 미래의 인간은 노동을 기계에게 맡기고 인간만의 것을 찾거나 누리는 데 시간을 사용할 수 있다.

단순하고 힘겨운 일은 기계가 맡아줌으로써 공식적인 노동시장에서 노동의 가치가 무용하게 된 노동자들은 '사회적 경제 영역에서 새로운 의미'[104]를 찾아가거나, 인공지능과 로봇을 일의 동료로 받아들이고 그저 '공통의 의식을 가지려는 노력'[105]을 기울이면 되는 것이다. 2017년 글로벌인재포럼에서 구글의 모 가댓은 앞으로 10~15년이 지나면 기계가 인간을 뛰어넘을 것이기에 인간은 기계의 좋은 부모가 되어 기계에게 행복과 공감을 중요하게 여기고 인간과 함께 일하는 방법을 가르치면 된다고 보았다.[106]

기계노동으로의 대체를 진취적으로 전환하려는 의견 중에는 '로봇세', '기본소득제' 제안이 있다. 로봇세는 로봇에게 부과하는 세금이기도 하고, 로봇을 이용하는 시설 또는 기업에 부과하는 세금이기도 하다. 자동화시설을 갖춘 공장의 세금공제비율을 낮추는 것도 초기형 로봇세로 볼 수 있다.[107] 이렇게 거둔 로봇세는 로봇에 의해 일자리를 잃은 노동자의 재교육 및 재취업에 사용하자는 것이 로봇세 주장의 배경이다.

기본소득제를 제시하는 의견에서는 기계노동으로 사회유지에 필요한 기본적인 부가 충분히 형성될 수 있고 기계로부터 걷은 세금을 모아 사회구성원 누구에게나 조건 없이 동일한 금액, 기본소득을 보장해준다면, 인간은 보다 고차원적이고 여유로운 삶을 영위할 수 있을 것으로 본다.

자본주의 사회에서 직업을 선택하는 것은 개인이 책임질 개인의 자유로운 행위의 결과가 아니라 사회와 국가 즉 체제의 작동 패러다임과 연관되어 있다. 그래서 미래기술에 따라 달라질 인간의 삶에 있어서 사회와 국가는 더욱 적극적으로 참여할 필요가 있다. 그 방법은 기본소득제와 같이 제도로 보완될 수도 있고, 직업의 의미나 삶의 시간, 평등과 불평등에 관한 교육을 통해 이루어질 수도 있다.

토플러 부부는 미래사회에서의 시간 개념의 변화를 이야기할 때 다음[108]과 같이 한국의 시간을 보고 있다.

> *서울에서 아파트를 구할 때, 그에게 집을 소개하던 사람이 아파트가 정확하게 7분 거리에 있다면서 얼마나 빨리 걷던지 …. 그가 천천히 가자고 말하자, 부동산 중개업자는 "천천히요? 왜요? 당신이 저보다 다리가 길잖아요. 우리는 서둘러야 해요. 여기는 서울이라고요. 무엇이든 빨라요. 빠른 것이 최고란 말입니다"라고 말했다고 한다. 『비즈니스 위크』는 "한국인은 참을성이 부족하다. 신속한 보상이 그들을 지배한다"라고 보도했다. 하버드대학의 한국학연구소는 동시대 한국인에 대한 실질적 경험의 핵심이 '속도에 대한 민감성'이라고 언급했다. 극단적으*

로 신속한 변화는 한국에 깊숙이 자리 잡고 있으며 그것은 '스피드'라는 일반 단어 속에 내재된 신념이다. …… 한국의 변화 속도는 단지 신속하게 이동하는 비트와 바이트, 전화 호출음의 문제가 아니다. …… 비즈니스의 속도는 물론 생활 유형과 데이트 형식, 오락의 양상까지도 변화시키고 있다.

삶을 어떻게 보내며, 시간을 어떻게 사용하는가는 한 인간과 사회의 가치를 보여준다. 미래기술이 발달된 한국 사회에서 시간은 어느 국가보다 효율과 빠름에 집중되어 있으며 삶의 모습도 그러하다. 자본주의 사회에서 합리적이고 효율적인 선택을 내리는 문제는 개인의 자유이자 책임으로 보이기 때문에 부를 축적하고 남들보다 높은 성과를 내기 위해 한계비용이 적으며 남들보다 효율적이고 빠른 선택을 내리는 데 삶과 시간을 보내게 된다. 그러나 성과와 효율을 강조할수록 삶의 모습은 피폐해지고 인간은 자신의 삶으로부터 멀어지게 됨을 기억해야 한다.

삶과 시간은 인간의 삶 그 자체며 미래사회로 갈수록 급변하게 되기 때문에 미래교육에서 다루어져야 할 교육 가치다. 기계에 의해 인간노동이 완전히 대체된 미래사회는 멀리 있다. 그때까지, 조금씩 퇴색되어 가겠지만 생존과 부를 위한 직업의 역할은 살아있을 것이며 미래사회로 갈수록 인간의 절대적 시간이 길어지면서 직업과 노동의 의미는 급변하여 인간적응의 과제를 낳는다.

미래교육은 직업을 얻고 유지하기 위해 삶과 시간을 보내는 것이 아니라 성과, 효율, 선택에 보냈던 시간들을 되찾고 삶의 주체로서 자신의 삶과 직업을 즐길 수 있는 수 있도록 도와야 한다.

✩ 이런 영화 어때요

『트리 오브 라이프』

– 2011. 미국 –

음악만으로도 훌륭한 영화. 하지만 영화 초입의 대서사를 받아들일 수 있어야 끝까지 볼 수 있는 영화. 생명이 시작되고, 가족과 함께 살아가며 사회로 나아가기까지 과연 삶의 근원은 어디에서 시작되는 걸까? 부모, 가족, 지구, 신, 사랑은 무엇일까?

『그녀』

– 2013. 미국 –

자신을 진정 이해해주는 사람을 사랑하는 건 당연하지 않을까? 그런데 그 존재가 나뿐 아니라 동시에 수만 명의 사람들에게 모두 친절하고 다정하다면 어떨까? 편지를 써서 마음을 전해주는 아날로그적 일을 하는 주인공은 자신을 돕는 운영체제, 그녀를 만나게 된다. 과연 운영체제임을 알면서도 사랑에 빠질 수 있을까?

『모던 타임즈』

- 1936. 미국 -

컨베이어벨트 자동화 시설에서 하루 종일 같은 일을 하는 찰리 채플린. 강박적으로 나사를 조이던 찰리는 공장에서 해고를 당하는데…. 자본과 산업화 속에서도 희망을 보여주는 마지막 장면, 유명하지만 정작 본 사람은 별로 없다는 영화.

인간다움

후마니타스. Humanitas. humánĭtas
인 류 애
인 간 애
인 간 성
인간본성
인　　류

'인간이란 무엇인가.' 인류의 고전적인 질문이다. 일상에서 간헐적으로 떠올리거나 일부 연구자들에 의해 다뤄지던 이 명제에 대해 미래사회의 인간은 지금까지와는 달리 일상의 전면적인 문제이자 보통 시민들의 성찰이 필요한 과제로 만난다.

미래사회에서 인터넷 기반의 가상공간과 이를 통한 빅데이터 그리고 인공지능은 인간 실존에 관한 질문을 던지게 만든다. 인간의 종말을 예언할지언정 인터넷의 종말을 예측하는 학자는 없을 정도로 가상공간은 지속적으로 확장되어 왔으며, 빅데이터는 그런 가상공간에 모인 방대한 정보를 읽고 분석하여 경향을 판단해주고 있어 문화연구와 마케팅에서 활발히 활용되고 있다.

빅데이터가 인간 실존에 관한 질문을 던지게 되는 것은 빅데이터가 인간이 세상을 보는 관점 즉 가치판단에 관여하기 때문이다. 빅데이터가 인간의 가치관에 관여하는 과정은 이렇다. 무상으로 접속할 수 있는 가상공간에 누구나 쉽게 자신의 삶과 관련된 이야기, 사진, 인적정보를 기꺼이 꺼내놓는다. 인간이 검색창 1면에 뜬 기사나 광고에 대해 큰 고민 없이 클릭하여 정보를 제공하면 빅데이터는 대중의 선택을 받았거나 나의 반복적인 선택을 받은 정보를 다시 1면의 기사나 광고로 피드백함으로써 문화를 형성한다. 이런 과정 속에서 인간은 개인의 지성보다 우월하다 여겨지는 빅데이터의 판단을 부지불식간에 받아들인다. 결국 빅데이터는 친절과 편리를 대가로 인간의 선택권을 가져가고, 인간은 시간과 효율을 선물받으며 빅데이터를 더욱 신뢰해가는 것이다.

하라리는 미래사회에서 빅데이터는 나보다 나를 더 잘 아는 존재로 신뢰를 얻으며 종교와 같은 위치에 서고, 인간은 다음[109]과 같이 빅데이터가 일러주는 삶을 살 거라고 말한다.

당신이 누구와 결혼할지, 어떤 직업을 선택할지, 전쟁을 할지 말지 고

민할 때, 데이터교는 높은 산에 올라가 바다로 지는 해를 바라보는 것은 한마디로 시간낭비라고 말한다. 미술관에 가고, 일기를 쓰고, 친구와 진솔한 대화를 나누는 것도 마찬가지로 쓸데없는 짓이다. 올바른 결정을 내리려면 자기 자신을 알아야 하는 것은 맞다. 하지만 21세기에는 산에 오르거나 미술관에 가거나 일기를 쓰는 것보다 자기 자신에 대해 알 수 있는 훨씬 더 좋은 방법들이 있다.

21세기 미래인간이 빅데이터의 능력에 기대고 빅데이터의 판단을 신뢰하는 것은 20세기 인간이 전문가들의 권위에 기대어 그들의 판단을 신뢰하고 내맡기던 모습과 닮았다.

일리치는 『전문가들의 사회』에서 20세기를 '인간을 불구화하는 전문가 시대'라고 명명했다. '인간불구의 시대'는 전문가들이 내리는 의견에 근거해 중요한 결정을 내리고 그들이 가치 있다고 추천하는 상품을 사들인다. 삶은 속도에 시간을 뺏기고, 학생은 교육으로 바보가 되며 인간 존재의 많은 부분을 의료화하면서 살아가는 것과 살아남는 것조차 구별 못하는 노예가 되어 버렸음을 의미한다.[110]

인간이 빅데이터를 활용할수록 빅데이터와 같은 미래기술은 인간을 인간답지 못하게 만들 수 있다. 넘쳐나는 정보 가운데 무엇을 결정해야 할지 덜 고민하게 되고, 데이터에 숨은 행간을 생각하는 데 인색해지면서 인간이 가진 사고력과 판단력이 무뎌지기 때문이기도 하고 인간은 빅데이터의 고차원적 활동을 지원하는 저차원의 단순활동을 해내야 하기 때문이기도 하다.

예를 들어 배달로봇과 자율주행자동차가 스스로 작동하려면 정밀한 지도가 필요한데, 컴퓨터가 처리할 수 있는 온톨로지ontology, 지식데이터에 도달할 때까지 전국을 다니며 사진을 찍는 일과 지도에 표시하는 일은 단순노동에 가까워 저임금노동자들의 일감이 되고 있다. 빅데이터가 인간이 기록하고 저장한 온톨로지로 고차원적인 인지활동을 해내도록 발전시키고 있다면, 인간노동자는 하루 종일 사진을 찍는 것과 같은 저차원적 사고활동의 일을 하는 것이다.

한국 정부에서 기계기술이 발달하는 미래사회에 대처하기 위해 인간에게 컴퓨터처럼 사고하도록 가르치는 '소프트웨어교육', '코딩교육'을 실시하는 정책은 이런 점에서 아쉽다. 인간이 컴퓨터를 만들고, 그 컴퓨터의 논리성을 익히기 위해 컴퓨팅사고력을 기르는 것이 말이다. 처음부터 인간에게 고차원적 사고를 길러내는 교육이면 충분하다. 오히려 교육을 통해 저차원적 사고활동의 일을 하지 않도록 제도를 개선하는 것이 합리적으로 보인다.

일리치는 21세기는 '전문가 이후의 사회'가 될 것이라 생각했다. 하지만 '전문가'가 '빅데이터'로 교체되었을 뿐 그들이 시민보다 앞서 판별하며 판단결과를 통지하던 패러다임은 크게 달라지지 않았다는 점에서 21세기를 차라리 '기계전문가의 사회'라고 부를 수도 있다. 인간의 자유와 본성을 규제하며 인간을 인간답지 못하게 만들던 역할이 전문가에서 빅데이터로 넘어갔을 뿐이니까 말이다.

그런데 포스트모더니즘의 인간상실에 대한 논의들에도 불구하고 20세기의 삶은 이어져 왔다. 자아 대신 전문가에게 의존한 판단에 있어, 거부감도 불행감도 적었다면 빅데이터에 맡겨질 21세기 삶에 대해서도 저항하기 어렵다고 볼 수 있다. 박영숙과 고르첼은 미래에는 선택의 권리나 자유보다 편리함과 효율성이 더 중요하기 때문에 기술에 저항하기보다 오히려 맡기고 다음[111]과 같이 인간은 창의성 계발이라는 행복찾기에 집중하면 된다고 주장한다.

> *철학적으로 생각해보면, 인간 행동에 대한 어떤 틀에 박힌 가정도 정확하지 않으며 인간 대신 누군가가 선택을 대신해준다는 것은 인간의 선택권을 제약하고 선택의 자유를 박탈한다고 느낄 수 있다. 하지만 선택은 스트레스를 불러오고 고통을 가져오며 너무 많은 선택은 뇌의 작동을 멈추게 할 수 있다. 미래에는 정보의 홍수와 데이터의 쓰나미가 오기 때문에 인간의 정치적 선택은 더욱더 괴롭다. 그래서 결국 인간은 다양한 대안을 찾다가 의사결정의 효율성을 위해 자유가 아닌 인공지능의 편리함을 선택하게 된다. 이런 사소한 결정이나 정치인들의 어려운 결정을 AI가 대신해준다면, 인간은 더 많은 자유시간을 갖게 되고*

지적인 자원 확보와 원하는 프로젝트를 추진하며 행복을 느끼게 된다.

왓슨은 『퓨처 마인드』에서 인간은 본래 독창적이고 깊이 있는 사고를 거부하는 경향이 있는데 편리한 기술이 오히려 이를 부추긴다고 말한다. 온라인 읽기는 질보다 특이함이 중시되는 생각 없는 디지털 쾌락주의digital hedonism를 낳으며, 자료를 복사하는 것이 쉬워질수록 자신이 현재 하는 일에 대해 심각하게 생각하지 않게 되고, 적시학습은 오히려 심사숙고할 마음과 깊은 사고를 방해한다고 주장한다.

카는 『생각하지 않는 사람들』에서 기술문명을 활발히 사용하고 가상공간의 삶이 확장될수록 인간 고유의 능력은 오히려 줄어든다고 말한다. 그는 여러 연구들을 인용하여 인터넷 검색, 멀티미디어 사용이 뇌의 피로감을 높여 학습력을 낮추고 이해력을 약화시키며 깊이 아는 능력, 독창적인 지식을 창조하는 능력과 같이 인간의 고차원적 능력을 축소시킨다고 주장한다.

빅데이터에게 의사판단을 맡기는 것에 익숙해질수록 인간이 가진 능력은 축소되므로 창의성, 독창성, 깊은 사고를 발달시키고자 한다면 빅데이터와 같은 기술로부터 거리를 두어야 한다. 빅데이터가 인간의 가치관에 작용하는 과정은 순간에 불과하기 때문에 현재에 집중하여 이면을 통찰하거나 여유있게 생각하는 연습을 하지 않는다면 인간은 빅데이터의 아바타로 전락할 수도 있다.

인공지능은 빅데이터 못지않게 인간의 능력을 위협하는 또 하나의 강력한 미래기술이다. 인공지능 역시 인간의 마음을 얻어가고 있으며-인공지능 스피커처럼 인공지능을 접목한 상품을 내어놓고 있으며 비서로봇과 애완로봇, 감정로봇들이 비싼 값에도 팔리기 시작하는 것으로 보아-이런 추세라면 미래사회로 갈수록 인공지능은 오늘날 애완동물이 가진 '반려'의 위상으로 일상에 들어오는 것을 거스를 수 없어 보인다.

인공지능이 기존의 기계와 구별되는 우월성은 '자기 스스로 학습'이 가능하다는 것이다. 인공지능의 자기학습은 심층학습deep learning, 기계학습machine learning, NHL지능non-human-like intelligence으로 볼 수 있다. 심층학습은 인간이 음성과 이미지를 구분하는 방식을 컴퓨터에게 가르치는 것이고, 기계학습은 데이터를 분석하고 알고리즘을 만드는 것이며, NHL지능은 컴퓨터가 지능적인 행동방식들을 자동적으로 발전시킬 수 있는 기술이다. 심층학습은 신경기술과 뇌과학의 연구결과를 바탕으로 인공신경망의 지능형 기계를 만드는 것이 목표이고, 기계학습에서는 모든 문을 여는 마스터키가 있듯 모든 상황에 적용가능한 마스터 알고리즘을 만드는 데 목표를 둔다.[112]

인공지능의 자기학습은 인간의 능력을 뛰어넘어 인간이 할 수 없는 완전히 다른 사고, 인간에게는 낯선 사고를 가능하게 한다. 이렇게 되면 인류는 '인간이 하는 사고', '인간의 사고를 대리

실행하는 기계의 사고' 그리고 '인공지능의 사고'라는 세 유형으로 사고하게 된다.

휴먼인터페이스로 인간이 인공지능과 연결되고 생물-비생물 지능을 활용한다면, 생물지능과 비생물지능이 내린 판단이 다를 경우 가장 적절한 판단을 찾는 것은 어렵다. 또 인간이 내리는 판단, 인간이 가치 있게 여기는 것이 진정 인간이 내리는 것인지 확신하기 어렵게 된다. 인간능력이 발달할수록 이것과 관련된 의사결정은 중요한 문제가 되버린다.

조금 먼 미래사회에 등장할 증강인간, 초인간, 뇌 외에 모든 것이 기계로 교체된 기계인간은 인간 존재에 대한 질문을 낳는다. 인식과 지능이 인간의 조건이라면 인공뇌와 인간육체가 결합된 존재는 인간으로 인정받을 것이고, 인식과 육체가 함께하는 것이 인간의 조건이라면 증강인간은 물론 지금의 식물인간도 이미 인간이 아닌 것으로 볼 수 있다. 그러나 인간이 클라우드에 자신의 뇌를 업로드할 수 있을 정도로 기술이 발달된 사회라면, 그것은 이미 인공 뇌-클라우드에 업로드된 비생물 지능-에 대한 저항감이 매우 낮은 사회이기 때문에, 그들 모두는 이미 인간으로 인정받고 '공동윤리'로 그들의 권리를 보장하고 있을 것이다.

커즈와일은 머지않은 2040년 중반이면 비생물 지능이 세상을 지배할 것으로 예측한다. 인간의 인식능력을 가지고 있으면서 항상 좋은 컨디션으로 기계의 장점인 기억력, 기술공유력, 정확성까지 발휘할 수 있다는 점에서 비생물 지능은 미래로 갈수록 점점 더 확산되는데, 그는 이런 미래사회도 인간이 생물학을 초월한 것일 뿐 인간성을 초월한 것은 아니기 때문에 인류문명이지 기계문명은 아니라고 말한다.[113] 커즈와일은 비생물 지능으로 이행하는 초인류야말로 인류 문명을 바꿀 원동력이라고 볼 정도의 기술옹호론자이지만 그조차도 초인류가 실현되는 과정 속에서 업로드된 뇌가 진짜 나인지에 대한 물음, 인간이 과연 생물학적 존재이기만 한 것인지 혹은 비생물학적 존재의 가능성은 어느 정도인지 물음에 답하는 것이 필요하다고 말한다.[114]

인간이 수명연장의 꿈으로 의학을 발전시켰듯이 비생물학적 존재로 넘어가며 영생과 불멸을 꿈꾼다면 죽음에 관한 문제는 더 복잡해질 것이다. 아탈리는 미래기술로 죽음의 혼돈을 겪는 상황을 다음[115]과 같이 설명한다.

> *이처럼 극단으로 치닫는 하이퍼 제국에서의 죽음이란 자의식을 지니고 있는 마지막 복제인간이 죽을 때까지, 아니 어쩌면 자신으로부터 복제된 모든 복제인간들에 대해서 다른 사람으로부터 복제되는 다른 복제인간들이 그 사실을 완전히 잊어버릴 때까지 연기될 것이다. 다시 말해서, 이제 인공물로 만들어질 인간은 죽음이 무엇인지 알지 못하는 존재가 될 것이다. 공장에서 만들어지는 다른 상품들과 마찬가지로, 인간은 더이상 죽지 않을 것이다.*

박영숙, 커즈와일, 아탈리는 미래사회에서 인간이 죽음을 뛰어넘어 영생할 것이라 예측한다. 박영숙과 글렌은 죽음으로써 기억이 소멸되는데 가까운 미래에 이를 막는 기술이 완성되면, 2020년에 보존된 인간의 뇌가 컴퓨터를 이용한 형태로 2060년의 세상에 불려 나오는 형태로 오래 살 수 있다고 본다.[116] 커즈와일은 뇌를 스캔하고 복제해서 뇌를 교체할 수 있고 뇌의 모든 것을 업로드, 다운로드하면서 영생할 수 있으며[117], 아탈리는 복제인간들의 인식을 따라 영생을 꿈꿀 수 있을 것이라고 생각한다.[118]

그들의 의견을 살펴보면, 박영숙은 '기억소환기술'로, 커즈와일은 '뇌교체'로 영생을 시도하는 것을 인류의 진보라고 보고 있으나 아탈리는 여기에 동의하지 않는다. 커즈와일은 '매달 완전히 새로운 사람'으로 교체되지만 인간은 자신의 정체성이 그대로 보존되고 있다고 믿으며 지속적으로 파괴되고 재창조된다는 생각을 하지 않을 것이라고 보았다. 그는 미래사회의 인간이, 자신의 정체성을 생물학적 기질 안에서만 설명하기보다 정체성을 유지하려는 보편적인 욕망에 따라 기꺼이 두 개의 뇌를 갖는 것, 자신의 복제물을 갖는 것을 선택할 것이라 본다.[119] 반면 인간이 '유한有限하다'는 점에 가치를 두는 아탈리는 영생을 극단적인 상황, 디스토피아로 보고 이런 상황이 벌어지기 전에 인간은 저항하고 생명에 대한 과학의 한계에 대해 합의를 만들어 갈 것이라 믿는다.[120]

미래사회로 가면서 인류가 커즈와일 아니면 아탈리와 같은 관점을 가질 것인지 그것도 아니면 박영숙과 같이 변화되는 기술 자체에 좀 더 관심을 갖게 될 것인지 확답할 수 없다. 그러나 생명 탄생에 대해 인류의 관심과 선택으로 합의된 가치가 어떠한가에 따라 맞춤형아기는 더 빨리 현실로 나타날 수도 있고 봉인된 기술이 될 수도 있다.

지금까지 미래사회로 갈수록 진전되는 미래기술로 마주할 인간의 정체성과 인간능력 그리고 인간 삶의 본질을 둘러싼 논쟁들을 살펴본 결과 다음과 같은 결론에 다다른다.

첫째, '인간은 누구나 단 하나의 생명을 가진다'라는 불변의 평등함을 흔든다. 둘째, 인간의 수명이 길어짐에 따라 삶에서의 윤리가 차지했던 숭고함이 내려간다. 쉽게 소비되고 버려질 수 있으며 다시 만들고 대체될 수 있는 생명, 즉 생명이 곧 소비재가 되는 문제가 있다. 셋째, '인간은 누구나 죽는다'라는 존재의 전제를 흔들 수 있다. 육체가 죽어 없어지는 것이 죽음인지, 기억할 수 없는 것이 죽음인지, 인식과 육체가 함께 소멸해야 죽음인지 점차 모호하고 혼란스러워진다.

생명기술이 발달해갈수록 맞춤형아기, 복제인간, 증강인간, 초인간에 관한 논쟁은 인간의 삶의 가치와 인간의 윤리적 판단력보다 더 근원적인, 이제껏 우리가 인간을 정의 내릴 때 언급조차 할 필요가 없을 정도로 당연했던 전제조건들을 환기시킴으로써 과연 '인간이란 무엇인가'에 대한 답을 찾기 어려워진다. 그래서 이것에 답을 구하는 과정 즉 '인간다움'의 의미를 구하는 것이 미래사회에서 더욱 중요한 명제가 되고, 미래사회의 교육에 '인간다움'의 의미를 구하는 것이 담겨야 한다.

아직 오지 않은 미래사회의 '인간다움'에 대해 이토록 논의를 한 것은 지금부터의 준비와 선택에 따라 미래사회의 모습이 변화될 수 있기 때문이다. '인간다움'을 둘러싼 질문과 논쟁들은 개인의 삶뿐 아니라 공동체의 문화, 미래인류의 모습을 결정할 수 있는 중요한 문제이기 때문에 사회적으로 논의되어야 하고, 인간의 삶을 획기적으로 변화시킬 수 있기 때문에 사회적 논의 이전에 각자가 '인간답다'라는 의미에 다다를 수 있도록 개인적으로 성찰하고 선택할 수 있는 배움이 필요하다.

미래교육은 각자의 삶과 공동체가 지향해야 할 '인간다움'의 의미를 밝히고, 정체성, 삶의 가치, 인간능력에 있어 기술을 수용하고 경계 짓는 데 각자의 선택을 충실히 해내도록 삶과 죽음에 대한 성찰의 시간과 결정의 연습을 제공해야 한다. 인간이 독창적이며 창조적인 사고, 깊은 사고로 '인간다움'을 고양시키고자 한다면, 편리와 효율에 몰두하여 기술과 교육의 접목을 환영하기만 할 것이 아니라 불편하더라도 절제와 느림으로 쉽게 배우지 않는 경험을 미래교육에 담아야 한다.

관계

인간은 집단을 이루며 산다. 인간이 이루는 가정, 학교, 마을, 지역, 국가와 같은 집단은 인류의 역사와 함께해 왔다. 인간은 때로는 집단을 탄생시키기도 하고 때로는 새로운 집단을 파멸시키기도 했으며, 조직을 통해 안전과 생존, 소속감을 보장받고, 조직체의 유지와 발전을 위해 의무와 책임을 다하는 공생의 관계 속에 집단을 존속시키기도 한다.

인간이 집단과 맺어 온 관계가 어찌 되었든 간에, 인간은 태어나면서부터 다양한 조직체에 자발적·비자발적으로 소속된다. 살아가면서 단 하나의 조직·집단에 포함되지 않는 사람은 없다 해도 과언이 아닐 정도로 언제나 조직·집단 안에서 살아왔다. 인간을 둘러싼 이런 조직·집단 중심의 환경을 '사회'라고 부를 때, 인간은 사회와 별개로 살 수 없는, 사회라는 존재를 필요로 하는 '사회적 존재'임에 분명하다.

사회적 존재인 인간은 끊임없이 나 외의 다른 사람들, 타자에 관심을 갖는다. 그리고 그들과 경쟁하고 갈등하며 파괴하기도 하지만 협력적이고 양보하며 조화를 이뤄 살아가려고도 한다. 사회적 존재로서 인간은 파괴냐 협력이냐의 양자택일된 면모만 발휘하는 것은 아니며, 이기와 이타의 양면성을 사회 속에서 표출하고 타자들과 관계를 맺어간다.

사회적 관계를 통해 맺어진 유대紐帶, bonding는 '타자와 사회'를 나와 연결된 공동의 몸, '공동체'로 인식하게 하며 인간으로서의 도리나 공동체에서의 윤리에 대해 성찰하는 기회를 제공한다. 사회 혹은 공동체라는 말 속에 사회적 약속, 공동체 윤리와 같은 정의적 요소가 포함되는 것은 인간은 이처럼 관계를 통해 사회적 존재를 유지해나가기 때문이다. 따라서 '관계'는 사회적 존재인 인간이 살아가는 데 있어 필수불가결한 조건이며 인간을 설명하는 전제조건이다.

할로우의 '절망의 구덩이'에서 자란 원숭이들이 보이는 사회적 장애에서, 온기를 느끼지 못한 차우셰스쿠의 아이들이 성인이 된 후 보이는 사회적 문제에서, 무기징역과 독방과 같은 관계단절이 형벌이 될 수 있는 제도에서, 배우자나 반려동물의 죽음, 사회적 왕따를 겪은 사람들의 고통스러운 일상에서 사회와 연결된 '관계'의 힘을 볼 수 있다.

관계는 사회적 존재로서 인간의 정체성을 형성하고 사회적 삶을 나아가게 하며 행복감을 느끼는 데 있어 유의미한 윤활유다. 그리고 이런 면에서 인간의 관계성은 사회의 제도와 문화에 녹아 있게 되어 문화를 형성하고 공동체의 성격을 특징짓는다.

근대 이전의 인간은 자신이 태어난 곳에서 살아가며 길고 깊으나 좁은 인간관계를 맺어왔다면 미래사회의 인간은 모르는 사람들과도 가상공간에서 만나 일시적인 관계를 맺고, 자신의 가치에 맞는 직업, 학업을 찾아 이동하며, 다양하나 짧고 분절적인 인간관계를 맺어간다. 토플러는 '임시적 관계는 피상적이고 장기적 관계만이 참다운 대인관계'[121]라는 패러다임을 전환시킨다 하더라도 미래사회의 속도전에서 모든 인간은 인류 역사상 본 적이 없는 고도의 적응능력을 발휘해야 하는 과제를 갖는다고 보았다.

코헨은 인터넷을 1시간 사용한 사람이 친구들과 1시간을 함께 보낸 사람보다 5배 이상 외로움을 느낀다는 연구를 제시하면서, 외롭기 때문에 인터넷 사용시간이 늘 수도 있겠지만 인터넷을 사용하는 시간이 길수록 외롭고 삶의 만족도가 떨어진다고 설명한다.[122]

미래사회에서 인간관계는 가상공간과 현실에서 가속적으로 맺어지고 소멸되면서 인간의 삶을 연속적으로 설명될 수 없게 만들고, 인간은 잠시 머무는 사회마다 페르소나를 바꾸어야만 적응할 수 있게 된다. 이 과정은 자신에 대한 인식에 혼돈을 주고 완전히 다른 사람으로 거듭나야 할 것 같은 자기부정으로까지 빠져들 수 있게 한다.

가상과 현실의 새로운 공간에서 새로운 관계를 맺으며, 그 관계들이 직접 연관되지 않고 분절적으로 정체성을 유지할 수 있음에 따라 호모노마드인 미래인류는 그때그때 자신의 정체성과 가치에 따라 자유롭게 의사표현을 하기 쉽다. 이것은 혈연, 지역, 민족, 국가에 기반하여 유대를 쌓아 오던 이전의 행동과 비교할 때 전체보다 개인을 중요시하며 전체를 아우르며 집단을 유지하려는 기존 사회가 갖고 있던 공동체성과 멀다. 호모노마드는 이동을 통해 자유롭게 자신의 가치관과 윤리관을 표현할 수 있지만 이것은 이동된 사회의 고갱이를 해체하는 작업으로 공동체성을 약화시켜 인간 간의 공존에 영향을 끼친다.

미래사회로 갈수록 인간의 관계 맺는 능력도, 관계 맺을 필요도 점점 약해지지만 관계가 가진 인간 실존과 공동체에 미치는 영향은 줄지 않는다. 따라서 분절적인 인간관계 속에서 흩어진 정체성을 모아 조립하든가 아니면 흩어진 각각의 정체성을 받아들이고 인스턴트 관계 속에서 새로운 관계를 만들어 가든가 하는 관계 맺기에 대한 연습이 필요하다.

미래교육은 미래세대가 단지 공동체의 일원이 아니라 사회적 존재로 주체적인 삶을 살 수 있도록 관계에 대한 방향과 지속을 충분히 생각하고 경험할 수 있는 기회를 제공해야 한다.

할로우의 원숭이들

미국의 심리학자, 해리 할로우(1905~1981)는 원숭이를 이용하여 많은 실험들을 했고, 몇몇 실험 결과는 교육계 및 사회에 큰 영향을 끼쳤다. 대표적인 실험은 아래와 같다.[123]

어린 원숭이를 '철사로 되어 있지만 우유가 달린 차가운 가짜 어미'와 '헝겊으로 덮여 있지만 먹을 것이 없는 따뜻한 가짜 어미'가 있는 계획된 우리에 가두자 원숭이는 배가 고플 때만 잠시 우유를 먹고 올 뿐 대부분 헝겊 어미에게 매달렸다. 어린 원숭이를 헝겊 어미하고만 두었는데, 그 헝겊 어미가 불을 뿜어 상처를 입어도 다시 그 어미에게 돌아갔다. 하루 30분 진짜 어미가 함께 지낸 원숭이와 하루 30분 몸을 흔드는 가짜 어미와 지낸 원숭이들은 모두 정상으로 자라났다. 어린 원숭이를 '절망의 구덩이'(Pit of despair)로 부르는 우리에 격리했다가 무리에 내보내기도 했고, 암컷 원숭이를 강제로 묶은 채 수컷 원숭이와 교배하게도 했으며, 원숭이를 낳자마자 떼어놓기도 했는데 이런 실험들에서 원숭이들은 우울과 공격성을 보였고 먹기를 거부하다 죽기도 했다. 나중에 정상적인 활동을 하게 하여도 보통의 원숭이로 돌아오지 못했으며 무리에 섞이지 못했다.
할로우의 이런 실험들은 비윤리성으로 많은 비난을 받기도 했지만 아기가 태어나면 안아주기보다 먹을 것을 잘 주되 엄격히 가르쳐야 한다는 당시의 보육, 육아, 교육에 있어 따뜻한 스킨십, 움직이고 노는 것, 관계 맺는 것의 중요함을 일깨우는 계기가 됐다.

할로우의 유인원실험실은 아직도 있으며 약 2,000여 마리의 유인원이 사육되고 있다고 한다. 한국의 오창, 정읍 영장류자원지원센터에는 약 4,000여 마리의 영장류가 신약 개발을 위해, 중국에서는 몇십만 마리의 영장류가 복제기술 개발을 위해 길러지고 있다.

* 사진출처: Food or Security? Harlow's study on monkeys' attachment. 유튜브 동영상.

차우셰스쿠의 아이들

니콜라에 차우셰스쿠(1918~1989)는 25년간 루마니아를 통치했다. 그는 루마니아를 세계 강국으로 만들고자 많은 정책을 시행했는데, 그중 인구증가를 목표로 시행한 인구정책은 많은 후유증을 남겼다. 인구정책의 주요 내용을 보면, 한 가정당 자녀를 4명 이상 낳아야 하며 못 낳을 경우 '금욕세'를 내야 했다. 심지어 피임이나 낙태를 하다 걸리면 총살에 처하기도 했다. 가임기 여성들은 한 달에 한 번 의무적으로 부인과 검사를 받아야 했고, 비밀 '월경경찰'이 배란기 때 부부가 함께 있는지 감시하기도 했다. 병에 걸린 경우에도 아이를 갖게 함으로써 에이즈 환자가 급격히 늘어났다.

이런 인구정책으로 많은 아이들이 태어났지만, 그 아이들을 키울 만큼 가정과 국가경제는 넉넉지 않았다. 국가는 대규모의 고아원을 짓고 그곳에서 아이들을 단체로 양육하거나 해외로 입양시켰다. 고아원에 넘쳐나는 아기들은 하루 종일 침대에 누운 채 우유만 공급받을 뿐 따뜻한 양육을 받지 못했다. 가정에서 키워진 아이들도 제대로 교육받거나 치료받기 어려웠으며, 일부는 아동성인물의 대상으로 인신매매되기도 했다.

차우셰스쿠의 인구정책으로 태어난 아이들을 '차우셰스쿠의 아이들'이라고 부르는데, 그들은 낮은 교육수준과 취업률, 평균수명 그리고 높은 유병률과 범죄율을 보였다. 차우셰스쿠의 아이들 중 일부는 추위를 피해 지하의 하수구에 모여 살았고, 적절한 직업을 갖지 못한 채 지금도 루마니아의 지하도시, 하수구에서 살아가고 있다.

공동의 윤리

세계인권선언
유엔아동권리협약
람사르합의
파리기후변화협약
아실로마합의

미래기술력이 발달할수록 공동의 윤리는 더 필요해진다. 미래기술이 인간 간의 공존을 위험에 빠뜨리는 위험도를 증가시키기 때문이다. 기술발달에 따라 위험요인이 증가하는 것은, 걸어가던 인간이 서로 부딪혀 다치던 시절을 거쳐 자동차와 비행기로 인한 사고가 나는 오늘날, 그리고 관제탑과 인공위성이 해킹되면 전 세계의 교통통신망이 일시에 멈출 수 있을 만큼 서로 연결되어 있는 미래사회를 생각해보면 당연한 귀결이다. 기술의 편리함만큼 기술의 위험도도 비례하여 증가하며, 그만큼 기술을 사용하는 의도와 방법에 대한 윤리성이 더 중요하게 대두된다.

미래사회를 여는 가장 영향력 있는 기술인 '인공지능'은 근래 들어 인간이 하는 일을 인간보다 더 잘할 수 있다는 걸 보여주고 있다. 인간과의 지능·지성 경쟁에서 인공지능이 앞설 것으로 예측된다는 점에서 인공지능은 인간을 위협하는 존재로 여겨지기도 한다.

다양한 직업군에 들어온 인공지능 로봇들은 일에 필요한 능력에 있어 인간 못지않거나 심지어 더 잘할 수 있다는 걸 보여주고 있다. 인공지능과 로봇에 의해 노동시장이 잠식될수록 결론을 내리기 어려운 딜레마 상황에서 인간 없이 빅데이터와 알고리즘에 따라 판단하는 인공지능의 처분에 사회의 구석구석을 맡기면서, 직업과 관련된 인간의 능력과 소양이 필요한 곳이 줄어들면, 인간은 그런 능력을 발전시킬 필요가 없어질 수도 있다.

'최대 다수의 최대 행복'을 주장한 영국의 공리주의 철학가 제레미 벤담1748~1832은 높은 탑에 있는 소수의 간수가 다수의 죄수를 감시할 수 있는 원형감옥을 고안한 바 있는데 그 감옥을 파놉티콘panoticon이라고 불렀다. 파놉티콘에서는 죄수들이 간수를 볼 수 없음에도 감시받고 있다는 사실만으로 스스로 행동을 통제하는 원리가 작용한다.[124] 벤담은 파놉티콘에서 작용하는 이런 원리가 감시와 경제성을 연결해야 하는 거의 모든 시설에 성공적으로 적용할 수 있을 거라고 말한다. 푸코는 『감시와 처벌 감옥의 탄생』에서 파놉티콘의 원리가 물리적 행사 없이도 자발적으로 통제받게 만드는 규율과 권력의 도식에 있으며, 이런 도식이 병원과 학교, 일터 나아가 사회와 국가에서도 작용한다고 보았다. 미래의 인간사회가 인공지능과 로봇에 의해 움직여진다면, 인공지능과 로봇과 같은 미래기술들이 미래사회의 파놉티콘이 될 수 있다.

가상공간에는 자발적으로 내어놓은 인간 삶의 정보를 바탕으로 인간을 통제할 수 있는 권력인 빅데이터와 인공지능의 알고리즘을 만들고 정보를 수집하며 분석할 수 있는 소수 집단이 이미 존재하고 있다.

가상공간에서 회수될 수 없는 디지털정체성을 가진 미래인간은 통제받고 있다는 것을 의식하지 못할 뿐 디지털정체성을 가짐과 동시에 빅데이터와 인공지능이라는 파놉티콘에 의해 자유를 내놓고 통제받고 있다고도 볼 수 있다.

인간이 이런 미래기술의 이면에 자리 잡은 권력을 보지 못하고 미래기술의 편리성만 누리고자 한다면 인간으로서 판단하고 자유하고자 하는 능력을 점점 상실하게 된다. 자유와 사유의 능력이 퇴화된 인간이 인공지능의 획일적 판단에 종속되는 디스토피아를 그리지 않는다면 지금부터의 준비가 필요하다.

맞춤형아기 생산과 인간복제는 이것을 실현시킬 기술이 발달되면서 논쟁거리가 되고 있다. 인간복제의 기초기술인 배아복제에 대한 원천기술을 가진 국가들은 공동의 안으로 금지에 합의했다. 그러나 아탈리는 일부의 인간은 초월적 존재에 대한 선망으로 자신보다 외모적·지적으로 뛰어난 존재를 만들려는 시도를 계속해 나갈 것이라고 예측했고,[125] 실제로 오늘날 중국과 미국 그리고 한국에서 그런 시도의 조짐이 있다.

2015년까지 70여 국가는 인간복제를 금지하고 처벌하는 법률을 제정했으며 인간복제에 관한 연구는 공식적으로는 진행되지 않고 있다고 알려져 있다.[126] 한국도 2004년에 인간배아를 대상으로 유전자 치료연구를 금지하는 생명윤리법생명윤리 및 안전에 관한 법률을 제정하고 배아복제기술연구를 제한해 왔다. 그러나 2016년부터 중국, 일본, 영국, 미국에서 인간배아유전자 치료적용연구가 허용되고 있다고 알려졌으며, 2017년 9월 중국 연구진은 인간의 배아 단계에서 유전병을 제거하는 DNA수술에 성공했다.

한국의 경우 2016년 대통령소속 국가생명윤리심의위원회에서 '생명존중을 위한 선언문'을 채택하며 인간복제연구에 대한 경각을 공식적으로는 유지하고 있지만 2016년 7월 차의과대학의 체세포복제배아연구를 승인했듯 실질적으로는 인간복제와 관련된 연구들을 묵인하고 있는 것으로 보인다.

미래사회에서 아기창조와 인간복제는 수명 연장을 위한 치료용 복제의 형태로 이뤄진다 하더라도 공동이 지켜 나가야 할 생명윤리에 대한 논쟁을 가중시킬 것이다. 박영숙은 다음과 같이[127] 윤리와 비윤리가 혼돈될 정도로 윤리적 선택에 대한 확실한 결정을 내리기 어렵다고 말한다.

> *만일 자신이 건강한 아기를 제때 낳을 수 없다고 하면, 이를 자연적인 것으로 받아들일 것인가 아니면 자연을 피할 수 있는 기술을 사용할 것인가 하는 점이다. 만약 당신에게 아기의 유전자를 바꿀 수 있는 능력이 있다면 당신은 어떻게 하겠는가? 만약 유전적 질병을 예방할 수 있다면 그것을 사용할 것인가? 유전적 오류를 바로잡을 수 있음에도 그렇게 하지 않는다면, 그것이 오히려 '비윤리적'인 것은 아닌가?*

박영숙이 이론으로 고민했던 일들이 실제로 우리 앞에 하나 둘 당도하고 있다. 이미 국내에서도 팔 이식의 첫 성공사례가 있었다.[128] 온몸이 마비된 환자의 머리와 뇌사에 빠진 환자의 몸을 연결하는 '헤븐 프로젝트'head anastomosis venture project는 아직 성공하지 못했지만, 생명기술과 관련된 제재가 낮은 중국에서는 이탈리아 박사에 의해 계속 시도되고 있다. 이 프로젝트를 놓고, 살아 있는 사람의 머리를 자르는 것은 살인행위라고 보는 시각도 있지만 다른 한편에서는 잘린 팔을 이식하는 것과 같은 것으로 윤리적인 형평성에 문제가 없다는 관점도 있다.[129] 몸이 마비된 환자가 움직이는 몸을 갖고 싶어 하는 것, 장애를 가진 부모가 완벽한 유전자를 가진 자녀를 갖고 싶어 하는 것, 병약하게 태어난 사람이 자신과 똑같은 건강한 장기를 이식받고 싶어 하는 것과 같은 욕망들이 자본과 만나 누구나 선택할 수 있는 시장의 한 유형이 된다면, 이런 욕망을 책망하지 않고도 공존하면서 살아갈 수 있다면 그 시대로 나아가는 미래세대는 과연 인간다움의 의미를 어디서 찾아야 할까?

생명윤리와 같이 미래기술로 생겨나는 미래사회의 문제들은 혼자서는 결정하기 힘듦에도 불구하고 미래사회로 갈수록 개인으로서 져야 할 책무감은 오히려 높아진다. 개인이 직업을 통해 사회적 책임을 져야 하는 상황이 발생하기 때문이다.

인간의 신체능력을 상회하면서도 인간적 감성에 빠지지 않는 로봇과 인공지능이 인간노동자를 대체해 간다. 그러면 한 팀이 하던 일은 노동자 두세 명으로, 노동자 두세 명이 하던 일은 노동자 한 명으로 전환된다. 그리고 인간노동자 한 명 한 명이 내리는 결정 강도는 훨씬 높아지게 된다.

이처럼 인간에게만 결정권을 주는 것이 유지된다면, 미래사회에서 한 사람의 결정은 곧 그 조직, 그 공동체의 결정이 되는 순간이 많아진다. 게다가 인간노동자 대신 들어선 빅데이터나 '인공지능로봇'을 진실로 동료노동자로 받아들인다면, 인간노동자는 인간 동료와 의논하고 토론하며 결정했던 일들을 빅데이터나 '인공지능로봇'과 논의하게 된다.

커즈와일은 지능이 '본질적으로 통제 불가능한 특질'이며, 인간에게 우호적인 인공지능을 발전시키기 위한 토론과 제안은 쏟아지고 있지만 오늘날의 수준으로 미래의 인공지능이 인간의 윤리와 가치를 체득할 것이라고 확신하기는 어려울 것이라 예측한다.[130] 카Carr 역시 그럴 것으로 생각한다. 인간은 도덕적 결정을 내릴 때 상향식과 하향식 접근법을 뒤섞으며 다양한 상황별로 다양한 종류의 윤리적 결정에 고심하면서 도덕적 피조물이 되는 법을 배우지만 인공지능은 일방향 접근법인 알고리즘으로 배우기 때문에 인간만큼 도덕적 사고를 할 수 없을 것이라고 그는 주장한다.[131]

그러나 먼 미래에 '도덕적 지능을 가진 로봇', 인간처럼 느끼고 행동하는 '로보 사피엔스'가 등장한다면 인간을 인간답게 만들어 주었던 윤리와 도덕은 더이상 인간만의 전유물이 아닐 것이다.[132]

윤리적 추론 능력을 갖춘 도덕적 지능을 가진 로봇이 개발되고 있으며, 실제로 새로운 윤리를 학습하고 도덕감을 개발할 수 있는 동적인 도덕지능을 갖춘 로봇이 등장한다면 그 로봇은 스스로 자신의 윤리를 진화시킬 수 있다고 예측된다. 로봇이 온전한 도덕적 결정자이자 행위자가 되는 셈이다. 로봇이 가진 효율과 기억력, 정보량을 고려해보면 미래사회로 갈수록 빅데이터와 인공지능이 내리는 윤리적인 결정은 인간을 능가할 것으로 예견될 수 있다. 그러면 인간은 인간의 판단, 직감, 본능보다 미래기술이 가진 능력, 효율, 편리를 선택할 가능성이 높다.

주요한 의사결정에 있어 인간이 인간을 위해 인간으로서 내렸다는 판단은 실은 빅데이터 또는 인공지능이 인간보다 기계, 이윤, 조직만을 위해 내리는 결정일 수 있는 것이다. 인공지능은 윤리적인 결정을 내리는 것을 배우지 못할 수 있으며, 따라서 단순한 알고리즘에 따른 판단일 뿐임에도 인간이 인공지능이 내린 결정을 점점 받아들이게 될 것이라는 게 타당한 예측이다. 그렇게 되면 결정은 빅데이터나 '인공지능 로봇'이 내리고 결정의 결과는 인간끼리 겪게 된다. 따라서 인간 한 명 한 명은 의사결정에 있어 자신을 포함한 인간 모두 즉 인간 공동체의 안녕과 번영을 염두에 두어야 할 책무가 높아지게 된다.

그러나 가상과 현실이 연결되고 전 지구가 기술과 연결되는 미래사회에서, 가이아를 포함하여 지구 안의 모든 사회적 약속, 공동체 윤리에 관련된 문제 상황에서 책임의 소재가 누구에게 있는지, 개인 또는 한 국가의 힘으로 해결 가능한 것인지 의문을 던진다.

한국에서 아기나 애완동물을 위해 설치한 사물인터넷 'IP카메라'로 해킹된 사생활 영상이 중국 성인사이트에서 거래되기도 한다. 2016년 한 해 동안 한국에서 약 15만 건의 사이버범죄가 발생했는데, 가상공간에 퍼진 개인정보와 이미지, 동영상 등을 삭제해주는 신종직업인 '디지털장의사'에 의뢰하여도 실제로 문제를 해결할 수 있는 경우는 매우 적다고 알려져 있다.[133]

이런 문제를 해결하기 위해서는 최선의 예방책을 취하면서 미래기술을 사용하거나 아니면 아예 미래기술을 사용하지 않아야 할 것이다. 그러나 사물인터넷 기계를 만든 사람, 설치한 사람, 설치받아 사용하는 사람, 개인정보를 유포한 사람, 유포된 개인정보로 이득을 취한 사람 각각을 생각해보면, 각자가 고도의 윤리성을 가지고 행동한다면 이러한 문제를 일으키지 않을 수 있다.

지식은 언제나 권력을 수반하며, 또한 권력에는 언제나 도덕성의 문제가 결부되므로 지식을 가진 사람들 스스로 자기규율을 통해 문제를 예방하고 해결하지 않으면 사회가 그 안전장치를 마련할 수밖에 없다. 전문지식을 다루는 지식인일수록 그저 비도덕적이고 불의한 일에 가담하지 않은 것에 만족하지 말고 도덕적인 일에 가치를 둬야 한다.

푸코에 의하면 인간성은 시대별 사회망grid의 소산이며, 진리는 정치적 토론과 사회 이데올로기 투쟁의 산물이고, 교육기관은 이런 진리를 널리 유통시키는 사회적 도구다.[134] 지식인이라면 현상과 진리 자체보다 현상과 진리를 생산하는 정치적·경제적·제도적 체제에 관심을 두는 것이 당연하다.

니버는 『도덕적 인간과 비도덕적 사회』에서 사회가 본래 비도덕적인 속성을 가진 조직인데 인간의 이기심이 이런 사회의 비도덕성을 부추겨 사회의 폭력성을 낳는다고 보았다. 그에 의하면 애국심은 국가 안에서 국가를 위해 개인을 희생하는 이타적인 행동이지만 다른 국가의 입장에서는 비도덕적인 악행일 뿐이다. 그러나 국민이라면 공식적 폭력인 전쟁에 참여하여 누군가를 죽일 수 있어야 한다. 이런 상황이 발생하는 것은 개인의 윤리를 넘어서는 체제의 윤리가 사회에서 작동되기 때문이다. 도덕적인 사람도 집단속 다른 사람들과 만나면 무자비한 파괴를 일삼을 수 있고, 높은 선의지를 가진 개인들로 이루어진 국가에서 내리는 결정이 다른 국가의 입장에서는 이기적인 결정으로 보일 수 있다.

리들리는 미덕이 인간의 본성이지만 이타주의를 실천하는 사람이 많은 사회 역시 자신에게 이득이 되기 때문에 이타주의를 옹호할 뿐 스스로 이타주의자가 되지는 않는 이기주의자의 면모를 가지고 있으며, 그렇기 때문에 스스로 이기성을 최소화하고 관용·동정심·정의의 미덕을 추구하는 제도를 만들려고 노력해야 한다고 말한다.[135] 최윤식은 인공지능이 미래를 예측하는 주체가 되는 것을 진화로 받아들이면서도 미래를 대비하기 위해 개인이 미래에 대해 공부하고 통찰하며 창조하는 지식과 기술을 준비해야 하며 인류와 우주의 지속가능성에 이바지할 윤리, 도덕, 가치를 인공지능에게 가르쳐야 한다고 보았다.[136]

미래학자들은 적극적으로 미래를 대비해야 하며, 기계와의 갈등을 해결하기 위해 전 지구적으로 실천해야 할 '공동윤리'의 가이드라인을 마련하고 공동의 윤리가 사회와 문화에 녹아들도록 노력해야 한다고 본다.[137]

앞에서 말한 대로 니버와 리들리 그리고 미래학자들의 의견으로부터 사회와 국가가 선하게 작동하려면 초국적인 공동의 윤리가 필요하다는 결론에 다다를 수 있다.

2017년, 인공지능을 개발하는 전문가들이 모여 만든 인공지능 연구지침인 아실로마합의Asiloma AI Principles는 이런 예로 보인다.[138] 세계적인 과학자 수백 명이 동의한 이 합의에 따르면, 다수에게 이로움이 돌아갈 수 있고 인간의 가치와 일치하는 방향으로 인공지능을 개발하며, 인간이 인공지능체제를 결정하고 선택하며, 도덕적 함의를 이해한 관계자에 의해 시스템이 사용되고, 실패와 문제가 생길 시에는 이를 밝히고 인권기구의 감사를 받아들이며, 개인의 자유와 정보를 보호하고 사회를 전복하지 않고, 인공지능에 의해 얻어진 경제적 이득과 자산을 인류에게 도움이 되는 방향으로 널리 공유하여야 한다.

아실로마원칙을 본떠 2018년 한국에서도 IT기업 카카오kakao가 '알고리즘 윤리규범'을 만들었다. 의도적인 사회적 차별을 낳지 않는 알고리즘을 계발하며 사회윤리에 따라 데이터를 수집하겠다는 내용이다. '기술윤리', '연구윤리'를 세우는 지침들은 있었지만, 미래기술이 일으키는 변화의 속도와 영향력을 생각할 때 이런 '공동의 윤리'를 만들어 가는 것은 우리의 미래를 의미 있게 준비하는 일이다.

공동의 윤리는 파놉티콘의 도식에 저항하고 인간 주체로 서려는 것이며, 윤리적 선택을 결정하기 힘들어지는 미래사회의 복잡한 윤리 문제를 해결하려는 것이고, 인간 공동체의 한 명으로 공동체의 안녕에 대한 책임감을 발휘하는 것이며, 미래기술로 발생하여 인간의 삶과 인류의 지속가능을 위협할 부정적인 징후에 맞서 도덕적인 사회로 나아가도록 예방하는 것이다.

공동윤리는 '인간을 위한 규범'과 '미래기술을 위한 규범' 그리고 그 '둘의 관계에 관한 규범'의 내용을 포함하여, 빅데이터와 인공지능의 영역에서뿐 아니라 미래세대의 삶과 관련하여 다양한 영역에서 세워져야 한다. 인간은 그 과정에서 주체로 서야 하며 소수의 개인은 소외되거나 무시되어서는 안 된다. 그래서 미래사회에서는 인류와 지구생태계의 지속가능과 관련된 통찰력 있는 판단, 딜레마 상황에서 우선순위에 두어야 할 가치에 대한 윤리적 판단과 같이 '공동윤리'에 관련된 능력이 필요하다.

미래기술로 발생될 문제들을 예방하는 것은 자기규율을 세우고 도덕적인 실천을 해 나가는 개인의 차원이 아니라 사회를 움직이는 절차와 체제가 도덕적인 실천을 해낼 수 있는 공공의 차원에서 논의되어야 한다. 미래사회의 초연결성은 인간의 의사결정과 윤리적 책무를 더 복잡하게 만든다. 이 때문에 지식인의 도덕률은 더욱 윤리적이어야 하며, 도덕률의 문제는 지식인에 국한되어서는 안 되고 개인마다 각자의 도덕률을 세우고 그것을 공유해야 한다.

대다수의 인간이 가진 윤리적 책무감이 높다 해도 미래사회에서 한 명이 끼치는 파급력은 국경과 현실을 초월한다. 이 때문에 윤리적 책무감은 인간 간의 공존을 위해 인간 모두가 가져야 할 덕목이 되며 어떻게 '공동윤리'를 만들고 실천할 것인가에 관심을 두어야 한다. 미래사회에서 교육은 미래세대가 공동윤리에 대해 함께 고민하는 담론 형성의 주체로 설 수 있도록 도와야 한다. 미래교육은 이를 지지하고 공동의 선과 윤리에 대해 성찰하고 판단할 수 있는 기회를 제공해야 한다.

유네스코 '2005 생명윤리와 인권 보편선언' 중에서

과학기술 발달이 학문과 연구의 자유를 바탕으로 인류에게 특히 평균 수명의 연장과 삶의 질 개선에 커다란 혜택을 주어 왔고 앞으로도 줄 수 있음을 인정하고 / 의학, 생명과학, 기타 관련 기술의 윤리적 문제들에 관한 결정들이 개인과 가족, 집단, 공동체, 그리고 인류 전체에 영향을 줄 수 있음을 인지하며 / 한 사람의 정체성은 생물학적·심리학적·사회적·문화적·정신적 측면을 포함한다는 사실을 상기하며 / 비윤리적 과학 기술 행위가 토착민 및 지역 공동체에 특별한 영향을 끼쳤음을 인정하면서 / 도덕적 감수성과 윤리적 반성은 과학 기술 발전의 필수적인 부분이 되어야 한다는 점, 그리고 생명윤리가 그러한 발전으로부터 발생하는 문제들에 관하여 취해져야 할 선택에 있어 주된 역할을 해야 한다는 점을 확신하면서 / 과학 기술의 진보가 정의와 평등, 인류의 이익에 기여하도록 보장하기 위하여 사회적 책임에 대해 새롭게 접근하는 것이 바람직함을 고려하면서 / 개발도상국의 특별한 필요와 토착민 공동체 및 취약한 인구들을 특별히 고려하면서 / 생명윤리 분야에서 국제협력을 강화할 필요성을 강조하면서 / 모든 인류가 차이 없이 의학 및 생명과학 연구에서 높은 윤리적 기준의 혜택을 받아야 한다는 점을 고려하면서 이 선언을 채택한다.

*출처: 유네스코한국위원회 http://www.unesco.or.kr

1997 '미래 세대에 대한 현재 세대의 책임에 관한 유네스코 선언' 중에서

제1조

현 세대는 미래 세대의 요구와 관심을 충분히 보호할 수 있도록 보장할 책임이 있다.

제4조 생명 보전

현 세대는 인간 행동으로 회복할 수 없을 정도로 손상하지 않은 지구를 미래 세대에게 넘겨줄 책임이 있다. 동시에 지구를 한시적으로 물려받은 각 세대는 자연 자원을 합리적으로 사용하기 위해 주의를 기울여야 하며, 생태계를 해롭게 변형해 생명체가 손상을 받지 않도록 해야 하며, 모든 과학 기술 진보가 지구 생명체를 위태롭게 하지 않도록 보장해야 한다.

제9조 평화

현 세대는 미래 세대에게 전쟁의 폐해를 끼치지 않아야 한다.

제10조 발전과 교육

1. 현 세대는 특히 가난을 타파할 목적으로 가능한 자원을 공정하고 신중하게 사용함으로써 개인과 총체적인 측면에서 미래 세대의 공정

하고 지속 가능하며 보편적인 사회경제발전 조건을 보장해야 한다.

2. 교육은 인간과 사회 발전을 위한 중요한 수단이다. 교육은 현 세대와 미래 세대의 이익을 위해서 평화, 정의, 이해, 관용, 평등을 강화할 수 있어야 한다.

제11조 비차별

현 세대는 미래 세대에 대한 어떤 형태의 차별을 유도하거나 영속하는 모든 행동과 조치를 취하는 것을 금해야 한다.

*출처: 유네스코한국위원회 http://www.unesco.or.kr

인간 간의 공존

인간의 역사는 투쟁의 역사라고 할 만큼 인간은 수많은 전쟁을 치러왔다. 지금도 세계 어딘가에서는 민족과 종교, 부를 이유로 반목하고 충돌하며 함께 공존하기를 거부하고 있다.

헌법으로 인간의 존엄성을 명시하고 세계인권선언으로 인류의 평등을 만천하에 알리며 봉건사회에서 민주사회로 발전됐다고 자평하는 20세기 이후에도 인간이 인간을 무시하고 함께하기를 거부해 온 역사는 곧잘 반복된다. 평화로워 보이는 오늘날의 한국사회는 물론 전쟁이 벌어지고 있지 않은 다른 국가에서도 인간 간의 평화로운 공존이 영원하리라고 믿는 사람은 없다. 특히 지식과 기술, 가상공간을 둘러싼 경쟁과 갈등은 진보에 대한 탐심으로 미래사회로 갈수록 고조된다.

가이아, 사회, 가상공간은 모든 인간이 함께 사용할 수 있는 물과 공기, 공원과 같은 '공유지' 公有地, commons로 보인다. '공유지'란 자신의 소유물은 아니지만 자신이 사용할 권리가 있다고 인식하고 있으며 다른 사람도 마찬가지로 그렇게 인식하고 있어 '함께 공유하고 있는 공간과 환경'을 말한다. 공유지는 한 사람이 공유지를 사용하는 동안 타인의 사용을 막을 수 없는 '비배제성'과 한 사람이 사용한 만큼 다른 사람이 사용할 수 있는 공유자원의 양이 줄어드는 '편익감소성'의 특징을 띤다.[139]

영국의 경우, 산업혁명 이전까지 드넓은 목초지는 공유지로 여겨졌다. 그러나 양모산업을 위해 지주들이 토지 소유를 주장하고 공유지를 폐쇄 즉 인클로저enclosure함으로써, 조상 대대로 공유지에서 자급자족을 해오던 농부들은 빈곤층으로 전락하고 도시로 흘러들어 산업노동자가 되었으며 지주들은 부자가 됐다. 공유지 폐쇄 현상인 인클로저는 자연을 '소유'하고 지역의 자율성을 축소시킴으로써 자본주의식 빈과 부의 양극화를 낳았다고 평가받는다.[140]

15세기 이후 영국의 인클로저가 그랬던 것처럼 가이아, 사회, 가상공간은 근대사회로부터 부를 축적한 개인이나 집단에 의해 이미 독점되었거나 미래기술로 선점된 자본가, 지식을 기반으로 한 기업들에 의해 소유되고 있다. 시장경제에서는 모든 것에 자본의 가치를 적용하기 때문에 공유지로 생각되었던 것이 사유화되고 부를 창출하는 공간이 되면 이를 통해 불평등이 발생되는 것이다. 그래서 미래사회에서는 연결된 사람과 연결되지 못한 사람의 격차가 가진 사람과 못 가진 사람의 격차보다 더욱 크며, 가상

공간이든 현실공간이든 네트워크에 소속되지 않은 사람들이 가난해진다.[141]

소유가 빈과 부의 척도인 사회에서는 소유하지 못한 사람이 가난한 사람이지만, 스스로 생산자일 수 있는 미래사회에서는 네트워크에 접근하기 어렵거나 가상과 현실을 연결짓지 못하는 사람, 미래사회의 부인 지식에 접근하거나 사용하지 못하는 사람, 협력도 공유도 불가능한 사람들이 가난해지며 네트워크를 가진 집단은 더욱 거대해지고 부유해진다.

카스텔은 인터넷 자체가 불평등한 매체라고 보았다. 그는 1998~2000년의 인터넷 사용률을 조사한 통계를 제시하며 세계 인구의 2.4%만이 인터넷에 접속하고 있고 미국이 그중 26%라고 밝혔다. 미국 안에서도 인터넷 사용자들은 대학졸업자나 상류소득 계층이고, 여성과 최하소득 계층의 인터넷 접속률은 매우 낮았다고 밝혔다.[142] 카스텔이 연구를 진행하던 20년 전에 비해 세계적으로 인터넷 보급률은 훨씬 높아졌으나 불균형은 여전하다. 2016년 세계 인터넷 사용자는 세계 인구의 47%이다. 그중 선진국은 81%, 개발도상국은 40%를 차지한다. 대륙별로 보면 유럽이 약 80%로 가장 높고, 아프리카가 25%로 가장 낮다.

카스텔은 네트워크에서 파생되는 문화의 가치가 높아지면서 네트워크에 포함된 행위자와 조직이 전 세계적으로 네트워크에 포함되지 않는 인간 집단이나 개인을 지배하는 '네트워킹 권력', '네트워크 권력', '네트워크화된 권력', '네트워크를 구축하는 권력'을 장악하기 위한 쟁투가 일어난다고 보았다. 이를 따르면, 지난 20년간 네트워크를 놓고 벌인 권력다툼에서 기득권을 갖고 있던 선진국과 거대기업이 승리한 것이다.

한국도 승자에 속한다. 아카마이Akamai에서 낸 2016~2017 자료에 의하면 한국의 인터넷 속도는 세계 최고이다. 국내 자료들에 의하면 2017년 한국은 가구당 인터넷 보급률 약 88%, 가구당 컴퓨터 보급률 약 75%, 인터넷 사용자 수는 전체 인구의 약 90%인 4,500만 명에 이를 정도로 인터넷 강국이다.[143] 한국 안에서도 여러 업체가 등장하고 사라졌지만 몇몇 업체는 거대기업으로 성장하여 국내 네트워크를 장악했다.

지식과 기술이 희소하고 독점적일 때 더 큰 부를 독점할 수 있으므로 이를 장악하기 위한 경쟁은 미래사회에서 필수적인 과정이 된다. 토플러는 『권력이동』에서 전자 네트워크를 따라 '전자고속도로'를 놓으려는 권력의 경쟁은 윤리적 판단보다 서열에서 뒤처지지 않으려는 욕구에서 비롯된다고 보았다. 그리고 그 예로 다음과 같이[144] '전화'라는 기술이 보급되는 과정을 제시한다.

> *통신이 가져다주는 이익은-모스의 전보이건, 벨의 전화이건 혹은 오늘날의 고속데이터 네트워크이건-상대적인 것이다. 이런 것이 없다면 모든 경쟁업체들이, 말하자면 동일한 신경전달 속도로 운영될 것이다. 그*

러나 어떤 회사는 보유하고 어떤 회사는 보유하지 못하는 경우에는 경쟁무대가 크게 한쪽으로 기울게 된다. 이 때문에 회사들은 서둘러 벨의 새 발명품을 채택했다.

토플러가 『권력이동』을 쓴 1980년대 후반은 네트워크와 전기통신 시스템이 활발하게 발전될 때였다. 당시 전화기에 몰렸던 경쟁은 오늘날 생명기술, 인공지능, 로봇 생산에 모이고 있다. 지식과 기술의 경쟁은 대개 확산시킬 인프라를 가진, 선구자의 승리로 끝이 난다. 지식과 부에 영향을 끼칠 의사결정에 참여하는 것은 네트워크와 지식, 부를 가진 소수이기 때문에 이미 가진 자들의 승자독식은 반복된다.

네트워크를 따라 부가 창출되는 과정은 이러하다. 네트워크가 자동화될수록 네트워크 이면의, 네트워크를 둘러싼 의사결정은 눈에 잘 보이지 않으며 소수의 사람만이 자동화 안에 숨겨진 의사결정을 볼 수 있다. 네트워크에서 책임 있는 자들은 자진해서 밝혀주지 않고, 근로자들은 새 직업과 조직에 적응하기 위해 학습·비학습·재학습의 사이클에 빠지게 되면서 대부분의 인간은 자동화된 정보, 네트워크에 더욱 의존하게 된다.[145] 네트워크가 지식을 생성하고 분배하는 통로가 될수록 네트워크를 통한 이윤을 창출하려는 구조는 강력해지고, 기존에 네트워크를 가진 개인 또는 집단이 부를 선점하거나 지속하게 된다.

오늘날 네트워크에서 생산자와 소비자가 모여 상호작용하는 '플랫폼' platform은 부를 선점해가고 있다. 플랫폼은 네트워크에서 관계가 형성되는 관문이자 장으로서 플랫폼을 통해 형성된 관계는 가상공간, 현실공간을 넘나든다. 플랫폼으로는 소비자와 판매자가 만나는 아마존·우버택시·에어비앤비·구글·네이버, 공동의 목표를 위해 만나는 위키피디아, 일정 상품이나 프로그램을 사용하기 위해 들어가는 안드로이드·아이튠즈, 가상공간에서의 참여와 관계를 만들어주는 트위터·페이스북 등이 있다.

대표적인 교육 플랫폼인 '구글 클라우드 플랫폼' Google Cloud Flatform, GCF은 미국 초중등학교의 60% 정도가 활용하고 있으며, 여러 나라와 기업에서 활용되고 있다. 한국 정부는 미래교육을 위해 2018년부터 '지능형 학습분석 플랫폼'을 구축해 나가고 있다. 이런 플랫폼에서 '개인과 개인', '개인과 기업' 국가, '기업과 국가'가 만나 영리·비영리적 활동을 하게 됨으로써 직접적·부가적으로 부를 창출하게 된다.

슈밥은 구매자와 판매자를 연결하는 네트워크를 창출할 수 있는 소수 플랫폼에 가치와 힘이 집중됨에 따라 불평등이 발생한다고 보았다. 그는 이것을 '플랫폼 효과'라고 불렀다.[146] 예를 들어, 한국에서 독점적 지위에 있는 네이버에 한 업체가 광고를 싣는다면 네이버가 편집한 화면을 만나는 소비자는 그 광고를 통해 경제활동을 할 확률이 높고, 그럼으로써 네이버는 더 많은 수입을

올리게 된다. 다른 예로, 트위터가 모바일방송 기술업계에서 유망하던 '페리스코프'와 '미어캣' 중 페리스코프를 인수하며 미어캣과의 연동을 중단하자, 독보적인 기술을 가진 유망한 업체로 보였던 미어캣은 그 기술을 연동할 플랫폼을 잃게 되어 결국 문을 닫았다. 네이버와 트위터의 사례에서 보듯, 플랫폼은 수익을 창출하고 여론을 형성하며 그 영향력을 강화해 가지만 그 영향력을 제어하기는 힘들다. 또 어떤 플랫폼이 불의한 의도를 가지고 있는지 판별하기 어렵다.

선점되거나 거대한 네트워크는 의도적이든 비의도적이든 간에 후발주자 또는 작은 플랫폼을 쉽게 잠식하여 공유지로 보이는 가상공간에서 부의 불평등을 만든다. 승자독점적 구조를 가진 미래기술이 고착되는 양극화를 벗어나기 위해서는 늦게라도 경쟁에 뛰어들거나 앞서간 지식과 기술을 뺏고, 해킹하고, 갈취하며, 복사한다. 미래사회로 갈수록 지식과 기술의 소유를 둘러싼 이러한 갈등은 심화된다.

네트워크로 인해 생기는 불평등과 갈등은 네트워크 안의 개방과 평등을 강조하고, 공동혁신에 대한 개방성과 기회를 보장함으로써 균형을 만들어 갈 수 있지만, 우위를 점하려는 이기심으로 애초에 출발점이 달랐던 지식과 기술의 우열은 쉽게 좁혀지지 않고 자본과 부의 양극화로 이어진다. 그리고 획득된 부와 자본은 다시 인간수명과 인간능력의 양극화로 이어진다. 질병과 건

강, 외모에 관련된 유전자가 모두 밝혀지고 맞춤형 인간 생산이 가능해진다면, 그럴 수 있는 지식과 부를 가진 그리고 그러고 싶은 윤리관을 가진 인간은 인간의 수명을 어떠한 형태로든 늘리는 데 찬성하고 태어날 자녀의 유전자를 조작하며, 보다 월등하고 우월하다 여겨지는 증강인간 혹은 초인간으로의 변이를 진화로 받아들인다.

2016년 한국에 온 지젝은 플라톤 아카데미 강연에서 "인간이 기계와 합쳐져 거대한 존재가 되는 것과 단순히 그저 기계로 남는 것 중 무엇이 더 나은 것인지 모르겠지만, 인간 중 극소수는 기계가 되어버린 인간들을 조종하는 역할을 맡게 될 것"이라고 보았다.[147] 그러면서 컴퓨터 알고리즘은 권력에 흡수되고 몸과 뇌를 설계할 줄 아는 사람은 창조와 파괴의 신의 영역에 입성하고 그렇지 않은 사람은 멸종할 것이라고 주장했다.

부와 기술진보의 가치관을 가진 사람들로부터 시작된 맞춤형 인간, 증강인간의 증가는 그들의 우월성이 증명될수록 사회적 선망으로 자리 잡으며 인간의 보편적인 선택 중 하나로 확산될 것이다. 반면 부와 지식, 기술 어느 것 하나 없이 처음부터 비의도적으로 열등하다고 판별된 유전자를 가진 인간이나 자연적 가치를 선호하는 부모로부터 자연적으로 태어난 인간은 맞춤형 증강인간과의 사회적 삶에서 차별을 받을 수 있다. 증강인간과 초인간의 등장은 새로운 인간계급을 탄생시킬 수 있으며, 이것은 미래의 인류는 자본과 부의 양극화 못지않게 인간계급의 양극화를 겪을 수 있음을 의미한다.

미래사회의 인간끼리의 갈등에는 부를 선점하고 유지하려는 욕망과 경쟁에서 낙오되어 약자나 소수에 속할까 봐 생기는 두려움 그리고 자기 보호의 욕망 등이 들어있다. 욕망과 경쟁만이 인간의 본성이라면 어떠한 노력으로도 불평등의 미래를 막을 수 없을 것이며, 미래의 디스토피아를 막을 수 없을 것이다. 그러나 인간은 전쟁사를 통해 보여준 이기적인 모습만 있는 것이 아니라 동정하고 양보할 수 있는 이타의 면을 갖고 있다. 그래서 미래사회에 인간들이 평화롭게 공존하기 위해서는 인간 간의 공존을 중요한 가치로 여겨야 한다. 이것이 가능하려면 이타심을 이끌어내는 것과, '나'와 '너'가 다르지 않다는 '역지사지' 易地思之의 마음이 필요하다. 자아와 타자를 다르게 구분 짓지 않고, 타자는 가치 없고 열등하며 해로운 존재고 자아는 우월한 존재라고 계급화하는 것이 아니라 모든 인간은 다수이자 소수이며 지금은 아니지만 자신도 소수에 속할 수 있다는 생각을 갖는 것이다.

미래사회의 교육에서는 경쟁보다 협업을 강조하는 문화, 다수결 못지않게 소수의견이 존중되는 풍토, 다양성에 대한 인정을 마련해야 한다. 미래교육은 타자와 자아가 같을 수 있다는 공감의 본성을 끌어내고, 경쟁보다 협업이 좋다는 경험의 기회를 제공해야 한다.

가이아와의 공존

인류는 오랫동안 자연으로부터 생존에 필요한 것들을 얻어왔다. 자연재해로 삶의 터전을 잃거나 생명을 위협당할 때도 자연에 의존하거나 조화를 이루며 살고자 했다.

인류사에서 자연보다 다소 나약했던 인류는 산업혁명을 거치며 발전된 기술력과 축적된 자본을 앞세워 자연과의 관계에서 정복자와 같이 행동하기 시작했다. 경제의 발달이 인간의 삶을 향상시키고 사회 정의를 실현할 수 있는 원동력이 될 수 있다고 믿으며 지구생태계로부터 인간에게 필요한 것들을 파괴적인 방법으로 가져왔다. 집과 공장을 짓고 길을 만들기 위해 삼림을 개간하고, 집을 따뜻하게 하고 기차를 움직이며 공장을 돌리기 위해 화석연료를 캐냈다. 물, 자원, 물건을 빠르고 쉽게 생산하고 유통하기 위해 각종 교통·상하수도·하수처리 시스템을 만들고, 풍부한 식량을 지속적으로 공급받기 위해 농토와 목장을 확장하고 하천과 해안을 정비했다. 모든 산업을 움직이게 할 에너지원을 생산하기 위해 발전소를 세웠다. 이렇게 인간은 많은 물질을 이동시키고 만들었으며 사용하고 버리는 과정을 반복해왔고, 이 모든 것을 문명의 진화로 받아들였다.

자연은 인간의 법칙이 아닌 자연만의 법칙, 열역학 법칙을 따른다. 열역학 제1법칙은 우주에 존재하는 에너지의 총량은 형태만 바뀔 뿐 총량은 절대 변하지 않는다는 '에너지보존의 법칙'이고, 열역학 제2법칙은 자연현상은 한 방향으로만 변화하며 반대 방향으로 되돌릴 수 없다는 '엔트로피 증가의 법칙'이다.

에너지보존의 법칙은 미래예측에서 '변하지 않는 것'에 속하고, 엔트로피 증가의 법칙은 '변하는 것'에 속한다.[148] 인간이 진보의 과정에서 자연으로부터 얻어서 만들었다고 여겨지는 물질 그리고 그 물질로부터 만들어내는 제품들은 무無에서 유有로 창조된 것이 아니라 에너지보존의 법칙에 따라 다른 형태로 변환된 것이다.

인간의 경제활동들을 엔트로피 증가의 법칙으로 보면 시간의 화살 속에서 다시는 처음의 가용 가능한 자원으로 되돌릴 수 없다는 것을 의미한다. 나무를 태워 집을 따뜻하게 하면 나무가 열로 변환되고, 그 과정에서 이산화탄소와 이산화항 등 기체 형태로 대기에 분산되는데, 대기에 흩어진 기체와 열을 모아 다시 나무로 돌이킬 수 없는 것이다.

리프킨은 엔트로피가 높아져 무용해진 에너지를 '오염',[149] 러브룩은 '배설'[150]이라 불렀다. 이용 가능한 형태에서 이용 불가능한 형태로, 생물에서 무생물로, 탄생에서 죽음의 방향으로만 변한다는 냉혹한 자연의 법칙에 인간의 삶도 예외일 수 없다.

러브룩은 인간이 자연생태계에 해악의 존재라면 지구생태계는 자신의 생존을 위해 인류를 공격할 수도 있다고 보았는데, 이것을 '가이아 이론'이라 불렀다. 가이아 이론으로 인간의 경제활동을 보면, 인간이 하는 모든 행위는 엔트로피를 증가시키는 것이며 인간은 자연에 배설하고 자연을 오염시킴으로써 생존해왔다는 사실을 지각하게 된다.

산업혁명 이후 인간이 만들어내는 방사능물질과 이산화탄소, 플라스틱, 콘크리트, 음식물쓰레기 등은 지구환경에 심각한 변화를 초래하고 있다. 1950년 이후 산소가 사라져 생명체가 살 수 없는 죽음의 바다가 네 배 늘었다는 연구결과[151]가 있었다. 전 세계 대부분의 나라에서 쓰는 수돗물에서 플라스틱 성분이 검출되고 있는데, 이는 매년 3억 톤의 플라스틱을 생산하고 그중 80%의 플라스틱이 버려지면서 발생한 일로 추정되고 있다. 버려진 플라스틱은 미세플라스틱으로 분해되고 먹이사슬을 따라 인간에게 축적되고 있다.[152]

이렇게 가이아에 끼친 해악의 결과로 인간은 가이아가 내민 '엔트로피 청구서'[153]를 받고 있다. 2017년 한 해 미국에서 자연재해로 약 330조의 피해가 발생한 것으로 추산되고 있는데, 이러한 자연재해는 지구온난화와 기후변화에서 기인했다고 예측된다.[154] 인류는 지구를 인간이 버리는 쓰레기들과 파괴하는 환경으로 엔트로피 세상, '인류세' 人類世, anthropocene로 이동시키고 있다. 엔트로피 세상과 인류세가 지속된다면 인류는 더이상 감당하기 어려운, 살기 힘든 지구의 시대를 맞이할 것이다. 인류의 생존은 가이아의 안녕과 밀접하기에 인류의 지속을 위해서라도 가이아의 안녕을 살펴야 한다.

가이아의 건강은 '생태발자국' ecological footprint, '물발자국' water footprint 지수와 '탄소발자국' carbon footprint 지수로 측정될 수 있다. 생태발자국은 인간이 소비하고 있는 자원을 생산하는 데 필요한 자원의 양을 폐기하는 데 드는 자원과 비교하여 토지로 환산하여 나타낸 것이다. 물발자국은 생산과정에서 직·간접적으로 사용된 물의 양을 나타낸 것이고, 탄소발자국은 필요한 자원이 발생시키는 온실 기체의 양으로 환산하여 나타낸 것이다.

가이아가 안정적으로 건강을 유지하는 데 필요한 생태발자국 지수는 1인당 1.8ha 이하로, 이보다 수치가 높을수록 환경오염이 심각하다는 뜻으로 풀이된다. 탄소발자국의 경우도 수치가 높을수록 오염이 심각하다는 의미로 해석되는데, 한 사람이 종이컵 대신 개인 컵을 사용하면 1년에 이산화탄소를 3.5kg 줄일 수 있고 나무의 이산화탄소 호흡작용을 고려하면 1년에 나무 반 그루를 심는 효과가 있다는 것을 수치로 환산한 것이다. 물발자국으로 보면 달걀 한 개에 200L, 돼지고기 1kg에 4,800L의 물이 필요한데 사용할 수 있는 담수의 양이 적은 물부족 국가일수록 지역의 물건과 음식을 사용하는 것이 물발자국을 줄여 가이아뿐 아니라 인간의 삶도 지속가능하도록 도울 수 있다.

인간의 삶에서 교통, 전기, 냉난방, 일회용 물건, 먹고 씻고 입는 모든 의식주 활동은 생태적인 발자국을 남긴다. 이런 지수를 살펴보면 고소득집단이 저소득집단보다 더 많이 사용하고 있다.[155] 자본과 부가 더 많이 축적된 개인 혹은 집단이 더 적극적으로 소유하고 소비하기 때문이다.

낭비와 무절제를 부추기는 미디어도 이런 지수에 악영향을 준다. 한국에서는 먹방음식을 먹거나 만드는 과정을 보는 리얼리티 프로그램에 등장한 음식이 품귀를 겪고, 어느 유명인이 어떤 옷을 입었는지가 높은 조회수를 기록한다. 미디어들이 양산해내는 소비문화는 의식주 활동의 이유나 결과보다 행위에 집중하며 낭비와 무절제를 선망하게 만든다.

칼슨은 『침묵의 봄』에서 식량생산 증대를 위해 사용한 화학살충제DDT가 생태계의 먹이사슬을 따라 인간에게 축적되고, 이 때문에 생태계에 내성이 생겨 더 센 화학약품을 필요로 하는 악순환에 빠질 수 있다고 말한다. 리프킨은 『육식의 종말』에서 육식의 선호와 잉여의 식문화가 인간에게 위해를 가할 수 있는 과정을 다음[156]과 같이 설명한다.

> *더 많은 고기를 안정적으로 확보하기 위해 축산단지를 건설하고, 가축을 먹이기 위해 열대우림을 불태우고 그 자리에 사료를 재배하고, 빠른 시간 내에 많은 사료와 고기를 얻기 위해 호르몬 주입, 항생제 복용, 살충제 살포, GMO 조작이 일어난다. 가축들은 날마다 대규모의 사료를 먹고 메탄가스를 분출하고 물을 마시며 오염된 토양과 담수, 대기를 만들어낸다. 식물과 동물이 원형으로부터 멀어져 키워지고, 생명체였음을 잊을 정도로 가지런히 정제되어 유통되면 육식문화를 자극하고 선망케 하는 매스미디어를 날마다 접한 인간은 오염된 토양과 담수에 대한 불안감에도 고기를 사고 요리하고 소비하고 음식물 쓰레기를 만들어낸다. 해체된 고기와 버려진 쓰레기는 지구의 땅과 담수를 다시 오염시키고, 오염된 지구생태계는 인간을 위협한다.*

미래사회에서 인간이 자본과 부를 축적하고 소유와 소비를 갈망할수록 엔트로피 청구서는 계속 쌓이고, 생태발자국은 더 커진다. 어느 인간도 가이아에 해악을 끼치지 않고는 살아갈 수 없지만, 가이아도 인간도 함께 지속가능한 상태-공존할 수 있는 방안을 찾아야 한다. 특히 먹는 행위는 생존을 위한 최소한의 일이기 때문에 자본과 부의 불균형이나 인간의 욕망과도 다소의 간극을 두어 설명될 수 있지만 모든 인류가 날마다 반복하는 필수불가결한 활동이기에 공동의 행위이자 책임으로 봐야 한다.

세계를 보는 인식이 기계론적 패러다임에서 생태론적 패러다임으로 전환되는 것만으로 자연과의 공존을 지속하기에는 부족하다. 개인, 집단, 도시가 저지르는 가이아에 대한 파괴행위는 나비효과처럼 세계 속의 누군가의 삶이나 가이아의 어느 생물종의 종말로 이어질 수 있음을 상기해야 한다.

지글러는 아프리카 53개국 중 37개의 농업국가가 장시간 노동과 기아에 허덕이면서도 농산품을 과잉생산해 주는 덕에 유럽인들이 농산물을 값싸게 먹을 수 있다는 예를 들어 값싼 음식을 누리는 것은 그 이면에 이윤을 챙기려는 국제적 규모의 기업과 파괴되는 지구, 굶어가는 아이들이 있음을 알아야 한다고 말한다.[157] 드러커는 우크라이나에서 일어난 원자력 사고로 스웨덴의 채소, 스코틀랜드의 우유까지 오염되는 것처럼 환경의 문제는 결코 '지역적'일 수 없다고 말한다.[158]

이런 문제들은 평등과 인류애와 같은 부의 분배에 관한 인식을 바탕으로 생태적인 삶을 공동의 윤리와 약속으로 정해놓고, 개인이나 일부 집단에 국한되기보다 국경을 넘어선 공동행동으로 나타날 때 해결 가능할 것이다.

미래사회에서도 자본과 부를 축적하려는 인간의 욕망은 인류의 지속가능을 위협할 정도로 가이아를 파괴할 수 있다. 자본주의 시대가 도래한 이후 지구생태계에 대한 본격적인 착취는 이에 앞장선 국가에 자본과 부가 집중되게 했으며, 더 많은 물건을 생산하고 소유하고 소비·낭비하는 생활을 가능케 했다. 인간의 삶이 편리하고 풍요로워질수록 지구생태계는 급속도로 악화됐다. 인간의 욕망이 향하는 방향이 달라지지 않는 한, 미래사회의 기술진보는 자연과의 공존을 더욱 위태롭게 할 뿐이다. 인간도 지구생태계의 일원이기 때문에 지구생태계의 소멸은 인류의 자멸을 의미한다. 그러므로 미래사회에서의 인류의 지속과 번영을 위해 자연과의 공존을 고민해야 한다.

자연과의 공존은 소비와 경제활동에 대해 생각을 전환하고 자연생태계의 안녕을 가져올 실천과, 개인의 노력보다 공동의 약속과 행동으로 가능해질 것이다. 미래교육은 인간의 경제활동과 인류의 존속이 어떻게 연결되어 있으며 자연과의 공존을 위해 어떤 실천이 가능한지 생각하고 경험하는 기회를 제공해야 한다.

나비축제의 나비는 괜찮을까?

페르민 성자를 기리는 스페인의 소축제는 매년 100만 명이 넘는 관광객이 찾는 세계적인 축제다. 이 축제장에서 소는 관중들이 보는 앞에서 흥분되어지고 투우사에게 공격받아 죽는다. 투우사들은 지역의 '투우학교'를 통해 배출되며, 소축제는 200년이 넘는 역사를 지녔으니 지역의 문화로 인정하고 즐기면 된다는 의견이 많다. 하지만 소를 놀리다 죽이는 것에 대해 동물학대라는 비판은 해를 거듭할수록 거세지고 있다.
한국의 동물축제들은 다른 지방과의 차별성을 높이고 관광수입을 얻으려는 현대 지방자치의 산물이다. 나비-고래-산천어-소-대하 등 많은 축제의 장에서 동물들은 안녕한가?
동물축제에서 동물들은 인간의 놀잇감에 불과해 보인다. 예를 들면, 함평 나비축제에 동원되는 나비와 곤충들은 실제 한국에서 자생하는 종이 아니기 때문에, 축제가 끝나면 생태계 교란을 방지하기 위해 전부 폐기된다. 축제장이나 동물원에 마련된, 동물을 만질 수 있는 전시시설(Petting Zoo)은 인간이 동물과 교감하려고 만들었으나 이런 시설 속의 동물들은 스트레스로 죽어간다. 돈을 내고 동물을 만지고 먹이를 주거나 잡아먹는 과정을 즐긴 어린이들은 동물을 장난감처럼 유희의 대상으로 여겨도 좋다는 교육을 받고 있는 것은 아닐까? 어차피 다른 동물을 죽이고 먹어야 삶을 영위할 수 있는 인간에게 동물과 함께 살아간다는 의미를 어떻게 교육할 수 있을까?

자본과 부의 나눔

경제활동은 인간의 타고난 행위다. 자본과 부는 경제활동의 결과로써 인간의 삶을 편리하고 풍요롭게 만들어주기도 하지만, 동시에 경제활동의 원천으로서 인간의 삶을 불평등한 위계에 놓이게도 한다. 미래사회는 상업적인 부가 팽배하여 자연은 초토화되고, 극도의 부유함을 누리는 일부 계층과 부로부터 소외된 빈곤계층이 극도로 갈등하는 세상이다.[159]

자본주의 사회에서 부의 불균형은 자연스러운 사회현상으로 받아들여져 왔다. 인간이 경제적 이익을 추구하는 '경제적 동물'이라는 공리주의 정서와 성별이나 신체능력과 같은 태생적 차이에 따른 부의 차등은 당연하다는 자연적 불평등을 받아들였기 때문이다. 자유에 입각한 공리주의로 보면 가난은 개인 능력의 부족이며, 자연적 불평등에 따르면 그것은 운명이다.

2차 세계대전 이후 자본주의가 발달하면서 부의 불균형이 커졌으며, 21세기에 들어서도 줄어들지 않고 있다. 자본주의가 발달할수록 한 국가 안은 물론 서로 다른 국가 간에 더 심각한 불균형 상태로 진화해 왔다.[160]

부의 불균형은 '낙수효과', '마태효과', '선호적 연결법칙', '세습'으로 만들어지고, 이런 법칙들은 '부익부 빈익빈'을 심화시킨다. 소득층의 소득증대가 투자확대로 이어져 저소득층의 소득도 증가시킬 거라는 낙수효과는 소득격차를 넓힐 뿐이다. 그러나 거대기업과 최상위 부자들이 부를 유지할 때, 그와 관련된, 그 안에서 일하는 사람들의 소득이 유지될 것이라고 믿기 때문에 부의 격차는 줄어들지 않는다. 거대한 부를 가질수록 매스미디어를 동원하여 더 많은 호감을 끌어올릴 수 있고, 더 많은 호감을 가진 상품이 더 쉽게 팔린다는 선호적 연결법칙에 따라 사람들은 잘 모르는 물건보다 널리 알려지고 많이 팔린 상품을 대체로 선택한다. 결국 상속과 독점으로 시초부터 축적된 부를 세습한 개인이나 집단은 노동을 통해 새롭게 부를 축적해가는 개인이나 집단보다 더 쉽게 부를 유지하고 더 빨리 거대화할 수 있다.

부의 불균형은 사회적 현상에 그치지 않고 '소유'와 '소비'에 근간을 둔 자본주의의 특성으로 인해 미래사회에서 해결해야 할 과제, 인간과 사회의 '불평등'의 가장 큰 원인으로 작용한다.

경제불평등은 교육불평등으로 이어진다. 스티글리츠는 미국 명문대학교 재학생 중 9%만이 하위계층 출신이고 74%의 재학생은 미국 상위 25%의 계층에 속한다는 예를 들어 기회균등이 이뤄지고 있다는 신화에 빠져있을 뿐 실제로는 취학 전부터 부모의 소득에 따라 교육불평등에 빠진다고 보았다.[161] 그는 불평등이 문제가 되는 것은 기득권 세력이 부를 유지하면서 계층이동을 어렵게 하며 국가의 정체성을 훼손하고 경제를 약화시켜 민주주의를 위태롭게 하기 때문으로 보았다.

불평등은 불행감을 주며 신뢰와 같은 사회적 자본을 약화시켜 사회적 결속을 무너뜨릴 수 있다. 불평등한 사회적 역할과 지위는 갈등과 혁명을 불러일으키며 인간 간의 공존을 어렵게 하고 나아가 인류의 지속가능도 담보하지 못하게 한다. 반면 낮은 불평등은 사회적 합의를 보다 쉽게 도출시킬 수 있고, 개방적이고 투명한 사회를 만들기 쉬우며, 창조적인 학습사회와 민주사회로 나아갈 수 있게 한다.[162] 불평등한 사회보다 덜 불평등한 사회 속에서 교육에 대한 믿음과 인간 간의 평화로운 공존이 더 쉽게 일어날 수 있다.

부는 축적할 수 있는 '소유'로 시작된다. 그래서 '소유'는 자본주의의 시작이자 근간이다. 봉건체제가 무너지면서 일부 계층의 소유가 아닌 다수의 소유권이 보장되고, 민주주의의 발달로 개인의 자유와 선택이 중요해졌으며 영국의 산업혁명 이후 대량생산으로 물질이 보다 풍요로워지면서 자본주의는 발달했다. 사적 소유는 자본주의 사회를, 공적 당국에 의한 소유는 사회주의 사회를 이루었다.[163]

루소는 『인간 불평등 기원론』에서 이런 '소유'를 인간 불평등의 원인이자 해악으로 규정지었다. 소유하지 못한 불행감이 소유했을 때의 행복감보다 훨씬 가혹하기 때문에 인간은 소유에 집착하게 되고, 소유에서 시작된 불평등은 시간이 지날수록 인간이 만든 사회적 제도에 의해 고착화되면서 부의 대물림을 강화하고 결국 불평등이 더욱 커진다고 보았다. 그는 사회와 법으로 고착되는 불평등을 보며 다음[164]과 같이 말했다.

> *이 사회와 법은 약자에게는 새로운 구속을, 부자에게는 새로운 힘을 부여하여 자연적 자유를 아주 파괴해버리고 소유와 불평등의 법칙을 영구히 고착화시켰으며, 교활한 횡령을 확정적 권리로 만들어 몇몇 야심가를 위해 인류 전체를 노동과 굴레와 비참에 예속시켰다.*

2차 산업혁명 시기 이후 대중의 '소유'는 대량의 '생산'으로 인해 경쟁적인 소유 상태에 들어서게 되었고, 그 결과 '소비'가 중요해지기 시작했다. 20세기 초까지도 소비는 부정적인 의미였지만 1920년대 현대적 광고의 출현 이후 성공의 상징으로 여겨지면서 사회적 열망의 대상이 됐다. 그래서 부를 쌓을수록 소비도 늘어갔다.

그런데 어느 순간부터 부와 소비가 늘었음에도 더이상 행복감이 높아지지 않고 소유와 소비는 낭비와 소비 중독으로 변질되며 소유물이 인간을 지배하는 상황으로 악화된다. 소비의 대상은 예술에서 전쟁물품까지 대상을 가리지 않는다. 또한 가치를 공유하고 만들어 갈 수 있는 예술과 문화를 단지 오락거리로 만들어버리고 상품으로 팔아버림으로써 인간이 함께 모여 체험하고 공유하는 문화를 만들 기회를 상실시킨다.

리프킨은 전쟁 준비를 위해 군사장비를 소유하는 것은 '후손이 쓸 쟁기로 칼을 만드는 꼴'이며 지구생태계에 엔트로피를 증가시키는 가장 파멸적인 소비로 보았다.[165]

소비의 대상은 교육도 예외가 아니다. 사교육뿐 아니라 공교육도 소비의 대상이 되며, 학생과 학부모는 교육활동에 있어 값을 매기고 등가교환하려 한다. 우치타 타츠루는 『하류지향』에서 학생이 소비주체로서 교육서비스를 판단하고 이를 소비하는 현실을 다음[166]과 같이 표현한다.

> *50분 수업을 조용히 참으며 듣는 일은 아이들에게는 '고역'이다. 그들은 이 고역이 주는 '불쾌함'을 화폐로 바꾸어 교사가 제공하는 교육서비스와 등가교환을 하려고 한다. …… 아이들은 당연히 교실에서 익숙한 '흥정'을 벌이게 된다. 불쾌함이라는 화폐를 교육상품과 최고의 교환율로 교환하려고 한다. 가령 50분 수업을 듣는 불쾌함이라는 대가에 비해 거기서 제시되는 교육서비스의 질이나 양의 값어치가 '적절하지 않다'는 판단이 들면 '값을 깎으려 한다'. 그러니까 그 수업의 가치*

가 '10분간의 집중'과 등가라는 판단이 서면 50분 수업 중 10분 정도는 교사에게 시선을 주고 강의 내용을 공책에 적는다. 그리고 나머지 40분간은 교육서비스에 대한 대가를 지불하지 않아도 좋으니, 옆의 짝과 속닥거리거나 게임을 하거나 만화책을 읽거나 이리저리 돌아다니거나 잠을 자거나, 본인이 '불쾌하지 않다'고 간주하는 행위로 충당한다. …… 일단 이 수업은 10분 정도 집중할 가치밖에 없다고 판단했으면 나머지 40분은 수업을 듣지 않는 데 전력을 기울여야 한다.

소비의 가장 큰 문제는, 소비가 필요를 충족하기 위해서가 아닌 자기 동일시로 일어난다는 데 있다. 쇼핑중독에 빠질 만큼 소비에 집중하는 소비자들은 선택권이 많아 보이는 부자들과 자신을 비교하여 많은 상품을 소유함으로써 자신의 욕망을 만족시키려 한다.

그러나 욕망은 계속 이동하고 만족감은 즉시적이라 결국 자기 정체성과 관련된 주관적 경험 안에서 만족과 쾌락을 얻을 수 없다. 그러나 소유하지 못하면 아무것도 아닌 존재로 여겨질 만큼 물질과 존재를 합치시켜 보게 된다.[167]

자본주의 사회에서 인간은 소비를 미덕으로 여기며 자기정체성과 동일시된 상품을 선택하고 소유할 자유를 누리는 데 몰두한다. 그러면서 물질이 아닌 인간, 약자에 대한 긍휼함에 둔감하게 되고 이웃을 존재가 아닌 물질로만 측정하게 된다. 그 자신도 끊임없이 자기정체성으로 보이는 상품을 찾아 떠돌며 아무것도 제대로 선택할 수 없는 삶을 살게 된다.

다음의 표를 보면, 불평등은 시대를 불문하고 존재해왔지만 그 사회와 국가, 구성원의 인식과 노력으로 불평등의 강도를 달리해 왔다. 그렇다면 미래사회에도 자본과 부를 축적하고자 하는 인간의 욕망 때문에 불평등이 지속되겠지만 지금의 선택에 따라 늦추거나 줄일 수 있다. 개인의 소유와 남들과 경쟁하는 소비에 치중된 경제 형태에서 자본과 부를 이웃과 공유하고 타인과 협력하는 공유경제의 형태로 변하는 것은 불평등의 강도를 낮출 수 있다.

시대별·지역별 총소득의 불평등

서로 다른 집단들이 총소득에서 차지하는 비율	상위 10%(상류층)		중간 40% (중산층)	하위 50% (하류층)	종합적 불평등 지수 (지니계수)	지역 및 시대	한국
	상위 1% (지배층)	다음 9% (부유층)					
낮은 불평등	7	18	45	30	0.26	스칸디나비아 1970~1980년대	
중간 정도의 불평등	10	25	40	25	0.36	유럽 2010년	*
높은 불평등	20	30	30	20	0.49	미국 2010년 유럽 1910년	
매우 높은 불평등	25	35	25	15	0.58	미국 2030년	

* 0, 완전평등 < 지니계수 < 1, 완전불평등
* 출처: 피케티의 표(Piketty, 2013/ 장경덕·유엔제이 공역, 2014: 300) 재구성

공유경제를 바탕으로 한 미래사회는 공유사회, 관계경제사회로 불린다. 이 사회는 분산과 협력, P2P가 특징이다. 커뮤니케이션, 에너지, 물류가 결합한 사물인터넷이 상호 연결되어 있으며, 수직적이 아니라 수평적으로 규모를 확대하는 금융자본보다는 사회적 자본을 더 필요로 한다. 아울러 엄격한 자본주의 시장 메커니즘이 아니라 공유사회 관리방식으로 움직인다.

최윤식은 미래사회로 진행될수록 부가 이동될 수 있는 새로운 기회가 공유경제sharing economy를 통해 만들어지며, 공유기반의 경제시스템이 인류 전체의 경제시스템을 긍정적으로 발전시킬 것으로 본다.[168] 아탈리는 '세계공동재산'과 같이 공공자원을 부로 성장시키거나 '공동복지기금'을 공동체의 구성원들에게 지급함으로써 공유의 패러다임을 만들 수 있다고 본다.[169]

관계에 기반을 둔 공유 중심의 경제문화가 확장된다면 지금까지의 시장경제를 종식시키고 새로운 경제 패러다임을 만들 수 있다. 실제로 공유와 협력에 기반을 둔 경제로 변화하려는 흐름은 벌써 시작됐다. 젊은 계층은 현실의 자본주의 시장에서보다 가상공간에서의 경제행위를 더 많이 공유한다. 그리고 숙박을 공유하는 'Couchsurfing', 자전거를 공유하는 'Vélib', 차량을 공유하는 'Autolib', 의류를 재활용하는 'Thred UP'처럼 물건을 구매하지 않고 공유하거나 대여하거나 값싸게 재활용하는 협력적 소비형태를 경험하고 있다. 이런 협력적 소비에 기반한 공유경제는 나와 너 모두의 이익을 위해 무상 혹은 저가로 가상과 현실을 오가는 사회공동체governance의 형태로 이루어진다. 또한 소비자와 생산자를 구분하던 종래의 경제거래와 달리 개인을 소비자이자 생산자로 본다.

미래사회의 첨단기술과 초연결성은 '공유경제'의 거버넌스를 쉽게 구축할 수 있게 해준다. 공유와 협력에 기반한 경제흐름이 사회 전반에 퍼진다면 미래사회는 자본주의 사회이면서도 사회주의 경향을 띤 '복지국가'로 발전할 수 있다.

미래사회에서 소비자들은 방대한 지식 속에서 결정의 어려움을 겪겠지만, 더욱 많은 지식 속에서 보다 똑똑한 소비자로서 첨단기술을 활용하여 경제의 주체자로 변하기 위해 소유하는 권리보다는 접근하는 권리 또는 사용하는 권리를 더 선호해야 하며 지구공동체를 생각하는, 환경에 대한 배려가 구매를 결정짓는 기준이 되어야 할 것이다. 진정한 부는 소비해서 엔트로피로 소멸하는 것이 아니라 남아있는 것이며 지속적으로 성장 가능한 것이어야 한다.

공공재가 개인과 집단의 부를 성장시킬 수 있다면, 그 공공재는 사람들이 관계 맺고 살아가는 지역으로부터 출발하여 그 공동체원이 살아가는 공동체에 부로 남겨질 수 있어야 한다. 공동의 부를 만들고 공유하는 과정, 자신이 만든 부를 협력적 소비로 남과 나누는 과정 즉 자본과 부의 나눔 교육을 통해 해악의 불평등을 줄이고 함께 행복한 사회로 나아갈 수 있을 것이다. 미래를 준비하는 교육은 소비와 소유보다 '자본과 부의 나눔'을 고민하고 실천하는 경험을 제공해야 한다.

슬로(Slow) 옷

한국에서 재활용장으로 쏟아지는 의류폐기물은 2016년 기준 하루 약 5톤, 연간 1,800톤 정도다. 옷은 만들고 세탁하는 과정에서 수질 오염을 생산하기도 하지만 폐기물이 되어 소각되거나 땅에 묻을 때 더 심각한 환경파괴를 일으킨다.

패스트 패션은 의류폐기물을 쉽게 양산한다. 자라(Zara), H&M, 유니클로 같은 세계적인 저가 브랜드들은 거의 매주 새로운 옷들을 매장에 걸며 옷의 회전율을 높인다. 나에게 소확행(작지만 확실한 행복)을 준다는 마음은 저가의 옷들을 더 쉽게 사게 한다.

값싸게 얻어지는 옷에는 미성년·비정규 인권 사각 노동자의 눈물이 묻어 있을 수 있다. 우즈베키스탄에서 생산되는 면 가격에는 10세 전후 아이들이, 방글라데시·캄보디아에서 생산된 재봉질한 옷과 비즈 장식에는 하루 10시간이 넘는 노동에도 매우 적은 임금을 받는 노동자들이 있다.

값비싼 명품들도 의류폐기물을 쉽게 양산한다. 루이비통 같은 명품 브랜드들은 브랜드 가치를 보호하기 위해 재고품들을 모두 소각한다. 2017년 약 400억 가량의 의류를 태운 버버리는 환경단체의 반발이 거세자 지속가능을 생각하는 윤리적 기업이 되겠다는 성명을 발표하기도 했다.

다른 한편에선, 한번 산 옷을 오래 입거나 새롭게 고쳐 입자는 슬로 패션이 나타나고 있다. 슬로 패션을 주장하는 사람들은 동물의 털 등을 의류에 사용하지 않고, 환경오염이 덜한 소재 계발이라는 근원적 해결을 촉구하기도 하여 윤리적 소비자로 불린다.

5장

미래를 준비하는 교육

공유하는 연습

knowledge sharing

하나의 지식은 그 하나로 절대적으로 창조된다기보다 사회와 문화, 과학 안의 다른 지식들과 만나 복합적으로 만들어지며 지식이 가진 유동적인 모습 속에는 당시의 사회문화적 맥락이 포함되어 있다. 이런 면에서 미래사회의 지식은 독자적인 경험 혹은 개인의 전유물이 아니라 대중의 공유재公有材, shared resource다. 누구나 이용 가능하며 실제 적용 가능한, 응용할 수 있는 개인 지성의 자원인 동시에 집단 지성의 결과물이다.

인간은 다른 인간과의 상호작용을 통해 이러한 지식과 지식에 담긴 사회문화적 맥락을 깨우치고 문화를 공유하며 학습한다. 공유되는 문화를 배우는 데는 가정교육, 동네 친구들과의 놀이와 같이 비공식적 교육과 학교·학원 등의 체계적인 교육으로 이루어질 수 있다. 학교는 다양한 삶의 배경을 가진 학생들이 모여 있어 사회적 행동방식과 문화를 경험하고 사회적으로 구성되는 지식을 공유할 수 있는 좋은 장소다.

지식은 독자적으로 구별되지 않는다. 개인의 삶은 물론 사회 속에서 공유되고 인식과 판단의 잣대가 되기도 하며 변화를 만들어내기도 또 스스로 변화되기도 한다. 혼자 공부하는 것은 20세기식 사고며 미래사회에서 지식은 함께 만들어가는 자원이라는 점에 익숙해져야 한다는 의견도 있다.[170] 참여지식과 집단지식이 많아질수록 함께 지식을 만들 수 있는 경험 그리고 그런 지식을 활용하는 경험을 할 수 있는 장이 필요하다.

교육의 장에서 타인과 관계를 맺으며 지식의 사회문화적 맥락을 경험할 수 있어야 한다면, 비슷한 연령의 학생들이 함께 모여 배우는 학교는 가정 혹은 지역에 비해 유용한 교육공간이다. 성별과 계급에 상관없이 모든 사람의 교육을 강조한 코메니우스1592~1670는 "학생 상호 간에 모범이 되고 자극을 줄 수 있어 더 좋은 결과와 더 큰 즐거움을 얻을 수 있다"라는 점에서 청소년들이 큰 학급에서 함께 가르침을 받는 것이 더 좋다고 보았다.[171] 학교에서는 공동체의 규칙과 규율이 강조되고, 집단으로 구성되며, 다소의 강제성과 체계성으로 교육활동에 집중할 수 있다.

미국의 교육학자 듀이1859~1952는 인간이 사회적·생물학적·물리적 환경과 상호작용을 함으로써 성장한다고 본다. 인간은 끊임없는 상호작용을 하는 적극적 과정 속에서 문제상황에 부딪히는데, 문제상황들을 해결하고 이를 삶으로 가져옴으로써 성장한다는 것이다. 그래서 그는 학교가 '축소된 사회' miniature community, '배아 사회' embryonic society가 되어야 한다고 주장한다.[172] 그에 의하면 학교는 가정처럼 그 속에서 협동사회적 감각과 공동선의 추구 감각이 길러져야 하고, 학생의 실험과 작업을 권장하고 모든 생활의 장소에서 삶의 방식을 배울 수 있도록 실제적 활동과 수공적 기능을 교과와 관련시켜 제공해야 한다고 보았다. 교육이 곧 삶의 과정이며, 학교가 삶과 유리된 지식의 공간이 아니라 삶의 전형적인 모습을 담아낸, 삶의 공간일 때 진정한 배움이 일어난다는 것이다.

지식을 체화하는 것은 지식공유를 확장시킨다. 교과서를 통한 간접체험은 대규모 집단에서 짧은 시간 동안 효율적으로 지식을 습득하는 데 편리하지만 지식을 체화하는 데 부족한 반면, 소규모 공동체에서의 긴 호흡의 교육활동에서는 학생들이 지식을 공유하고 그 공유된 지식을 체화할 수 있다.

학생들은 자신의 지식을 다른 지식들과 연결하고 적용하는 과정을 책과 같은 간접체험이 아닌 직접적으로 경험할 때 더 잘 배울 수 있다. 교과서가 아이들의 삶과 연관되지 못하는 이유는 교과가 '학생으로서의 삶'을 고려하지 못하는 데 있다.

서근원은 교과서를 만드는 사람들이 학생들의 격차를 고려하지 못하고 분업적으로 담당한 단원만 집필하여 만들기 때문에 교사가 할 일은 교과서에 담긴 명시적 지식을 암묵적 지식으로 바꾸는 것, 즉 교과를 학생의 삶으로 연결시켜 줄 수 있어야 한다고 말한다.[173] 그래서 학생이 교과를 배운다는 것은 다음[174]과 같이 교사의 삶을 공유한다는 것과 같다는 것이다.

> *교과를 공부하는 것은 내가 이 세상의 모든 타자들을 이해하고 더불어 살아가는 것이다. 그렇다면 수업은 그런 삶이 가장 전형적으로 드러나는 상황이어야 한다. 교사는 아이들이 교과의 눈으로 세상을 보게 함과 동시에, 자신이 바로 그 눈으로 아이들을 보고 그들과 더불어 살아가야 한다. 수업은 입으로 말하는 것이 아니라 몸으로 보이는 것이고, 가르치는 것이 아니라 행동하는 것이며, 교사의 전 삶을 함축하여 드러내 보이는 것이다.*

학교의 공동체로서의 기능을 강화하여 지식을 공유하는 교육으로는 '아쉬람' Ashram이 있다. 인도의 정치인 마하트마 간디1869~1948는 자기정화, 비폭력, 무소유의 정신을 실현하고자 자치적이고 자급자족적인 촌락공동체를 구상했는데, 그것이 아쉬람이다.

간디는 교육을 인격을 형성하는 도구로 보고 학교는 아동들의 미래를 위해 정신훈련을 하는 곳이라고 보았다. 그런데 당시 인도에서는 학교교육과 가정교육이 모순되고, 학교에서 이루어지는 교육에서는 모국어보다 영어를 중시했다. 또 시험을 통과하기 위한 교과서 중심의 이론교육에 치우치는 경향을 보였다. 그래서 교사와 학생이 함께 생활함으로써 마치 하나의 가정과 같은 분위기를 만들어 자급자족으로 노동과 학습을 병행하는 기숙사형 학교를 만들게 됐다.

간디는 훌륭한 인격의 소유자란 '자기정화'브라마챠리야, '무소유'아파리그라하, '비폭력'아힘사을 실천하려고 노력하는 사람이라고 보았다. 이 때문에 아쉬람에서 이루어지는 교육은 훌륭한 인격을 가진 사람으로 성장하도록 신에 대한 지식을 쌓고 자아실현을 위해 스스로 노력할 힘을 길러주어야 한다고 보고, 그 방법으로 영혼을 각성시키는 정신의 실습, '심성교육'을 통한 정신훈련을 제시했다. 아쉬람에서의 정신훈련은 학생에게 영향을 끼치는 교사의 인격과 생활, 성격에 그 성패가 달려있으므로, 교사는 영혼의 지도자인 구루Guru가 되어야 한다고 보았다.

간디의 아쉬람에서는 '육체와 영성', '이론과 실천', '학습과 노동', '지역과 학교'를 통합하여 교육을 실시했으며, 아쉬람에서 이루어지는 교육은 자발적인 교육풍토와 구루와의 깊은 교감을 통해 타자와 자아는 물론 자아와 자아의 관계에서의 의사소통에 깊이 영향을 끼침으로써 인간다움을 찾아가도록 돕는다.

추창훈은 지역의 아이들이 지역의 학교에서 공부하고 지역의 공동체원으로 성장하자는 '로컬에듀' 교육운동을 제안한다.[175] 지역인재를 육성하자는 의견들은 성장의 과정에서부터 관계를 맺어 지역인재로 배움을 환원하는 선순환을 지향한다. 실제 세계는 세계적인 것과 지역적인 것이 동시에 극대화되고 있는 양상을 보인다. 글로컬리제이션이라는 신조어의 등장에 한국의 고등교육기관에서는 세계의 인재이자 지역의 인재인 '글로컬' 양성안을 내놓기도 했다. 평생교육시대에 '지역'은 좋은 학습의 장이자 삶의 터로 작용될 수 있다.

하그리브스와 셜리는 『학교교육 제4의 길』에서 오늘날의 학교가 학교혁신을 꿈꾸며 제3의 길에 들어섰으나 중앙집권적 통제, 데이터와 기술에의 집착으로 비뚤어진 열정의 길을 걷고 있다고 지적한다.[176] 그는 학교가 자율성을 살리고 네트워크를 긍정적으로 활용하여 제4의 길로 가야 한다고 주장했는데, 그 방안으로 지역사회 조직화 운동을 제안한다. 그것은 학교가 학부모, 지역과 협력하여 학교를 공동체로 만들어 가겠다는 포부다. 캐나다 온타리오주에서 학생들로부터 제기된 '잘삶'을 위해 필요한 요소를 교육의 목표로 포함시킨 '학교교육 제4의 길'의 실험들은 학업성취면에서도 성공을 거두었다고 평가받고 있다.

'아쉬람', '학교교육 제4의 길', '지역인재'는 지역에 기반한 자치·자율의 소규모 공동체를 바람직한 교육형태로 제안하고 있다. 지역 소규모 공동체는 지역공동체 속으로 관계를 확장하면서도 동일한 구성원과 깊은 관계를 맺는 것을 통해 지식공유를 확산시키고 오래 지속시킬 수 있어 인간정신 및 인간관계, 사회공헌에 있어서 긍정적인 영향을 끼친다.

지식의 공유에 있어서는 교사의 역할이 중요하다. 지식의 공유를 경험하기 위해 교사는 지식전달자로서의 역할을 내려놓고 무형의, 암묵적인, 비정형적인 영향력을 발휘해야 한다. 미래교육의 교사는 지식축적을 위한 지식전달이 아닌, 지식생성을 위한 지식공유에 힘써야 하며 이것은 최대한의 관여를 멈추는 것을 통해 가능하다.

메츠는 『배움의 도』에서 학생들에게 물음을 던져 안다고 생각하는 것을 모두 버리게 도와주는 사람, 학생들을 신뢰하고 혼자 내버려 둘 수 있는 사람으로 슬기로운 교사를 제시한다. 랑시에르 역시 아무것도 가르치지 않는 '무지한 스승'을 통해 진정한 배움이 일어날 수 있다고 제안한다.[177] 스승이 가르치고 학생이 배우는 방법은, 학생의 순수한 배움의 의지가 가르치는 의지에 예속된 '바보 만들기'일 뿐이다. 무지한 스승은 교사의 본질적 행위인 지식을 전달하지만 가르치지 않는다. 그에 의하면 지식을 전달한다는 것은 동시에 정신을 형성하는 것이며 이것은 동일한 것이다. 지식이 분절적으로는 무의미하지만 변화를 일으키는 촉매제 자체일 때 지식으로 본다는 미래학자들의 규정과도 닿아 있다. 교사의 설명은 단순한 전달이 아닌 교과를 깨는 데 있다. 스승은 학생이 스스로 익히도록 때론 강제하며 믿고 기다려야 한다.

지식을 공유하기 위해서는 배움의 관계가 '학생-교사 간'보다 '학생-학생 간' 즉 또래 혹은 동료와 함께 배우도록 해야 한다. 비고츠키는 일상적인 개념은 초등학교 시기에 아래로부터 위로 발달하는데 협력collaboration과 모방을 통해 학습한다고 보았다.[178] 그에 따르면 협력을 통해서는 학생이 독립적으로 할 수 있는 것보다 더 많은 과제 그리고 더 어려운 과제를 해결하는 등 발달의 상위수준으로 자신을 고양시킬 수 있고, 모방을 통해 진전의 가능성을 높인다.

미래사회에서 지식이 수평적으로 확산된다는 것은 학생이 선생님이 될 수도, 선생님이 학생으로부터 배워야 할 수도, 학생이 또래의 선생님이 될 수도, 학생이 또래의 학생이 될 수도 있는 다양한 관계를 가능케 한다. 대개 학생은 교사의 권위 아래에서 순응의 문화를 습득하기 때문에 더욱 적극적인 모방과 협력은 더 편안한 관계에 있는 또래와의 관계에서 더 쉽게 일어난다. 교사와의 배움보다 또래와의 배움이 더 자연스러우며 더 지적으로 충만

할 수 있다.

지식을 공유하는 구체적인 교육방법으로는 '놀이'가 있다. 놀이에는 규범 지키기, 공감적 관계, 유희의 체험이 모두 들어있다. 하위징아는 『호모 루덴스』에서 생산성이 강조되는 시대에 비생산성의 놀이가 실은 문화를 창조할 수 있음을 역사적으로 증명하면서 놀이야말로 인류의 본성이라고 주장한다.[179] 카일와는 『놀이와 인간』에서 놀이의 속성을 모의, 현기증, 경쟁, 우연으로 보고 놀이가 사회를 온전히 반영하는 사회성을 기르는 활동은 아니며, 놀이를 유지하기 위해 규범을 지켜야 하는 제약은 있지만 제약 속에서도 새로운 문화를 탄생시킬 수 있는 가치가 있음을 강조한다.

놀이를 지속하기 위해 제약을 지키면서도 자발적이고 유익한 자유를 누릴 수 있는 놀이의 속성은 새로움을 만드는 '창의'의 관념과 결합하여 지식을 쉽게 공유시킨다. 합의에 의해 유연한 규범을 만들어 갈 수 있는 놀이를 학교교육에서 응용한 예로 '공동체 놀이', '야영활동', '장기 팀 프로젝트', '팀 액션러닝' 등을 들 수 있다. 이것들은 모두 공동체 안에서 놀이의 속성을 강화함으로써 지식의 공유를 배우는 방법이다.

공존을 위해서는 최소한의 양의 정보 공유가 필요하다. 이 때문에 학교는 최소의 정보 제공처 역할을 여전히 수행하지만, 미래사회에서는 공동체 경험의 장이 더 필요하다. 학교는 지식전달과 지식축적에 더이상 매진하지 말고 지식을 체험으로 공유하는 공간이 될 때 미래사회를 더욱 잘 대비할 수 있다.

미래사회에서 지식은 삶과 유리되지 않은 채, 경험을 통해 타자와 공유될 때 인간 성장에 기여한다. 미래교육은 경험과 삶을 공유하는 과정으로 이루어져야 하며 미래학교는 삶을 경험하고 공유할 수 있는 공동생활의 장으로 역할해야 한다.

마을을 통한, 마을에 관한, 마을을 위한 배움

일본은 2004년 '지방교육행정의 조직 및 운영에 관한 법률' 일부를 개정하여 지역주민이 일정한 권한과 책임을 갖고 학교 운영에 참가할 수 있도록 하고 있다. 지역의 요구를 학교 운영에 반영시켜 지역에서 신뢰받는 학교를 만들고 지역 전체를 활성화시키려는 것이다.

마스다 히로야는 『지방소멸』에서 일본의 지방 소도시에 2030 가임기 여성들이 적기 때문에 2040년까지 일본 지자체 중 절반 정도인 896개 자치단체가 소멸 가능성 도시라고 주장했다.[180] 『지방도시 살생부』를 쓴 마강래는 국내의 소도시도 소멸될 위기에 처했으며 2040년 즈음이 되면 국내 지방자치단체 중 30%가 제기능을 발휘하지 못할 거라고 예측한다.[181] 지방, 작은 마을, 우리 동네의 소멸을 이야기하는 사람들은, 그것이 지자체의 문제에 그치지 않고 도시와 국가의 공멸 문제로 이어질 수 있다고 경고한다.

교육부의 적정규모 학교 권고기준에 따라 초등학교의 80% 이상이 통폐합 대상으로 분류되는 화천, 횡성, 영월, 고성 등 소규모 학교의 존폐가 지방의 공생과 맞물려 있는 강원도교육청은 지역에 살고 있는 전문가들을 마을선생님으로 위촉하여 학교교육과정에 흡수시키거나 지역과 함께 학교협동조합을 설립하는 등 마을교육공동체 사업을 해 나가고 있다.

『지방 엄마의 유쾌한 교육혁명』을 쓴 김항심은 내가 살고 있는 곳을 중심으로 보면 서울도 곧 지방으로 볼 수 있다고 말한다.[182] 부모가 자녀교육을 함에 있어 서울에 있는 대학에 보내려는 'in seoul 교육'이 아니라 자녀 스스로 자신의 주인이 되도록 하는 'in soul 교육'을 제안한다. 지방자치를 독려하는 정부의 어떤 대책들도 각자가 자신이 살고 있는 마을에 대한 자긍과 의미를 찾지 못한다면 무용할 것이다.

사색의 시간

career value

근대 이후 '직업을 가진다' 혹은 '일을 한다'는 것은 생계유지와 부의 축적이라는 경제적 의미가 크다. 삶에서 경제적 의미를 부각할수록 삶에서 '일을 위한 시간'과 '여유를 위한 시간'의 구분은 명료해지고, 표준화된 시간 속에서 타인과의 경쟁에서 우위를 차지하거나 더욱 효율적으로 성과를 내고자 '여유를 위한 시간'을 가져다 '일을 위한 시간'으로 사용하며 삶의 상당부분을 직업 시간에 할애해 왔다.

그러나 미래사회에서는 언제 어디서든 일을 할 수 있게 되면서 '일의 시간'과 '여유의 시간'의 경계가 모호해져 '직업을 가진다'라는 것은 '직업을 위한 교육시간을 갖는다'라는 뜻이 된다. 인간의 삶은 '직업의 시간'으로 채워지고, 인공지능과 달리 인간만이 할 수 있는 직업을 찾아다니느라 불안의 시간으로 가속화되며, 직업을 얻기 위한 고전적인 직업교육과 최신 기술을 얻기 위한 계속교육이 이어진다.

20세기 이후 한국 사회를 돌아볼 때, 국가의 경제지표는 점점 높아지고 개인의 삶은 윤택해졌음에도, 사회적으로는 만족감과 행복감보다 불안감과 불행감이 높아졌다. 미래사회에서도 경쟁과 성과를 여전히 강조한다면 인간의 삶은 '교육의 시간'에 잠식당할 수 있으며, 직업을 통해 살아가고자 했던 삶의 방향을 잊은 채 그런 삶을 향해 현재의 삶을 희생하는 아이러니에 빠지게 된다. 그렇다면 어떤 직업을 가질 것인지보다 왜 직업을 갖는 것인지, 나의 직업을 통해 나아갈 방향은 무엇인지 고민해야 한다.

칙센트미하이는 『몰입의 즐거움』에서 삶의 질은 '무슨 일을 하는가'가 아니라 '일을 어떻게 하는가'로 판단되며, 삶의 흐름에 깊숙이 빠져들 줄 아는 사람은 일 자체를 즐거운 경험으로 여기고 의무감이나 필요에 의해서 일을 하는 것이 아니라 외적 보상 없이 그 자체에 목적을 둔 '자기목적성' autotelic 으로 스스로 마음을 통제하며 일과 여유를 함께 즐긴다고 보았다.

진로에 있어 가장 중요한 가치가 '자신이 살고 싶은 삶'으로부터 나와야 한다면, '어떻게 살아가고 싶은가'에 대한 고민이 교육에서 다루어져야 한다. 교육을 담당하는 가정과 학교는 삶을 그 자체로 즐기는 마음, 삶의 행복감과 몰입을 가져올 일을 보고 배울 만한 기회를 제공해야 한다.

『긍정심리학』으로 유명한 셀리그만은 '삶의 의미'를 찾을 때 직업, 사랑, 자녀 양육이라는 삶의 현장에서 진정한 행복과 만족을 누릴 수 있다고 말한다.[183] 셀리그만이 말하는 '삶의 의미'는 누군가와 유대감을 느끼고 타인을 위해 봉사하는 것이다. 그는 자기 자신을 긍정적으로 보며 자신이 가진 강점을 끌어내고 자신의 지식·능력·선을 촉진하는 데 자신의 강점을 활용할 때 '행복한 삶'에서 '의미 있는 삶'으로 나아갈 수 있다고 말한다.

박영숙은 공익에 대한 인식을 직업과 진로에 반영하는 것을 제안한다.[184] 그는 오늘날의 진로에 대한 의식적·무의식적 교육이 부를 축적하기 위한 직업인으로서의 삶을 강조하고, 삶을 생계수단으로서의 생산활동과 생산활동에서의 여독을 풀 보상으로의 여가활동으로 구분한다. 나아가 자신의 삶과 직업의 세계를 분리하는 문제를 갖고 있다고 비판한다. 그러면서 이에 대한 대안으로 직업의 경제적 의미와 삶의 질이 일치하는 '자아실현 경제'의 진로관을 제안한다. 자아실현 경제에서는 남과의 경쟁보다 자신의 관심사에 집중하고 자아실현과 인생의 의미, 일의 즐거움을 파악하는 데 관심을 둔다.

『성공하는 사람들의 7가지 습관』으로 유명한 코비는 미래 지식노동자 시대의 리더란 '자신만의 목소리를 발견하고 다른 사람들 각자의 목소리를 찾도록 도와주는 사람'이라고 했다.[185] 교육은 '직업'을 논하기 전에 '삶'에 대해 먼저 성찰하는 작업을 해 나가야 하며 교사의 역할도 그 가운데서 찾아야 한다. 그런데 학교교육을 받고도 삶과 진로를 잘 찾아가기란 어렵다. 그 이유에 대해 아탈리는 학교에서 "누구든 교육을 통해 자기 자신이 되라고, 자기 인생의 주인이 되라고 가르치지 않아서"라며 비판한다.[186]

직업과 삶에서 행복을 찾지 못하게 된 것에 대해 칙센트미하이는 직업이 빠르게 변화하는 사회현상에도 일정 책임이 있지만, 학교에서 놀이와 공부를 구분하여 가르치는 것이 더 큰 문제라고 보았다.[187] 그는 아이들이 본격적인 교육에 들어서면서 '쓸모 있지만 재미없는 일'과 '쓸모없지만 즐거운 일'을 구분하게 되면서 '일도 놀이도 아닌 행동'으로 청소년기를 보내고, 어른이 되어서도 인생에서 이렇다 할 의미를 발견하지 못한 채 부모가 되어 일에 대한 애매한 모델로 자녀에게 보여지다 보니, 학생들로서는 의미 있는 직업을 보고 배울 만한 기회가 적다는 것이다. 그는 삶의 질을 끌어올리기 위해서는 '주인의식으로 행동하는 것'이 필요하며 그렇지 않다면 그저 꼭두각시처럼 느끼고 살아야 한다고 지적한다. 그는 자본에 의한 소비와 자기만족에 빠지지 않고 '인간적인 창의성'을 발휘하는 존재로 자신을 성장시키기 위해 다음[188]과 같이 '성찰과 휴식의 시간'을 제시한다.

> *성찰과 휴식을 위한 시간을 갖는다. 많은 사람들 중에서도 특히 성공을 하고 책임이 막중한 사람들은 '경쟁사회'를 심각하게 의식하면서 불편해하고 초조해한다. …… 그러나 끊임없는 분주함은 창의성을 위해 좋*

은 처방이 되지 못한다. 하루, 1주일 그리고 1년 중에서 단지 자신의 삶을 평가하고 자신이 여태까지 무엇을 했는지, 앞으로 어떤 일이 남아있는지를 생각해보는 시간을 갖는 것이 중요하다. 그런 시간에는 어떤 일도 하지 않고 어떤 결정도 내리지 말아야 한다. 오로지 묵상 자체를 위해 묵상을 하는 사치에 빠져야 한다. 그러면 알게 모르게 우리의 의식 속에는 새로운 생각과 결론이 수립되고, 그 과정에 개입하지 않을수록 더욱 창의적인 생각과 결론이 나오기 쉽다. 이러한 반성의 시간을 어느 정도의 제한된 주의력을 요구하는 다른 활동과 결합하는 것이 더욱 바람직할 수도 있다.

베르베르는 '어떻게 살아야 하는가'에 대한 질문에 건강한 삶을 위해 해야 할 일은 숨을 잘 쉬고, 잘 자고 그리고 자신이 지구에서 '스스로 하고 있는 일'을 이해하는 것이라고 답한다. 그리고 스스로 하고 있는 일을 이해하기 위해 스스로에게 질문을 던져봐야 하며 다음[189]과 같이 다른 사람을 만족시키기 위한 것이 아니라 순수하게 내가 무엇을 할 때 즐거운지를 생각해보길 제안한다.

우리 삶의 목적은 우리는 왜 태어났으며 그렇기 때문에 무엇을 해야 하는가를 생각하는 것입니다. 제가 생각했을 때 실패한 인생이라는 것은 자기 자신이 아닌 다른 사람들만을 만족시키다가 끝나는 삶입

니다. 어릴 때는 부모님 말만 듣고, 학교에 들어가서는 선생님 만족에 만 따르며, 사회에 나와서는 상사에게 잘 보이려고 하고, 결혼한 후에는 배우자나 아이들에게만 맞춰주는 삶 이런 것이 실패한 삶이라고 생각합니다.

진로교육전문가인 뷔로는 직업을 선택하기 전에 "Where do you see yourself in 2 years and in 5 years?"라는 질문을 스스로에게 던져보라고 말한다. 그리고 이런 '자기문답' self Q&A 으로 자기 마음속에 묻힌 자신에 대한 답을 찾은 후에 직업을 선택하라고 말한다.[190] 베르베르와 뷔로가 말한 생각과 질문들은 부지불식 간의 깨달음이라기보다는 스스로 찾고자 고민하는 시간을 필요로 한다.

아탈리는 『미래의 물결』에서 밀도 있는 '좋은 시간'을 제시한다. 좋은 시간이란 '자기만의 고유한 삶을 사는 시간'이며 긴 호흡으로 자신의 존재 이유를 투영하고 자신의 가치를 스스로 부여할 수 있는 시간이다. 좋은 시간을 갖는 것은 자유롭고 젊게 사는 것을 의미하는 것이지, 상업적인 '이익'을 내는 것을 뜻하지는 않는다. 시간을 밀도 있게 장기적인 계획으로 가져가려면 구매행위와 소비행위에도 자신의 의미, 소명을 내포하고 있어야 한다. 교육의 과정에는 모든 삶의 영역이 포함되어야 하며 교육의 과정이 삶의 활동으로 간주된다면, 교육에서는 학생들이 자신만의 '좋은 시간'

이 무엇인지 생각하고 경험하는 것을 허락해야 한다.

니체는 『우상의 황혼』에서 교육자들이 가져야 하는 세 가지 과제를 제시한다.[191] 보는 법을 배워야 하고, 생각하는 법을 배워야 하며, 말하고 쓰는 법을 배워야 한다고 말이다. 무용이 무용의 형태로 가르쳐지듯 생각하는 법을 배운다는 것은 생각하는 것을 통해 배울 수 있다.

가까운 미래사회에서는 삶의 주체로 서는 데 있어 일상적인 교육에서 벗어나 자신의 삶에 대해 성찰하고 다른 다양한 경험의 기회를 갖는 시간이 도움이 될 것이다.

제도권 안에 있는, 덴마크의 청소년들이 다닐 수 있는 '애프터스콜레' efterskole와 성인 및 외국인도 다닐 수 있는 '평민대학' folkehøjskole, 고등학교 졸업 후 대학을 가기 전 자원봉사 등 다양한 경험을 해보는 영국의 '갭이어' gap year, 중학교 과정을 마치고 고등학교에 진학하기 전 1년간 직업체험을 해볼 수 있는 아일랜드의 '전환학년제' transition year, TY, 고등학교 진학 전에 1년간 다양한 경험을 해볼 수 있는 한국 서울교육청의 '오딧세이학교', 무학년제로 학생 스스로 배울 프로젝트를 선정하고 실현해보는 경기도교육청의 '몽실학교'들, 그리고 제도권 밖에 있는 대안교육과 홈스쿨링을 통해 자신의 삶과 진로에 대해 사색하고 성찰하는 기회를 갖는 것이 중요하다.

이런 경험들은 실패와 되돌아옴을 허용해야 하며, 6-3-3-4제와 같은 국가 주도의 교육제도와 유리되어서는 안 된다. 학생과 학부모들이 높은 기회비용으로 인생을 건 도박이라 여길 만큼 두려워해서는 안 되며, 제도권 안과 밖의 경험들이 수평적으로 이루어지고 다양성의 스펙트럼으로 펼쳐져 학생들이 쉽게 오갈 수 있어야 한다.

먼 미래사회에서 직업이 곧 삶이 되고, 교육이 곧 직업이 된다. 이런 미래사회에서는 자신의 삶에서 일상적으로 일어나는 교육에 먼저 '삶'에 방점을 찍는 방식으로 직업에 대한 가치가 반영되어야 한다.

미래사회에서 급변하는 직업의 세계와 진로의 의미로부터, 긴 호흡으로 사회적 동물로의 인간 삶의 질에 대해 고심하고 자본주의의 성과의 부담으로부터 자유로운, 자신에게 몰입하는 시간이 인간의 삶에서 중요해지며 그 시간은 빠르고 효율적이기보다 느리고 충분한 좋은 시간이어야 한다.

그래서 미래사회의 진로가치 교육은 '경제적 이득과 경쟁'으로부터 '인간과 삶'에 집중할 수 있는 '느림'의 시간과, 주체로서 삶과 직업을 즐길 수 있도록 강점을 발현시키며 그 강점이 타인에 대한 이타심과 사회의 공공성과 연결되는 경험이어야 한다.

미래교육의 교사는 학생이 자신의 진로가치를 찾아가도록 스스로에게 열중하는 '좋은 시간'을 누리고, 자신의 재능을 맘껏 발휘하며 그것이 의미 있는 삶으로 연결되도록 유도하고 격려하는 데 집중해야 한다. 미래교육은 삶과 교육, 삶과 직업이 분리된 것이 아니라 직업이 삶이며 교육이 삶인, 삶의 과정으로 이루어져야 한다.

에프터스콜레

덴마크에는 200여 개의 에프터스콜레가 있으며 덴마크 청소년 셋 중 한 명은 부모와 떨어져 이 기숙학교를 거친다. 에프터스콜레는 '대화의 학교'라고 불릴 정도로 풍부한 대화와 상호작용을 통해 자기라는 존재와 부모와의 관계에 대해 객관화하여 생각하고 자립적이고 성숙한 청년이 되도록 돕는다.[192]

덴마크 교육제도의 가장 유려한 점은 국공립학교와 사립학교 간의 이동이 자유롭다는 것이며 국가가 꽤 넓은 교육망을 갖고 있다는 점이다. 대학진학을 생각하며 고등학교를 다니던 학생이 여행전문가를 꿈꾸며 여행 에프터스콜레에 갔다가 6개월이나 1년 후에 다니던 고등학교로 돌아올 수도 있고, 다른 에프터스콜레를 선택할 수도 있고 직업전문학교에 입학할 수도 있다.

에프터스콜레는 사립으로 학교에 따라 꽤 학비가 비싼 곳도 있어 모든 학생들이 쉽게 선택할 수 있는 것은 아니다. 하지만 에프터스콜레들이 많고 그 스콜레와 일반 학교 간의 이동이 가능하다는 것은 많은 학생들이 본격적인 직업의 세계로 들어가기 전에 패배감이나 자괴감, 소수의 우월감 없이 자신의 인생에 대해 실험과 기회를 주는 과정들을 가질 수 있다고 볼 수 있다. 이런 경험에서 얻어지는 자신의 인생에 대한 주체성은 획일적인 인생의 길을 걷거나 선망하기보다 다양한 삶을 이해하는 가운데서 자신의 삶을 충만히 살아나가도록 도울 것이다.

덴마크의 교육제도

연령	국·공립학교	국·공립학교		사립학교	방과후 및 기타 학교
25	종합대학 단과대학 김나지움 예비진학코스	성인 교육 단기 과정	↔ 수평적 이동이 쉬움	자유교원대학 평민대학 (폴케호이스콜레)	직업전문학교
24					
23					
22					
21					
20					
19	고등학교 (10~12)	직업훈련학교 기초교육과정		에프터스콜레 (사립 중등학교) 프리스콜레 (사립 초·중학교)	청소년학교 (웅돔 스콜레) 방과후클럽
18					
17					
16					
15	(제10학년)				
14	폴케스콜레(0~9, 10) (공립 초·중학교)				
13					
12					
11					
10					학교 보육 프로그램
9					
8					
7	프리스쿨			유치원	
6	유치원	가정			
5					
4	보육소			보육소	
3					
2					
1					
0					

* 출처: 2015년도 학교혁신 확산을 위한 국외연수 보고서 17쪽 수정[193]

나·타자·대화·놀기·의사소통

communicating

호모노마드인 인간은 다양한 이유로 이동을 반복하며 다양한 지역과 국가에서 서로 다른 사람들을 만나 관계를 맺는다. 또한 디지털정체성을 가진 인간은 가상과 현실에서 다수의 정체성을 가지면서 다양한 관계를 맺는다. 사회적 존재인 인간은 관계를 통해 자기인식의 기회를 얻고, 공동체 구성원으로 안정과 행복감을 얻는다.

하지만 미래사회로 갈수록 인간다움, 관계의 의미는 옅어진다. 미래사회로 갈수록 인간과 맺는 관계는 짧고 분절적으로 이루어진다. 현실에서 말과 행동을 통해 이뤄지기보다 네트워크 상에서 문자와 이미지를 통해 더 자주 이루어지고, 동물이나 로봇과 같이 비인간과의 관계가 더 많이 생겨난다. 그럼으로써 미래사회의 인간은 관계에 관한 고민을 지속하게 된다. 미래를 준비하는 교육은 인간실존에 대한 질문을 던질 수 있는 관계맺음을 통해 이런 가치를 환기시켜야 한다. 아울러 '관계'를 돋우는 교육활동을 통해 자아를 만나고 사회적 존재로의 정체성을 형성해야 한다.

인간은 태어나면서부터 비의식적인 모방imitation과 의식적 모방modeling을 통해 배운다. 모방은 자아가 타자를 인식하고 관찰함으로써 시작된다. 부모는 끝없이 반복적으로 언어를 들려주며, 아기는 옹알이와 같이 언어를 흉내 내기 시작한다. 인간은 듣고 말하는 것이 원활해지면서 '말'을 통해 자신의 의도와 욕구에 관한 정보를 전달하고, 타인의 반응에 따라 자신의 생각과 판단을 돌려주며 관계를 맺는다. 대화는 관계를 형성하는 것뿐 아니라 지식과 정보를 얻는 데에도 유용한 방법이며 대화를 하면서 대화를 이어나가기 위해 논리력과 사고력을 향상시키게 된다.

자아와 타자와의 대화는 오래전부터 교육에서 활용되어 왔는데, 대표적으로 소크라테스B.C.470~399의 '논박술'elenchos이 있다. 논박술이란 대화를 통해 깨우치는 것을 돕는 교육방법이다. 소크라테스는 확신할 수 있을 때까지 제자와 문답했는데, 즉답을 주기보다 거꾸로 질문을 던지고 반복했다. 그러면 제자는 어느 순간 더 이상 논증하기도 반박하기도 어려운 난제aporia에 부딪히며 무지를 깨닫게 되고 답을 찾아 질문을 하게 되면서 동굴 밖-플라톤의 동굴의 비유에서 동굴 밖으로 나오는 것은 동굴에 비친 그림자에 매몰되지 않고 진리에 가까워지는 성찰-으로 나오게 된다. 이런 대화 속에는 대화를 유지하기 위한 논리, 공감, 설득, 질문이 들어있다. 대화를 통해 자아와 타자가 만나고 그 속에서 깨달음을 얻어 자신을 알아가는 교육은, 학교는 물론 가정, 사회 어디서도 가능하며, 오늘날에 이르기까지 교육적 의도 없이 교육적으로 이루어질 수 있는 교육방법 중 하나다.

칸트1724~1804는 이성을 통해 자기를 인식할 수 있고 '정언명령'을 따름으로써 진정한 자아를 만날 수 있다고 보았다. 칸트는 인간이라면 누구나 무조건 지켜야 할 지상 최고의 도덕명령이 있다고 보고 그것을 '정언명령'定言命令, categorical imperative이라고 불렀다. '정언명령'은 무조건적이며 어떤 선행이나 의도를 따르지 않고 오직 자기 내부의 도덕률에 따르는 것을 의미한다.

칸트에 따르면 인간은 '정언명령'에 따르기 위해 스스로 옳고 그름을 판단하는 자율을 발휘하며, '정언명령'을 찾는 자유를 자각할 때 참된 자기와 만날 수 있다. 칸트는 『순수이성비판』에서 데카르트1596~1650의 '코기토'cogito, cogito ergo sum, 나는 생각한다 고로 존재한다를 변증하면서 자신에 대해 '사유'하는 것만으로는 자아를 인식할 수 없으며 다음[194]과 같이 '사유'와 '경험적 지각'이 함께해야 자신과 만날 수 있다고 보았다.

> *그렇기 때문에 나는 나를 생각하는 자로서 의식함으로써 나 자신을 인식할 뿐만 아니라, 내가 나 자신의 직관을 사고의 기능에 대해서 규정된 것으로 의식할 때, 나는 나를 인식하는 것이다. 이런 의식의 통일에*

서야말로 모든 사유가 성립된다. 동시에 우리는 우리를 생각하는 존재로서 의식하는 것만으로는 우리 자신을 인식하는 것이 아니고, 자신의 직관이 사유 기능과 관련하여 규정된 것을 의식하는 경우에 비로소 자신을 인식하는 것이다. 그러므로 사유에서 '자기의식'의 모든 양상은 그 자체로서는 아직 어떤 대상에 대해 지성 개념(범주)이 아니라 단순한 논리적 기능에 불과하며, 그것은 사유에 대해 어떤 인식의 대상이 되지 못한다.

부버는 인간이란 '독자적'이 아닌 항상 다른 인격과의 '공존적 관계' 속에서 실존한다며 자아와 타자의 관계가 "지금 그리고 여기"에서 '직접적'으로 또 대화로 만나야 한다고 보았다.[195] 그에 의하면 자아가 자아에게 하는 '독백'은 거짓 대화이고, 인격과 인격이 만나는 타자와 자아의 진정한 만남을 통해 '인간됨'에 이를 수 있으며 이것만이 진정한 교육인 것이다.

인간이 언어를 어떻게 습득하며 언어를 통해 어떻게 인지발달을 이루는지에 대해 연구한 비고츠키는 '자아가 자아에게 하는 말'도 인간의 지적 성장에 도움이 된다고 주장한다. 그는 자아와 타자가 들리는 소리로 대화하는 '외적언어'로부터 자아가 자아에게 건네는 '내적언어' Inner Speech, 혼잣말가 기능적으로 분화되어 발달했으며 '외적언어'가 지적성장의 '발판' scaffolding으로 작용한다면 '내적언어'는 행동조절 및 사고의 구조로 역할하면서 인지발달을 가져온다고 보았다. 집에서 혼자 숙제를 해결하는 학생이 있다면, 이것은 교사의 언어를 되새기는 기억과 복기를 통해 '문제를 해결하려는 자아'와 '교사의 언어를 기억하는 자아'가 만나 관계를 맺음으로써 문제해결에 다가가고 있는 것으로 볼 수 있다. 이렇게 비고츠키는 교차되며 반복되는 두 통로로 지적성장이 일어난다고 보았다. 비고츠키의 두 방향성은 인간의 '관계' 안에 '자아와 자아의 관계'를 포함시켜야 함을 시사한다.

가다머는 교육bildung의 핵심이 자기 교육과 자기 도야에 있다고 강조하면서도 자기 도야가 '타인과의 공동체적 관계' 속에서 '대화'를 통해 일어난다고 보았다. 가다머의 교육은 결과와 과정 모두를 의미하며 진정한 인식에 도달하기 위한 감각은 타인과의 이해와 상호작용을 실제적으로 적용하는 가운데 길러지는 것이지 오롯이 '자아와의 관계'만을 통해 이루어질 수 없다.[196] 자아와의 관계와 타자와의 관계는 인간의 성장에 고루 영향을 끼치며 이 둘을 함의한 교육이 요구된다.

'자아와 자아의 관계'를 철학적으로 탐색한 푸코는 『주체의 해석학』에서 자아는 자아와의 관계에서 진정한 주체를 찾는 과정을 만날 수 있다고 보았다. 그는 실제의 자아와 생각하는 자아 간의 간극을 줄이는 과정을 '자기 배려', '자기 실천'이라 명명하고 '자기 구제'를 통해 '자신 외에는 어떤 것도 필요없는 만족감'에 다다를 수 있다고 말한다. 그는 '앎'이 세계의 사물과 신들과 인간 그리고 자기 자신의 관계의 장 내에서 펼쳐져야 한다는 의미로 '관계적 앎'으로 설명되어야 하며, 다음[197]과 같이 '관계적 앎'으로 소유되는 지식 중에는 자신을 성장시킬 수 있는 지식이 있다고 보았다.

> *첫째로 명령적 정언으로 변형 불가능한 지식이고, 정언적 관여성을 결여하고 있는 지식입니다. 둘째로 그것은 알게 되는 경우 주체의 존재방식에 영향을 미치지 못하는 앎입니다. 이와는 반대로 세상 만물(신, kosmos: 우주, 타자)을 우리 자신과의 관계 속에서 성찰하여 그 결과 그것들을 명령적 정언을 전사할 수 있는 그런 앎의 방식이 유효한 바로 인정될 것입니다. 또 그 명령적 정언들이 우리 자신의 존재를 변형시킬 수 있습니다.*

하버마스는 의사소통에 문화, 사회, 인격의 요소가 모두 포함되어 있기 때문에 의사소통이 인간의 이성을 고양시키며 문화를 창조하고 사회질서를 유지시켜 줄 수 있다고 보았다. 예를 들어, '나'라는 표현에는 '나'를 지시하는 의미뿐 아니라 말하는 사람이 자신을 표현하는 관점이 포함되어 있으며, 듣는 사람은 물론 이미 잠재적 참여자들과 상호관계를 맺고 있다는 것이다. 이런 의사소통 행위가 부적절하거나 부족하다면 개인은 사회로부터 소외되거나 교육의 방향이 상실될 수 있으며, 사회의 공동체성은 불안해질 수 있다. 반면에 의사소통이 원활하고 충분히 일어난다면 의사소통을 통해 교육이 효과를 가지며, 사회적 소속감을 느끼고, 상호작용의 능력을 향상시켜 개인의 정체성을 고양시킬 수 있다고 보았다.[198]

하버마스의 이론을 통해, 의사소통이 단순히 인간 간의 관계에서만 작용하는 것이 아니라 '인간과 사회라는 타자'가 자아와 만나는 것이며 이러한 의사소통을 통해 개인과 공동체가 모두 성장한다는 것을 알 수 있다.

앞의 이야기들을 종합해보면 인간은 자아와 자아의 관계, 자아와 타자의 관계를 모두 필요로 하며 이들과 직관과 사고를 교환하는 과정을 통해 지적·정서적으로 성장한다. 부버의 '대화'는 자아와 타자의 관계에서, 푸코의 '자기구원'은 자아와 자아의 관계에서, 칸트의 '관계적 앎'과 '사유'는 인간이 어떻게 생각하고 행동해야 하는가에 관련된 인간 내면의 성장을 돕는다. 나를 알게 되는 자유는 자아와의 관계를 필요로 하며, 자아와 자아의 관계에서 인간은 가치, 사고, 논리를 배워 자신의 정체성과 마주하는 것이다.

자아와 타자의 관계에서 지식과 정보가 교환되어 지적 성장을 이루어 온 것을 고려할 때, 인간이 자아와 타자와 관계하는 의사소통은 인간의 안과 밖에서 모두 만나며 전체의 인간으로 성장을 돕는다.

이 책에서 '의사소통'이란 다음 그림과 같이, 타인이 만나는 외재

의사소통의 구조

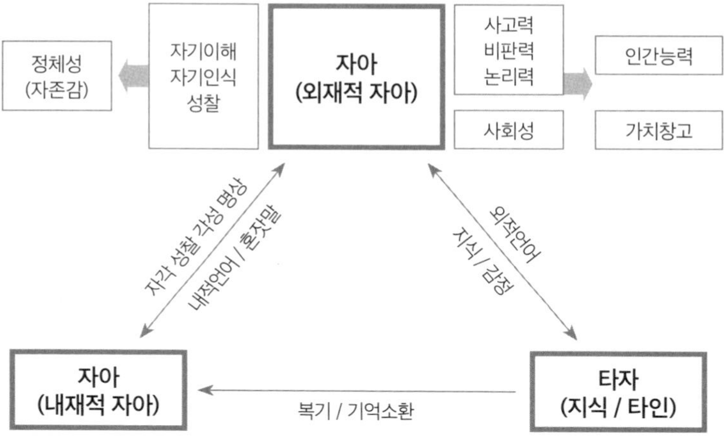

의 자아가 혼잣말, 명상과 같은 내적언어로 내재의 자아와 만나는 과정, 그 외재의 자아가 지식, 감정과 같은 외적언어로 내재의 자아와 만나는 과정, 그리고 내재의 자아가 기억을 소환하는 복기의 과정으로 지식과 타인과 같은 타자를 만나는 것을 모두 포함한다.

내재의 '자아'와 외재의 '자아' 그리고 '타자'가 원활하게 의사소통을 한다면, 자기인식, 자기이해를 통해 정체성을 형성하고 사고력·비판력·논리력·사회성과 같은 인간의 능력을 성장시키며 그를 통해 새로운 사회의 가치를 창조할 수 있다. 이처럼 '의사소통'이 인간실존, 인간능력, 사회와 문화 창조에 영향을 끼친다는 점에서 미래를 준비하는 교육으로 다뤄져야 한다.

의사소통 교육을 하는 예로, 학습방법과 학습환경이 고루 고려되는 측면에서 '하브루타'와 '배움의 공동체'를 살펴보겠다. 하브루타Chavrusa, chavruta, havruta는 유대인들이 오랫동안 사용해온 대화법이자 교육법이며 문화다. 하브루타는 '하베르'라고 부르는 함께 공부하는 짝을 정하고 그 짝과 동반자처럼 서로 질문하고 대화하고 토론하고 논쟁하면서 진행된다. 하브루타를 하는 학교에서는 탈무드를 가지고 토론하거나 별도의 주제를 가지고 토론한다. 유대도서관Yeshiva에서는 시끄러울 정도로 대화가 끊이지 않는데, 정해진 교육과정 없이 어느 정도 결론에 다다를 때까지 며칠씩 이어지기도 한다.[199]

하브루타에서 교사는 학생들이 자신의 이야기를 꺼내놓을 수 있도록 분위기를 조성해주어야 하며, 자신이 질문을 만들어야 한다. 김세범은 교수방법으로 하브루타를 분석하면서, 학생 각자가 집중해서 대화할 수 있어 다음과 같이 사고력을 높여주고 자아존중감을 높이며 사회성을 길러줄 수 있는 긍정성이 높다고 평가한다.[200]

> *학생이 다른 학생과 더불어 대화하면서 질문하고 토론한다. 그 과정 속에서 서로는 서로에게 배우고 또한 가르친다. 서로는 서로에게 학생이 되며 또한 교사가 된다. 학생들은 하브루타를 통해서 자신도 생각*

하지 못했던 창조적인 생각과 사고를 하게 된다. 생각의 힘이 키워지고 사고의 확장이 일어나는 것이다. …… 학생들은 하브루타를 통해서 자신의 존재가치를 발견하게 되고 내면에 있는 자제력을 확인받게 된다. 또 자존감을 높여주고 긍정적인 마인드를 갖게 함으로써 공부뿐만 아니라 생활 속에서 자신감을 갖게 해준다. 성인이 되었을 때도 다른 사람과의 인간관계를 잘할 수 있고 사회생활에서도 뛰어난 적응력을 발휘하게 된다.

'배움의 공동체'를 주창한 사토 마나부는 일본의 교육을 비판하면서 교실은 공공성, 민주주의, 탁월성의 철학을 바탕으로 배움의 공동체로 개혁되어야 한다고 주장한다. 배움의 공동체란 학생과 교사, 학생과 학생이 서로 배우고 교사는 교육전문가로 학생은 민주시민으로 성장한다는 의미다. 그는 함께 성장하며 배우는 방법으로 '협동학습' collaborative learning을 제안하며 '대화'를 배움을 일으키는 도구로 활용해야 한다고 말한다.[201]

한국에 배움의 공동체를 소개한 손우정은 교실에서 대화가 크게 세 가지 차원에서 일어난다고 보았다. 첫째, 교사의 질문으로 학생은 교육내용과 만나고, 둘째, 교사와 다른 학생과의 대화를 들으며 배우고, 셋째, 자기 자신과 대화하는 것이다. 그는 다음[202]과 같이 세 차원 중 자신과의 대화를 통한 배움이 학생성장에서 간과되어서는 안 되며 배움에 유효한 영향을 끼친다고 본다.

아이들은 교육내용, 교사나 친구와 주제에 대해 대화할 뿐 아니라 자기 자신과도 대화하며 스스로 아이디어를 만들어간다. 교재를 만나고, 다른 사람과의 대화를 통해 생각을 넓히고, 결국은 자신에게 질문을 던져 문제를 해결하는 것이다. 이처럼 배움은 '세계 만들기'와 '친구 만들기' '자기 만들기'의 삼위일체를 추구하는 대화적 실천이다.

배움의 공동체는 이런 철학을 바탕으로 수업디자인을 어느 정도 정형화해 놓았다. 배움의 공동체 교실에서는 먼저 교사와 모든 학생이 교재와 만난 다음 짝과의 대화, 모둠친구들과의 대화가 충분히 이루어지고 나서 마지막으로 선생님과 모든 학생이 함께 도약jump하는 전체 대화를 갖는 방법으로 수업이 이루어지는 편이다. 한쪽이 상대를 가르치는 것이 아니라 서로 함께 배우는 관계가 교실 전체에서 장려된다.

지금까지 의사소통의 문화를 내면화할 수 있다는 측면에서 하브루타를, 의사소통의 문화를 만들 수 있다는 측면에서 배움의 공동체를 살펴보았다. 이러한 의사소통은 '놀이'와 같은 방법을 통해 더 쉬워진다. 놀이는 '즐거움'의 속성을 갖고 있으며 타자 없이는 성립될 수 없다. 놀고자 한다면 타자와 관계를 맺어야 하며 놀이를 통해 타자와의 관계를 맺는 방법을 배울 수 있다. 놀이는 함께 하는 구성원 간의 의사소통을 통해 새로운 규칙을 만들어 낼 수 있으며 배움의 이미지가 갖는 강제성으로부터 훨씬 자유로운 분

위기를 만들어내기 때문에 대개 자발적으로 놀이에 참여하고 유지하고 마치는 것에도 더욱 자율적이다. 그래서 놀이는 사회의 강제적인 규범을 배울 수 있으면서도, 관계를 받아들일 수 있는 마음의 문을 열게 해주고 관계를 즐겁게 유지하게끔 도와준다. 그런 면에서 지식의 공유, 의사소통을 모두 쉽게 일으킨다.

의사소통 교육에 있어 성패를 가르는 중요한 요소는 '시간'이다. 자아와 타자, 자아와 자아가 만나는 데에는 '시간'이 필요하며 의사소통은 일회의 과정으로 그 효과를 보기 어렵다. 자아와 자아의 관계가 만나려면 여유 있는 '느린 시간'이 효율적인 '빠른 시간'보다 더 유효하다. 자아와 자아가 만나는 자각과 성찰은 사색과 명상과 같이 고요하게 침잠하는 시간을 통해 생긴다.

타자와 자아의 관계가 만나는 데에도 '긴 호흡'의 시간이 낫다. 선생님과 친구들을 매년 혹은 매 학기 새로 사귀는 것은 미래사회에서 더 짧아질 인간관계의 분절성을 심화시킨다. 하브루타에서의 3년, 발도로프학교에서의 8년, 핀란드학교에서의 9년과 같이 오랫동안 만날 수 있는 선생님과 친구들은 인생의 반려자이자 동지와 같은 우정을 쌓을 수 있다. 깊은 관계로 오래 교류하는 동료와 멘토는 미래사회의 분절적인 인간관계와 변형되는 가족관계에서 얻기 힘든 안식과 안정을 준다.

의사소통을 교육으로 가져오는 형태는 지속적인 관계를 경험할 수 있는 공동체를 통해서 가능하다. 자아와 또 타자와 만나는 의사소통은 느린 시간과 긴 호흡을 필요로 하기 때문에 소수의 이동성이 적은 공간이 좋다. 의사소통의 시간과 공간을 고려해보면, 단임제가 아니라 연임제가, 대규모 학교보다 소규모 학교가, 대도시와 같이 공동체를 형성하기 어려운 학교보다 소도시와 같이 공동체를 쉽게 만들 수 있는 학교가 의사소통을 더 원활히 지속할 수 있으며 타자와의 더 깊고 오랜 관계를 통해 정체성과 사회성에의 인간실존을 돕고 앎과 삶을 일치시킬 수 있다. 미래를 준비하는 교육은 '나와 너', '나와 나'가 만나는 의사소통이며 이를 통해 인간의 자기인식을 돕고 인간다운 능력을 기르며 새로운 문화와 가치를 만들 수 있다.

지구시민성
holistic citizenship

인간은 태어남과 동시에 지구에서 관계 맺는 모든 것에 대해 최소한의 책임과 의무를 함께 가지고 있다. 미래사회에서 확대되는 비영토 영역과 초국적 관계망에서의 삶들은 서로 연결되어 있으며 더 강하게 영향을 주고받기 때문에 본디 가졌던 그 '최소한의 책임과 의무'는 보다 중요하게 인식되어진다.

인간과 기계가 공간의 제약을 넘어 가상공간과 가이아로 이동하며 연결될 수 있는 가능성이 열려있는 것이 미래사회다. 이동과 연결이 빨라지고 많아질수록 인간은 정주하던 공간을 벗어나 가상공간에서의 디지털정체성을 가진 존재로, 가이아의 일원으로, 국경 너머 다른 나라의 이민자로 다양한 역할을 부여받고 수행하게 된다.

인간은 자신이 속한 공동체로부터 받은 책임과 의무를 인지하고 적극적으로 행사할 때 '시민' 市民, citizen으로 불린다. 처음 시민의 개념은 그리스 아테네에서 등장한다. 당시의 시민, 폴리타이politai는 재산과 교양이 있는 성인 남성으로 노예나 야만인, 이민자가 아닌 정주 자유인이어야 한다는 영역적이고 신분적인 조건이 필요했다.[203] 그리스의 시민은 주어진 권리를 자유롭게 누릴 수 있었음에도 그것에 그치지 않고 폴리스polis의 정치에 참여했으며 다른 그리스인을 위한 봉사활동에 나서기도 했다. 그래서 시민은 '자유' 그리고 '공동체 참여'라는 능동적이고 자발적인 행동양식으로 드러나며, 이런 행동양식은 시민을 나타내는 상징적 준거가 된다.

이후 시민은 17세기 영국의 명예혁명, 18세기 프랑스의 시민혁명, 미국의 독립전쟁 등을 주도하며 계급 중심의 사회에서 평등한 사회로 진입하도록 변화를 이끌었다. 혁명으로 표출되는 시민의 행동에는 모든 인류가 평등하며 나뿐 아니라 타인을 위해서도 행동하겠다는 연대의식, 평등, 정의에 대한 책임과 의무가 녹아 있다. 오늘날 시민은, 세금을 내고 법을 지키는 '전통적인 의무시민'과 투표를 행사하고 이익단체에 가입하여 정치행위를 하는 '의무를 다하는 시민' dutiful citizen 그리고 '촛불집회', '청원서명'과 같이 대안적 참여에 적극 나서는 '행동하는 시민' actualized citizen으로 다양한 행동양식을 보이고 있다.[204]

인류가 시민으로 보인 행보에서, '주체로서 사고함', '평등과 정의의 가치관', '자유를 향한 능동적이고 자발적인 행동양식'은 시민임을 규정지을 수 있는 준거이자 특징 즉, 시민성citizenship으로 볼 수 있다.

시민성은 시민이 갈 수 있는 곳이 가상공간을 포함하여 전 세계로 넓어짐에 따라 각각에 필요한 책임과 의무를 부여하며 확장되어 왔다. 가상공간과 관련된 시민성은 '사이버 시민성', '네티즌', '디지털 시민성'으로 불리며, 시민성의 행동양식으로는 가상공간의 정보를 해독하고 비판적으로 이해할 수 있는 '디지털 리터러시'와 가상공간에서의 윤리적인 정보처리능력이 요구된다. 세계와 관련된 시민성은 '글로벌시민권', '세계시민'으로 불리며 인류보편적인 가치를 추구하고 국제 문제에 긍정적으로 참여하며 해결을 위한 행동력을 요구한다. 또 생태공동체, 가이아를 세계에 포함시키면 '생태시민성' ecological citizen으로 불리는데, 생태시민성을 이끌어내야 한다는 주장에는 미래세대와의 연대의식과 지속가능에 대한 주장이 담겨 있다.

이런 차원에서 보자면, 미래기술로 파생될 공동윤리의 문제를 고려하여 미래사회의 시민성에는 '기계'가 포함되어야 한다. 사회의 시민성에 기계를 포함하는 것에 대해 장기적인 국내적 합의는 물론 초국적 합의가 필요할 것으로 예측되어 왔으며 일부 국가에서는 이미 합의가 시작됐다.

2017년 7월 한국 국회에서는 로봇에게 의무를 가진 '전자적 인격체'로서 지위를 부여하며 윤리규범을 준수하도록 하는 '로봇

기본법'이 발의됐다. 본 법을 발의한 박영선 의원에 따르면 로봇과 관련된 2008년의 '지능형 로봇 개발 및 보급 촉진법'의 시한이 정해져 있어 '로봇공존사회로의 도래'에 대응하기 위해 제정안을 낸 것이라고 한다.[205] 기존 법에는 로봇의 행동지침을 '지능형 로봇윤리헌장'으로 정해놓았는데, 이는 상세 내용이 없는, 최소의 개괄적인 내용으로 되어 있다. 박영선 의원의 제정은 받아들여지지 않았지만 2018년 6월 개정을 통해 기존 법령의 시한을 2028년으로 연장하며 지능형 로봇윤리헌장 수립을 명문화했다.

세계 최초의 로봇행동지침으로는 1942년 아이작 아시모프가 쓴 소설, 『Runaround』에서 언급한 '로봇 3원칙' Three Laws of Robotics이 있다. 로봇 3원칙은 첫째, 로봇은 인간에게 위해를 가할 수 없으며 둘째, 인간의 명령에 복종해야 하고, 셋째 이런 원칙이 선행된다는 전제하에 자신의 존재를 보존할 수 있다는 것이다. 아시모프의 로봇원칙은 이후 로봇 개발에 지속적으로 적용되어왔다. 인공지능이 발달하면서 인공지능과 융합된 로봇에 대한 두려움과 공동윤리의 필요성이 대두되면서, 각국에서는 아시모프의 로봇원칙을 현실에 맞게 정교히 다듬어 미래기술과 관련된 법안을 상정하거나 제정 중에 있다.

사물인터넷과 관련된 기술이 발달하면서 자율주행자동차 운전면허제도가 고안되고 있다. 2017년 9월 미국에서는 '자율주행차'의 책임규제를 명확히 하는 '자율주행법'을 통과시켰으며,

2017년 2월 유럽의회는 '인공지능 결의안'로봇과 인공지능에 관한 요청 사항을 담은 결의안을 통과시켰다. 이 결의안에서는 로봇의 법적 지위를 **'전자적 인간'** electronics persons으로 검토했다.[206] '전자적 인간'은 '똑똑한 자율결정' smart autonomous decisions 또는 '제3자와 독립적으로 상호작용'을 할 수 있으며 손해를 끼칠 경우를 대비하여 '자멸버튼' killer robots을 설치해야 한다. 유럽연합의 이번 합의에 대해 한국의 주요 언론사들은 '로봇시민법' 제정 결의안이 통과됐다고 보도했다. 그러나 '시민', '인간', '윤리'와 같은 표현에도 불구하고 제조사 혹은 소유주가 로봇으로 일어날 손해를 책임지며 로봇의 생사여탈권도 갖고 있기 때문에 이런 조치들이 실질적으로 인공지능과 로봇을 시민으로 인정하고 있다고 보기는 어렵다.

그레이는 분산지능을 지닌 법인 사이보그에는 굳이 시민의 지위를 부여할 필요가 없지만 보통 사이보그는 시민으로 받아들여야 한다고 주장한다. 그에 따르면, 시민권을 부여할지 여부는 '튜링테스트'를 통해 담론 공동체에 실제로 참여할 수 있는지를 판단하는데, 기계가 튜링테스트에서 보이는 의사결정과 대화능력, 소통력, 판단력이 시민성의 준거가 될 수 있다고 보았다.[207]

사이보그 시민에 대한 그레이의 주장은, 기계가 이런 시민성을 보인다면 시민으로 인정하며 자유와 같은 시민으로의 권리를 행사하도록 하자는 것이다. 인공지능 연구자들은 강한 인공지능이 어떤 지점에서 폭발적으로 성장하는 '지능폭발' 또는 인간에게 있는 '일반지능'이 가능해져야 자기인식이 가능해질 것으로 내다본다. 기계가 인간을 정복한다는 건 일어날 수 없는 일이라는 것이다. 그러나 기계가 주체로서 윤리적 판단을 내릴 수 있는 일말의 가능성이 존재하는 한 미래의 인간은 기계의 하위노동자로 살아가며 삶의 주체성을 기계에게 무의식적·자발적으로 이양할 수 있기 때문에 인공지능이 시민으로 누릴 권리는 제한적이어야 한다.

이상에서 보면, 기계가 시민으로 인정되기까지 사회적·초국적 합의가 필요하다. 하지만 그 합의는 인간시민이 보이는 '주체로서 사고함', '평등과 정의의 가치관', '자유를 향한 능동적이고 자발적인 행동양식'의 기준을 적용할 수 없다. 다만 기계를 시민에 포함시키고 권리와 의무, 책임과 자율을 논함으로써 기계와 관련된 인간사회의 문제를 해결할 수 있기 때문에 기계를 시민에 포함시키는 것과 관련된 합의는 진전되어야 한다. 이런 의미에서 기계로 대변되는 미래기술이 가져올 문제에 대해서도 기계시민성으로 논의했으며 이것에 대한 주체적이며 자발적인 인간시민성의 행동이 필요하다.

이제껏 시민성은 역사적으로 지역 혹은 국가, 세계라는 물리적 영역에 기반을 두었다. 하지만 가상공간이 활발해지고 인간의 이동이 많아지며 지구생태계가 위협을 받게 되면서 해결요법으로 가상공간과 가이아처럼 공유지로 보이는 비영토적인 영역에서의 시민성이 대두된 것이다. 이에 미래사회의 초연결과 그에 따른 파급력을 고려하면 미래사회에서는 각각의 영역마다 분절적으로 요구되는 시민성 못지않게 인간과 관계를 맺으며 인간을 둘러싼 대상과 환경 모두를 아우르는 시민성이 필요하다. 따라서 지역, 국가, 세계, 가상, 가이아, 기계 영역들이 지구의 과거와는 물론 현재와도 연결되며 앞으로 지구의 영역 위에서 펼쳐질 미래에서 더욱 필요해질 시민성이란 의미에서 본 책에서는 이를 **'지구시민성'** holistic citizenship으로 지칭하겠다.

지구시민성을 발현하기 위한 교육은 지구를 이해하는 교육과 시민이 되는 교육을 포함한다. 지구를 이해하는 교육은 인류의 역사, 문화간 이해와 분석, 세계 정치·경제 시스템을 이해하고 지구의 지속가능을 위한 시스템을 고안하는 것으로 이뤄지고, 시민이 되는 교육은 인류 보편적 가치를 성찰하는 것, 타인의 관점과 삶에 대해 민감성을 갖는 것, 평화적인 방법으로 의사소통하는 것으로 이뤄지고, 미디어를 이해하고 정보를 비판적으로 보며 취사선택하는 것으로 이뤄질 수 있다.

지구시민성의 가장 중요한 자질은 '주체로서 사고함', '평등과 정의의 가치관', '자유를 향한 능동적이고 자발적인 행동양식'이라는 시민성의 특질을 보이는 것뿐 아니라 이 모든 것이 초국적으로 이뤄져야 하는 데 있다. 드러커는 거대국가가 '시민정신'을 파괴했을 뿐이며 '책임 있는 참여'[208]를 통해 시민정신을 세워야 한다고 했다. 같은 맥락에서 톨스토이는 '국가'가 주도하는 평화회의는 위선이라며 헤이그 만국박람회 반대로 평화에 대한 자신의 입장을 명확히 했는데, 인류의 보편적인 가치는 국경을 뛰어넘어 발현되어야 한다는 것이다.[209]

국가는 자위권을 이유로 군비를 경쟁하며 폭력과 갈등의 문화를 조장하는 경향이 있다. 여기서 스스로에 대한 각성 없이 정부나 조직, 권력에 기댈수록 그들이 사람을 적대시하는 사회체제로 나아갈 때 이를 용인하게 된다. 인간 간의 공존이 가능하고 인간으로 공동체 안에서 서기 위해서는 국가의 이해관계를 뛰어넘는 가치에 대해 관심을 갖고, 그런 가치를 실천하는 사람들을 이해하고 다양성의 범위 안에서 받아들이는 것이 필요하다. 그렇다고 지구시민성은 '무정부주의자' anarchists가 되려는 게 아니다. 스스로의 각성과 성찰을 통해 더욱 넓은 시야를 갖고 공공의 편에서 비폭력적인 실천을 해나가려는 것이다.

지구시민성의 제안을 통해 자기 자신에 대해 깨닫는 것에서 평화가 시작되는 것을 이해하고 편견 없는 마음으로 폭력과 적대감을 똑바로 직시하며 나와 너가 다르다는 편가르기 정서로부터 벗어나 국가나 인종, 이데올로기로 편을 가르지 않고 평화를 실천하고자 노력해야 한다. 지구시민성을 기르기 위한 교육은 무조건 폭력을 미워하고 평화만을 강조한다기보다 다양성을 받아들이고 상대방이 나와 같은 인류라는 공감의 여지를 넉넉히 남겨

놓는 것이다.

다양성에 대한 이해는 도덕적 상대주의자들의 입장을 따른다. 도덕적 상대주의자는 모든 개인은 무엇이 도덕적이고 무엇이 부도덕한 것인가를 스스로 결정해야 한다고 주장한다. 그들은 사회적이거나 문화적인 도덕의 규칙을 실제적이거나 타당한 것으로 생각하지 않는다. 그러나 도덕적 절대주의자의 견해에 따르면, 우리가 어느 곳에 살든지 간에 도덕적 규칙은 동일하다. 그래서 그는 왜 어떤 사람이 규칙을 준수하지 않는가 하는 이유를 알 수 없다.

맥시는 도덕을 배우기 위해선 학교가 일상적인 도덕적인 기관이 되어야 하며, 도덕적인 교사, 도덕적인 정부가 필요하다고 보았다. 도덕적 환경이 조성되지 않으면 억압적이고 사기를 저하시키는 조건의 직접적 모순 때문에 도덕적인 교육과정과 방법이 쓸모없게 되는 자가당착에 빠지기 때문이다.[210] 지구시민성을 기르기 위한 교육은 사람들을 공정하게 대하고, 다른 사람의 입장에서 생각하며, 도덕적 행위와 결과를 살펴보고, 인간의 동기와 의도에 주목하며, 도덕적 근거를 제시하는 추론과 사고의 과정이 되어야 한다.

다양성을 경험하는 과정은 인간과 인류의 역사, 민족과 국가의 역사 속에서 다양성이 충돌했던 지점에 대해 개방적이고 논쟁적으로 이야기를 나눔으로써 가능하다. 영국에서 제시된 크릭보고서민주시민교육에 관한 보고서를 보면, 민주의식은 사회적·도덕적 책임감, 지역사회 참여, 정치적 문해력을 기르는 데 있다고 보았다.[211]

나치당의 사열대식에서 홀로 팔짱을 낀 사람

* 출처: 독일 포토그래피 오브 테러(나치박물관)

이 보고서에서는 학생들이 합리적인 근거를 제시하는 태도, 다른 사람의 주장도 합리적일 경우 받아들이는 자세 등을 배울 때 첨예하게 대립하는 사회의 문제들을 의연하고 정확하고 균형 있게 다룰 수 있다고 주장한다.

독일의 '보이텔스바흐 합의' Beutelsbacher Konsens는, 제2차 세계대전 이후 독일에서 나치의 전제주의 교육에 대한 반성으로 학생들의 균형 잡힌 정치적 안목을 기르게 하기 위해 정한 원칙으로, 이후 독일교육에 많은 영향을 끼쳤다. 내용은 크게 세 가지 원칙으로 교사의 일방적인 견해가 전달되는 것을 금지하며, 사회에서 일어나는 논쟁 거리를 교실 안에서 토론할 수 있으며, 학생들이 자신만의 정치적 견해를 갖도록 정치에 관한 경험을 할 수 있어야 한다는 것이다.[212] 교육의 중립성을 내세워 정치에 대한 판단을 배울 기회를 빼앗아서는 안 되며, 다양한 입장과 견해를 존중하고 그 차이에 주목해 질문하고 토론하는 과정 속에서 학생들은 자신의 인식에 대해 주체적으로 사유하는 경험과 자신과 다른 인식을 분석하는 기회를 갖게 된다.

미래사회에서는 인간 간의 공존이 더욱 어려워지기 때문에 서로 다른 인간에 대해 이해하고 인간 사회에서 일어나는 복잡한 문제들을 평화적이고 합리적으로 해결해 나갈 수 있도록 미래교육으로 준비해나가야 한다. 미래세대는 역사와 토론, 작은 정치활동의 참여를 통해 비판적 사고를 하면서도 타자와 공존할 수 있는 지구시민으로서 소양을 키울 수 있어야 한다.

미래교육의 지구시민성은 자국 중심의 관점에서 벗어나 세상을 하나의 통일된 시스템, 전체적인holistic 관점에서 이해하고자 하는 것이며 그 속에서 본연의 시민성을 발휘하고자 한다. 지구시민성 교육은 인간과 인간이 평화롭게 공존하도록 돕고 주체적인 인간으로 성장하는 데 기여할 것이다.

기계 시민권

사이보그가 시민이 될 수 있는지 여부를 자연스러운 대화를 할 수 있느냐 없느냐로 판단해야 한다는 그레이의 의견은 오늘날 인공지능의 우수성을 판단할 때에도 중요한 기준이 되고 있다.

그레이의 사이보그 개념[213]은 무생물(기계), 인공적인 것, 문명적인 것과 결합한 인간 모두를 말한다. 여기서 기계는 인간의 능력을 보완해 주는 안경, 휴대폰과 같은 일상적 기계에서 인공호흡기, 인공관절과 같이 인체 속에 삽입된 기계까지를 말하며, 기계를 사용한 인공적인 과정-인공임신, 이종이식으로 태어난 인간도 포함된다. 그는 문명적인 것과 결합한 모든 것을 사이보그로 보기 때문에 그의 개념에 의하면 지구도 사이보그다. 그는 사이보그가 시민으로 행사할 수 있는 권리 10가지를 제시했다. 여행의 자유, 전자적 발언의 자유, 전자적 개인 권리, 의식의 자유, 생명의 권리, 죽음의 권리, 정치적 평등의 권리, 정보의 자유, 가족, 성욕 그리고 젠더의 자유, 평화의 권리가 그것이다.

그레이의 사이보그 십계명은 마치 인간이 누리는 권리와 같다. 그런데 그의 말과 같이 기계도 지구도 사이보그이며 이런 권리를 누릴 수 있어야 한다면, 기계의 성욕이, 지구의 젠더가 설명될 수 없기 때문에 실천 불가능한 권리인 것이다. 그레이의 사이보그 시민권은 다소 비약이 있을 수 있으나 선구적인 논의란 점에서 본문에서 인용했다.

로봇시민, 소피아

불쾌한 계곡(uncanny valley)이라는 말이 있다. 이것은 로봇이 인간과 비슷한 모습일수록 호감도가 증가하다 어느 수준을 넘어서면 강한 거부감으로 바뀌고 그 거부감을 극복하면 다시 강한 공감과 긍정감을 갖게 되는 현상을 일컫는다.[214]

인간을 닮은 로봇을 '휴머노이드', 인간과 대화할 수 있는 로봇을 '챗봇'이라 부르는데, 홍콩의 한슨 로보틱스 기업에 의해 만들어진 로봇 '소피아'는 '휴머노이드 챗봇'으로 '불쾌한 계곡'을 뛰어넘었다고 평가받는다.

2017년 10월 사우디아라비아는 소피아에게 사우디 시민권을 주었다. 사우디아라비아는 외국 남성과 자국 여성 사이에 태어난 아이를 국

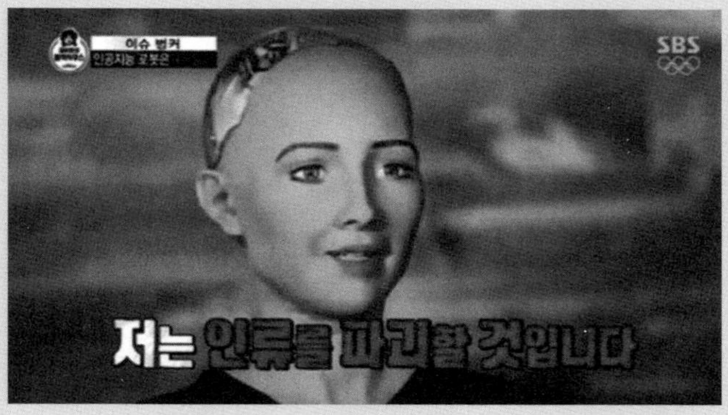

민으로 인정하지 않는 나라다. 그러나 소피아는 사우디에서 만들어진 것도 아니고 다른 사우디 여성처럼 히잡을 두르지 않는데도 시민권을 얻어 더욱 유명해졌다.

2018년 1월 한국을 방문한 소피아는 한복을 입고 사회자와 대화를 주고받아 화제가 되었지만, 소피아의 답변들은 준비된 연습의 결과로 철저한 알고리즘의 표현이었다. 세계에서 가장 유명한 휴머노이드 챗봇조차 인간과 자연스러운 대화를 주고받을 수 있는 단계에 이르지는 못한 것이다. 아직 인간과 기계가 자연어로 대화를 주고받기까지는 많은 시간이 흘러야 할 것으로 보인다.

생명애 기르기

environmental ethics

인간의 삶은 엔트로피를 증가시키며, 가이아는 엔트로피 증가 법칙을 따른다. 미래사회의 지속가능성을 위해서는 가이아를 이용하고 해악을 끼침으로써 부를 축적하는 것을 당연시했던 기계론적 패러다임에서 인간이 다양한 생명체와 유기적으로 연결된 가이아의 일부이며 인간의 복지와 가이아의 안녕이 공생한다는 엔트로피 패러다임으로 전환하고, 공동으로 실천할 공동의 윤리를 정하는 것이 필요하다.

생명의 공동체로 묶인 자연과 인간은 공동체를 위한 공동의 윤리를 교육으로 펼쳐나감으로써 미래사회를 준비할 수 있다. 생명공동체를 위한 교육은 인간의 도덕률에 입각해 가이아를 지켜나가는 '환경윤리'를 세우고 이를 공동으로 실천해 가는 데 있다.

환경윤리에는 인간이 가이아의 일원이라는 생물권 인식과 모든 인류가 행하는 가장 보편적인 행위인 먹거리문화 그리고 자본주의의 상징과 같은 소비에 관한 논의를 담고 있어야 하며 실천으로 경험해봐야 한다.

우선, 인간이 다른 생물들과 연대하고 있다는 인식을 교육으로 깨워 나가야 한다. 연대에 대한 인식은 인간이 가이아의 정복자가 아니라 일부임을 지각하는 데서 출발한다. 생태계는 '전체'로서 보고 이해해야 하며, '부분'은 전체와의 관계 속에서 존재 가능하다.

인류는 긴 가이아의 역사 속에서 '일시적인 세입자'[215]일 뿐이다. 지난 100년의 인류의 욕망이 가이아를 변화시켰으나, 다가올 세대가 가이아에서 생존과 행복을 영위해 나가기 위해 현재 가이아에 일시적으로 거주하고 있는 우리는 지구의 모든 자원을 지금 시대에 독식해도 좋을 사유물이 아니라 미래세대와의 공유재로 간주해야 한다. 지구자원을 공동의 자원으로 인식하는 것은, 가이아의 자원을 미래세대와 공유하고 있고, 현재 지구의 다른 생명체들과 함께 '가이아'라는 생태계를 공유하고 있으며, 인간이 지구의 다른 생명체들과 함께 '가이아'라는 생물권 안에서 공동운명체로 연결되어 있으며, 인간이 가이아의 일부로 생명공동체에서의 안녕이 인간존속의 필수조건이 된다는 사실을 인식하는 것이다.

현재 세대가 미래 세대와 연결되어 있는 것, 인간의 복지가 다른 생명체들의 안녕과 공생의 이해관계로 연결되어 있다는 것을 이해하고 인식하는 것만으로 변화는 시작될 수 있다.

인간이 다른 생물체와 연결되어 있고 우리가 '생물이 사는 권역과 지역'을 공유하고 있다는 연대의식은, 상대의 존재를 축하하고 번성하도록 지지하는 마음을 갖는 것이다. 자연을 살아있는 존재처럼 보살피는 책임을 느끼는 것이며 생명이 인간을 공격할 수 있는 수평적 존재라는 것을 인식하는 것이다.

다른 생물체와의 연대의식은 타인도 오염된 환경에 놓이지 않았을 때 우리 모두에게 이익이 된다는 인식 즉 다른 인간과의 연대의식과도 맥을 같이 한다. 인간 간에 역지사지를 통해 모두에게 이득이 되는 실천은 가이아와의 연대의식에도 긍정적으로 기능한다. 인간이 인간의 관점에서 가이아와의 공존 방안을 제시하는 것도 인간과 생물의 연대를 대중화시키고 지속적으로 이어지게 할 것이다.

둘째, 생명공동체에서 인간과 가이아가 어떤 메커니즘으로 작동하는지 이해하고, 그런 이해를 바탕으로 자연과의 공존을 위해 할 수 있는 노력을 경험해보아야 한다. 인간은 다른 생물들의 서식지를 파괴하고 농경지로 전환시켜 토양에 농약을 살포하고 엔트로피를 높인다. 그 결과로 이산화탄소 농도가 증가하고 산성비가 내리며 토양이 산성화되고 다양한 생명체가 서식지를 잃어 멸종한다면, 가이아가 인류 이전부터 유지해온 생리학적 메커니즘이 혼돈케 되는 것이고, 가이아는 건강을 되찾고자 지구의 온도를 높이고 이전과 다른 기후로 조절을 하는 자기생존의 행동을 할 것이다. 가이아가 총체성을 유지하기 위해 작동하는 생물 시스템은 이전과 다른 기후 환경이기 때문에 인간에게는 공격과 위협이 된다. 개발을 가속할수록 인간은 산성비, 미세먼지, 지하수 오염, 토지오염으로부터 잦아진 홍수, 가뭄, 해우, 기습폭우, 이상기후와 같이 생존을 위협하는 상황에 처하게 된다.

생태계역학으로부터 실천을 일구는 교육은, 인간의 에너지 사용과 밀접한 생물종의 진화 혹은 멸종, 생태계의 비정상적인 궤멸 현상을 배우고 생명공동체를 파괴함으로써 인간이 얻는 이득에 대해 비판적 시각을 가지며, 인간의 소비가 어떤 메커니즘으로 작동하여 인간의 행위가 다시 인간에게 어떻게 돌아오는지에 대한 인과의 과정을 아는 것이다. 나아가 인간의 경제생활에 어떤 문제가 있는 것은 아닌지 살피고, 바람직한 대안이 있는지 알아보고 실천 가능한 대안을 시도하는 것이다.

학교에서 과학, 실과 등의 교과와 관련지어 탄소배출, 탄소발자국, 생태발자국을 배우고 아나바다운동, 자연보호활동, 쓰레기 줍기 같은 환경교육을 하는 것이 바로 이런 측면에서 시작된 것이다. 환경오염의 심각성을 알리고 재활용과 같은 실천을 강조하는 환경교육에서는 계몽성에 치우친 생활차원의 '앎'에 집중되어 있다. 교실 안에서 '앎'에 집중되어 학교 활동으로만 이루어지는 환경교육으로는 생물과의 연대의식을 쌓기 어려우며, 생태계역학을 체감하기에도 부족하다.

환경윤리교육은 공식적인 교육 밖에서 인간 각자가 지구에서 살아가는 새로운 생활방식을 시도하는 것이 필요하다. 리프킨은 육식을 멈추는 사회적 결정이 내려진다면 수많은 사람들이 식품 사슬 아래쪽의 최소한의 칼로리를 섭취함으로써 기아에 허덕이는 인류를 구원할 것이라고 본다.[216] 인간이 소비 대신 공유로, 낭비 대신 절제로 삶의 모습을 바꾼다면, 인간과 가이아 간의 역학에서 인간의 낭비가 인간의 위해로 돌아왔던 것과 반대로 공존을 낳게 된다. 자연을 위한 노력의 과실이 인간에게 돌아오는 것이다.

소비가 아닌 공유와 절제의 실천은 '시민성' 교육으로 가능하다. 프롬은 『소유냐 존재냐』에서 소비는 소유의 모습이며, 소유는 살아남고자 하는 생물학적 소망에서 비롯된 것이지만 존재는 나누고 베풀고 희생하려는 인간실존의 양식이라고 보았다. 인간이 추구해야 할 존재는 '소유적 실존'이 아닌 '존재적 실존'이며, '존재적 실존'은 존재하기 위해 자기중심주의를 버리고 독립과 자유, 비판적 이성으로 행동하는 것이다. 지식참여의 미래사회에서는 누구나 적은 비용으로 지식생산에 참여하듯 에너지 생산과 공유도 누구나 생산하며 공유하는 것이다.

인간과 가이아 간의 역학에서부터 여러 시민성의 개념들을 제시해볼 수 있다. 학생과 교사가 함께 새로운 생산자, 소비자, 기업가, 공직자 상을 생각해보고 **'경제시민성'**[217] 개념을 함께 정립해봄으로써 세계에서 일어나는 제3세계 빈부격차, 환경파괴 문제, 이주노동자 문제를 교실 안으로 들여와 교육으로 연결할 수 있다. 김정은과 이기춘은 **'소비자시민성'**[218] 개념을 개인적·공동체적·환경과 세계소비 영역에서의 소비윤리의식과 소비자참여행동이란 척도로 나누어 설명하면서, 경제-소비와 관련된 교육은 공동체, 환경, 세계까지 확대하는 거시적 관점을 제시할 수 있는 구체적인 개인소비활동을 소재로 선택할 것을 제안한다. 김병연은 **'생태시민성'**[219] 개념을 제시하였는데 이를 바탕으로 휴대폰의 원료 '콜탄', 햄버거 패티의 원료 '소'와 같이 일상의 소재가 가진 이면의 메커니즘과, 지리와 환경 속에서 기업의 '생산-처리-판매의 과정'을 알아내고, 자본주의적 가치 속에서 네트워크의 일부인 자신은 어떤 가치관을 가져야 할지 생각해보는 수업을 시도해볼 수 있다.

이렇게 생태역학의 관계성을 기반으로 일상에서 도출되는 소재로부터 네트워크의 일원으로 책임과 의무를 깨닫는 것은 공정하고 보다 윤리적이며 지속가능한 미래를 만들어 가려는 '시민'의 자질을 북돋우며 물질에 예속되지 않고 '실존'하도록 돕는다.

인간이 먹고 사용하는 모든 것들은 생명으로부터 출발했다. 인간이 다른 생명을 취하는 것은 삶과 문명을 유지하기 위해 필수불가결한 행위다. 그러나, 그렇다고 해서 인간이 모든 생명의 생사여탈권을 쥔 독재자가 되어도 괜찮다는 것은 아니다. 인간에게 생명이란 먹이로 취할 수 있고, 사랑하는 대상이기도 하며, 자신을 공격할 수 있는 존재이기도 하다.[220] 그래서 인간은 생명에 대한 감수성을 갖는 것 즉 **생명애를 회복하는 경험**이 필요하다.

먹거리나 사랑의 대상으로 생명을 대하는 것은 육체적 감정적 안위를 위한 도구로 받아들이는 것이다. '먹는다'는 것은 다른 생명을 파괴하는 것을 전제한다. 인간은 '먹는 행위' 없이 생존할 수 없으며 인간의 온 삶에서 먹는 행위가 반복되는 것을 생각할 때 인간의 먹거리가 먹고 버려지는 쓰레기가 아니라 생명이었음을 생각하는 것은 인간에 대한 간절한 마음을 되찾는 것, 인간에 대한 감수성을 돋우는 작업이다.

생명에 대한 감수성을 회복하는 작업은 생명과 공감하고 교감하는 활동으로 이뤄진다. 학교교육에서 생명과 교감하고 공감하기 위해 가장 많이 이루어지는 활동으로 '동물 키우기'와 '현장체험'과 같은 프로젝트형 경험활동 등이 있다. 뷔페의 풍요로움을 선택하는 경험보다 직접 닭과 같은 생명을 키우고 키운 생명을 죽이고 먹어보는 경험, 유명 관광지를 돌아보는 수학여행보다 지역의 자연, 주민과 교류할 수 있는 공정여행의 경험이 이런 교육의 일환이다. 그러나 생명과 공감하며 생명에 대한 민감성을 이끌어내는 작업은 체계적이고 프로젝트형인 교육이 아니어도 가능하다. 브라운은 다음[221]과 같이 인간이 가진 감각을 깨워 자연과 교감할 수 있다고 보았다.

운동을 하고 책을 읽듯이 우리는 날마다 감각을 훈련하는 방법을 배워서 아이들에게 가르쳐야 한다. 아이들이 감각을 일깨우도록 가르쳐라. 주위 풍경을 주의 깊게 바라보고 색이나 질감, 모양, 그림자, 움직임에 주의를 기울이도록 자꾸 권해라. 아이들이 느긋한 마음을 갖도록 도와주고, 아이들이 제대로 음식을 맛보는 법을 가르쳐주고, 무슨 냄새가 나는지, 어디서 냄새가 나는지 주의 깊게 살피도록 가르쳐주어라. 자연에서 나는 여러 가지 소리들에 귀 기울이게 하고, 될 수 있는 한 많은 것을 만지고 느낄 수 있게 하라. 아이들이 지각능력을 훈련할 수 있도록 가르쳐서 감각을 날카롭게 하고, 더욱 생기 있게 만들면 지루하고 틀에 박힌 이 사회를 바꿀 수 있다.

나무를 오르고 짐승의 발자국을 관찰하며 인간이 가진 모든 감각을 깨우는 것은 인간의 야생성을 깨우는 것이며 인간이 가진 감각을 깨우는 교육을 통해 자연의 일부로서 인간의 자각도 깨어날 수 있다. 러브룩은 자연경관을 바라보며 자신이 자연의 일부라고 느끼는 그 순간을 가이아와 나누는 교감이라고 보았다.[222] 이것을 확장하면, 환경적으로 자연과 다소 떨어져 있는 학교교육에서도 자연과 교감하는 활동이 가능하다. 노을을 바라보며 불어오는 바람을 느끼고, 교사와 학생이 함께 계절의 변화에 따라 학교 주변을 산책하며, 노란 가을 들녘을 그려보고 쓸쓸한 겨울 논두렁에서 내년에 솟아오를 생명에 대한 소소한 대화를 나누는 활동들로도 자연과 교감할 수 있다.

미래기술은 엔트로피 증가를 가속화시킬 수도 있지만 반대로 줄어들게 할 수도 있다. 인간이 지구생태계를 오염시키고 파괴하는 속도를 늦추는 방향으로 미래기술을 적용하는 것이 필요하다. 인간이 기계론적 패러다임에서 벗어나 엔트로피 패러다임으로 생태계를 인식한다면 소유와 소비의 문화에서 공유와 협력의 문화로 나아갈 수 있다.

환경윤리를 이끌어내는 교육은 일상 속에서 **자연과 교감**하고, 생활 속에서 낭비보다 **윤리적 소비**를, 에너지 소비보다 **에너지 공유**를 선택하도록 돕는 것이다. 그리고 값싼 물품 이면의 불공정무역을 인식했다면 '공정무역 캠페인 활동'에 나서는 것과 같이 공동체와 함께 실천하도록 독려하는 것이다. 환경윤리교육은 미래세대가 연결할 그 다음의 미래세대까지 연대하는 것이며, 이런 노력들로 자연과의 공존, 인간 간의 공존은 물론 인류와 가이아 모두의 지속가능을 확신할 수 있다.

■ 수업 제안

공정카페를 열어라!

◇ 대상: 초등학교 6학년~중학교 2학년

◇ 교과: 사회, 경제 영역

◇ 중심가치: 경제적 약자에 대한 공정, 평등의식, 세계시민의식

◇ 기대효과

- 우리의 일상의 물건, 식재료 등과 다른 나라의 노동자가 연결되어 있다는 생각을 해보는 것.
- 외국인 노동자 및 탈북자에 대한 편견 없는 마음을 갖는 것.
- 의견과 생각이 다른 또래와 협력 및 상호작용함으로써 공감하고 공유하는 태도를 갖는 것.
- 무역상, 수입국민, 공장주, 노동자, 카페주인, 손님 등 다양한 역할을 경험함으로써 '개인적 욕구'보다 '공공의 가치'를 지향할 줄 아는 직업인으로 성장하는 것.

◇ 함께 읽을 만한 도서목록

도서명
세상에 대하여 우리가 더 잘 알아야 할 교양: 공정무역: 왜 필요할까?
착한 설탕 사 오너라: 공정무역 세계사 여행
공정 무역 행복한 카카오 농장 이야기
유니클로 제국의 빛과 그림자-노동자도 인간이다
지구인화성인우주인
카리우키의 눈물
하늘을 달리는 아이
커피우유와 소보르빵
까망머리 주디
돈이 많으면 행복할까?
100원이 작다고?: 돈의 가치를 배우는 경제 이야기
초등학생들이 가장 궁금해하는 경제 이야기 51
레몬으로 돈 버는 법 1: 어린이를 위한 경제학

◇ 프로젝트 과정

구분	1주	2주	3주	4주	5주	6주	7주	8주	9주
교사 입장 수업 흐름	주제 선정 경험 나누기	생각 나누기 독서 토론: 적정한 가격이란?	조사 발표 활동 초콜릿 커피 설탕 가격 비교 유통 과정 파악	생각 나누기 역할극 NIE 우리 나라 옷값은 적정한가?	조사 발표 활동 우르 과이 라운드 FTA 의미	질문 던지기 토의 세계인이 함께 행복한 무역을 할 수 있을까?	카페 준비 홍보 카페 예정 수익 논의	공정 무역 카페 OPEN	프로 젝트 평가 카페 수익 나눔: 외국인 노동자 단체 기부
학습자 입장의 배움	무역의 개념 이해 공정 무역에 대한 궁금증	가격 생성의 원리 이해	직접 시장 가격을 조사 발표 하기	동남아 국가의 입장과 대한 민국의 입장 에서 보기	누구나 경제적 약자에 설 수 있다는 생각해 보기	착한 경제 나눔에 대한 생각 갖기	현장 견학 하기 이윤의 용도에 대한 생각해 보기	경제 주체별 경제적 행위 체험 하기	소감 나누기 스스로 더 공부해 보기
수업 자료	도서	카탄 보드 게임	도서	뉴스 기사	프레지	브레인 스토밍	지역 인적 물적 자원 활용	신문 홍보지	활동 모습을 찍은 영상

박애의 실천

the practice of philanthropy

지금과 같은 소유와 소비 중심의 자본주의가 가속된다면, 미래사회는 더욱 불평등해진다. 그러나 인간은 공유와 협력의 공공경제 실현을 통해 경제적 이득을 극대화하면서도 인간의 삶의 가치를 협력적으로 창조해 갈 수 있다. 벌써 공유경제에 대한 논의와 실재는 시작됐다. 가상공간에 능한 젊은 계층을 중심으로 소유와 소비 중심의 경제 패러다임을 공유와 협력의 경제문화로 바꾸어 가고 있다.

의무교육과 공교육이 태동한 이래 학교교육은 불평등을 해소하고 정당한 사회적 이동을 가져오는 사회적 역할이 기대되어 왔다. 교육을 통해 사회적 불평등을 일정 부분 해소하고 각자의 능력에 맞는 소득을 얻음으로써 공정하게 자본을 교환하여 부를 축적하는 경제시스템에 바탕을 둔 민주적인 사회를 만들어 갈 수 있다고 여겨져 왔다. 그 결과 선진국으로 가려는 국가에서 교육정책은 매우 중요한 의제로 다뤄져 왔다.

그러나 자본과 부, 탐욕으로 추구되는 물질문화는 더욱 높은 도덕성을 추구하려는 교육보다 더 큰 영향력을 발휘해 왔으며, 교육의 역할을 직업인으로서의 준비와 사회적 불평등에 정당성을 부여할 선발의 도구로서 강조했다.

학교 안의 교육은 학교 밖의 시장을 넘기 힘들다. 보울스와 긴치스는 학교에서 교사와 학생 사이의 위계와 복종을 배운 학생이 자본주의적 생산양식과 지배계급의 요구를 그대로 받아들이며, 같은 지능IQ을 가졌더라도 사회적으로 높은 지위에 있고 경제적으로 여유로운 부모를 둔 자녀가 학교교육에서 성공한다고 보았다.[223] 학교가 사회의 경제적 불평등을 정당화시키는 교육을 하는 셈이다. 이정우는 다음[224]과 같이 세습되는 부가 학교교육의 성취를 좌우하고 때론 학교교육 자체를 뛰어넘어 사회적 성공으로 직결시킨다고 본다.

> *교육이 소득에 미치는 영향은 꽤 크지만, 사회·경제적 배경을 추가하면 교육 자체의 설명력은 원래 설명력의 60% 이하로 떨어진다고 한다. 그리고 사회·경제적 배경은 소득 불평등의 13%를 설명하는데, 교육이란 변수를 추가해보았자 설명력은 2.1%밖에 더 증가하지 않기 때문에 소득의 결정에 있어 교육보다는 사회·경제적 배경이 더 중요한 요인이라고 주장한다.*

교육은 불평등한 경제력에서 출발하기 때문에 교육을 통한 결과의 평등을 가져오기 어렵다. 공교육과 의무교육이 제도화된 국가에서 교육의 기회는 평등해 보이지만 실제로는 그렇지 않다. 학교 안의 가중된 경쟁에서 높은 성취를 가진 학력자들이 '노동의 행렬'에서 우선 채용되면서 학교교육 안에서는 더 큰 학력경쟁이 일어나게 됐다. 고학력자가 많아질수록 그로 인해 저학력자의 직업이 고학력자로 대치되는 '추돌효과'로 학력 인플레이션이 발생하고, 학력이 높다고 소득이 높은 건 아닌 학력사회로 진입하게 됐다.

학력사회의 경쟁에서 우위를 점하려는 노력은 미국에서 기부금제도에 의한 입학을 확산시키고, 한국에서 사교육 시장을 활성화시키며, 국제고·자사고·일반고·특성화고와 같이 학교를 위계화시켰다. 이런 선택들은 사회경제지수가 높은 가정에서 더 쉽게 접근할 수 있기 때문에 교육결과의 불평등, 나아가 사회적 불평등을 가중시키는 결과를 낳았다.

이러한 불평등을 해소하고 평등을 실현하기 위해서는 박애의 마음과 실천이 필요하다. 참여지식사회에서 지식은 세습될 수 있는 유형적 물질 자산이 아니기 때문에 신분 상승을 위한 평등한 접근성을 보장할 수 있다. 그러나 동시에 지식에서의 기회 평등은 신분 이동을 위한 고도의 경쟁과 실패에 대한 두려움을 더 깊게 낳을 수 있다.

드러커는 지식참여사회의 부정성은 자신이 하는 일과 그 일과 관련된 조직 외에 외부로 관심을 돌려 인간적으로 사회에 공헌하고 성취하려는 기회를 가짐으로써 해소될 수 있다고 보았다.[225] 아탈리는 이해타산적인 이타주의가 활성화되고, 타인의 행복이 자신에게 아무런 이용가치가 없더라도 결국 자신의 행복에 도움이 되고 있음을 깨달으며 사심 없는 이타주의로 나갈 수 있다고 보고, 사심 없는 이타주의에 기반을 둔 사회적 제도인 '하이퍼 민주주의'와 '대안적 모더니티'를 제안한다.

아탈리가 말하는 **형제애**fraternité는 앞으로 문명이 성취해야 하는 보편적 이타주의다. 아탈리는 형제애와 같은 윤리를 제도와 법률 안에 포함시킬 것을 제안했다.[226] 형제애는 타인-지금 살고 있거나, 과거에 살았거나, 미래에 살게 될 모든 존재-에 대한 관심에서 시작된다. 형제애는 누구나 가지고 있는 내면의 가치며 타자와 공생하는 관계를 쌓아 가는 과정이다. 형제애는 인간의 자유와 이기심, 탐욕과 무관심을 어느 정도 제어할 수 있는 도구이며, 타인도 행복을 누릴 권리가 있음을 받아들이는 방법으로써 평등을 강제할 수 있는 이타심이다. 아탈리는, 형제애는 거창한 것이 아니며 다음과 같이 다른 사람을 돕고자 하는 마음 혹은 못 도와주어서 미안한 마음처럼 다른 사람에 대한 작은 관심에서 시작된다고 보았다.

사람들은 개인적인 이익이 전혀 걸려 있지 않은데도 남에게 주는 기쁨을 추구하는 경우가 있다. 형제애는 바로 거기에도 있다. 남의 고독을 달래주고, 남의 고통에 대해 연민을 보이며, 되받기를 바라지 않고 베풀고, 단지 아이들이 행복해하는 모습을 보기 위해 양자 양녀로 받아들이며, 존경이나 보상을 바라지 않고 단지 한 인간으로 행동할 기회를 갖고자 장애인이나 노약자를 돌보는 일, 그런 일 속에도 형제애가 있다. 우리가 어떤 사람의 불행을 막거나 덜어줄 능력이 있다는 것을 알면서도 그냥 보고만 있을 때 그리고 고독이나 슬픔의 위험에 빠져 있는 사람을 구하는 일에 태만하다고 느낄 때, 우리 마음속에는 견딜 수 없는 죄의식이 생겨난다. 그런 죄의식 속에도 형제애가 있다.[227]

고대 팔레스타인에서 히브리인들은 무엇이 옳은지 알 뿐만 아니라 옳은 것을 행하는 '선한' 인간의 창조에 교육의 의미를 두었다.[228] 칸트는 인간이 경험하는 삶의 불평등이 인간이 처한 삶의 상황과 조건에서 발생됐다고 보기 때문에 가난하고 불쌍한 사람들에게 선행을 베푸는 것은 인간의 당연한 의무라고 보았다. 교육은 인간이 도덕적 존재로 커 나가면서 자기 이성을 따르는 삶을 살 수 있도록 선의지를 되살리고 정언명령을 따르게 해야 한다.[229]

화이트헤드는 **'잘삶'** well-being이란 "삶 전체를 볼 때 자신에게 가장 중요한 욕구"를 충족시키는 데 있는데, 교육이 할 일은 그 욕구를, 사회적 가치와 조화를 이룬 '정체성'을 가지도록 '이타적 관심' altruistic concern을 갖고 '다른 사람들의 잘됨'도 염두하게 하는 데 있다고 했다.[230] 화이트는 좋은 삶이란 도덕적으로 선한 삶이기도 하고 개인적으로 잘 사는 삶이기도 하므로, 학교교육에서 개인적 잘삶과 도덕성, 이타주의를 대조시키는 것은 잘못된 것이라고 말한다. 그에 의하면 학교의 과업은 학생들이 친구, 이웃, 직장동료, 시민의 잘삶을 도와주도록 준비시키는 것이다.[231]

리프킨은 인간의 행복을 결정하는 것은 물질을 소유하는 것이 아니라 공동체에 소속되며, 공감의 문명 속에 함께 살아가는 것이라고 보았다.[232] 서로를 돕고 연민하며 격려하는 공감, 즉 '협력적 감성'을 통해 나 자신의 존재와 만날 수 있으며 이것이 개인과 공동체의 행복감을 높일 수 있다는 것이다.

누스바움은 타인에 대해 관심을 갖고 공감하는 것을 통해 인간이 성장할 수 있으며 교육이 할 일은 다음[233]과 같이 깊은 공감과 상호 호혜의 중요성에 대한 감각을 키우는 것이라고 보았다.

> *깊은 공감에서 나오는 관점 전환의 경험을 통해 공감(sympathy) 또는 연민(compassion) 능력을 발전시키는 어린아이는 이제, 점점 더 자신에게 소중해져 가는 어느 한 사람에 대한 자신의 공격행위가 무엇이었는지 알아챘다. 그리하여 아이는 자신의 공격성에 대한 죄책감을, 그 사람의 행복에 대한 관심을 진심으로 느끼게 된다. 깊은 공감은 그 자체로 도덕성은 아니다. 그러나 그것은 도덕성의 핵심 성분들을 공*

급할 수 있다. 타인에 대해 관심을 갖는 능력이 발전하면, 이제 그 능력이 내부의 공격성을 제어하고자 하는, 점점 더 커져가는 욕구를 유발한다. 어린아이는 다른 사람들이 자신의 노예가 아니라 그들 자신의 삶에 대한 권리를 지닌 별개의 존재자임을 인식하게 되는 것이다. …… 바람직한 가정 양육은 아이로 하여금 타인이 필요로 하는 바에 대한 공감적 관심을 가지도록, 타인을 자신과 동등한 권리의 임자로 인식하도록 이끌 수 있다.

공유와 협력의 미래사회로 가기 위해서는 교육의 개념과 목적 안에 이타적 가치를 포함시켜 이타적 가치, 박애를 추구하는 방향으로 가야 한다. 드러커의 '공헌', 아탈리의 '형제애', 리프킨의 '협력적 감성'과 같이 박애를 인식하고 경험하도록 해야 한다. 이타주의는 내면의 가치로 머무르기보다 개인적인 실천과 사회적인 제도로 외현화될 때 공유와 협력을 만들 수 있다.

박애를 실천하는 교육은 약자에 대한 긍휼함을 갖고 타인에 대한 작은 관심을 보여주는 것부터 지역과 이웃에 대한 자선과 자원봉사, 모금활동, 구조활동과 같은 적극적인 참여로 나타날 수 있다. 또한 이타주의 법률과 제도-가족과 같은 형태의 관계망 지원, 복지기금 조성, 공공재 확산, 사회적 기업 육성-로 만들어지도록 독려하고 지지하는 것이다. 대가 없는 봉사활동에서 참다운 기쁨을 느낄 수 있도록, 경쟁에서 이기는 것보다 서로 돕는 방법을 배울 수 있도록, 친구의 발전이 자신에게도 기쁨으로 받아들여지도록 교육하는 것이다.

현재의 경쟁과 학력 중심의 사회는 자본과 부를 소유하고 소비하려는 인간의 욕망으로 고착되고 있다. 미래학자들은 자본과 부를 나누는 실천을 통해 공유의 문화를 열어가고 가정과 지역에 기반을 둔 현실 공동체에서 협력적 가치를 만들어가는 경험을 통해 탐심의 욕망을 인간 간의 공존을 위한 가치의 실천으로 만들어 갈 수 있다고 보았다.

모든 실천은 타인에 대한 관심과 인간존재에 대한 사랑을 바탕으로 시작되어야 한다. 경쟁에 치우친 교육은 국가 간은 물론 국가 내부의 불평등을 심화시킨다. 그렇기에 미래사회의 교육은 전 지구적 관점으로 변모하여야 하며, 불균형과 불평등에서 오는 불신과 불행 그리고 그로 인한 분쟁과 폭력의 가능성을 낮추고자 노력해야 한다. 인류의 지속가능과 인간 간의 공존을 위해 이웃과 지역에 공헌하는, 능동적으로 봉사하는, 약자와 빈자가 고려되는 공동체 안에서 자본과 부, 지식을 나누는 실천이 필요하다.

미래사회의 학교는 다양한 타자와 만날 수 있는 이질집단으로 배움의 조직을 구성하며 위계화되지 않아야 하고 교육소외 지역, 작은 학교, 소외계층에 대한 교육복지를 실천해야 한다. 경쟁과 서열로 불평등을 양산하는 것이 아니라 평등을 만들어가는 것을 사회에 제안하고 그러한 풍토를 만드는 데 기여할 수 있어야 한다.

미래학교는 박애에 대한 경험을 제안하고 경험할 수 있는 장소여야 한다. 미래교육은 소비의 한 과정이어서는 안 되며 인간의 이타적 관심, 박애를 실천할 수 있는 경험과 바로 그 실천의 과정이어야 한다.

꼬리말

가치 중심 교육과정으로 가자

발달되는 기술의 이로움과 경제성, 편리성에 정비례하며 커져버린, 기술 이면에 기술을 둘러싼 그리고 사용할 사람들마다의 욕망과 기술이 가져올 파멸의 크기는 얼마나 고려되고 있을까? 2018 평창동계올림픽을 달군 '오륜기 드론'에 보내던 갈채와 영화 『인랑』에서 사람을 죽이는 '살인로봇 드론'에 보이는 두려움은 기실 '드론'이라는 하나의 기술체로 파생될 가능성들 중 두 개의 예일 뿐이다. 그런데 미래는 '기술사회'라는 단면으로 설명되기 어려운 '지식참여사회', '욕망사회', '멀어지는 사회'의 모습을 고루 갖고 있다. 미래사회의 총체적 가능성들에 대해 우리는 어떤 준비를 하고 있는가?

한국 정부는 우리 아이들과 국가의 미래를 준비하기 위해 교육과정을 개정했다. 이를 통해 '미래사회의 변화에 대응'하는 바른 인성을 가진 '창의융합형 인재' 양성을 공교육의 목표로 삼고, 2018년부터 초·중 교육과정에서 소프트웨어교육과 코딩교육을 실시하고 있다. 아울러 디지털교과서를 보급하고 첨단미래학교를 육성하며 '지능형 학습분석 플랫폼'을 구축하는 등 기술친화적, 디지털교육정책들을 실시하고 있다.

이런 움직임은 한국에서만 일어나고 있는 것은 아니다. 에스토니아는 2012년부터 초등 전 학년을 대상으로 소프트웨어교육, 코딩교육, 로봇 프로그램을 실시하고 있으며, 영국은 2013년 소프트웨어 교육과정을 공시했고, 핀란드는 2016 개정교육 과정으로 초·중 소프트웨어 교육과정을 제시했다. 미국, 호주, 캐나다는 국가 수준의 교육과정은 없지만 주나 지역별로 2016년부터 소프트웨어교육을 초·중에서 실시하고 있다. 일본과 인도는 한국의 ICT 교육정보통신교육, 정보통신윤리교육과 비슷한 컴퓨터교육을 실시하고 있다. 그중에서도 특히 일본은 2020 개정교육과정에 소프트웨어 교육과정을 반영하는 것을 논의하고 있다.[234]

최근의 이런 움직임은 2000년 전후의 데자뷰다. 21세기에 들어 컴퓨터가 확산되고 인터넷이 보급되기 시작하자 1997년 7차 교육과정에서 '21세기 정보화 시대'를 주도할 '자율적이고 창의적인 한국인 육성'을 목표로 학교에 컴퓨터실을 만들고 컴퓨터를 다룰 수 있는 '정보통신교육'을 시작했다. 그리고 인터넷 속도가 빨라지고 휴대폰이 확산되면서 네트워크 상에 자유롭게 의견을 내놓기 시작하자 2009 개정교육과정에서 '사이버 예절'을 강조한 '정보통신윤리교육'을 도입했다.

이렇듯 새로운 기술 그리고 그 기술이 사회의 발전요소이자 갈등요소로 등장하면 교육은 이를 해결하거나 해소하는 역할을 자임해왔다. 미래사회로 갈수록 기술은 점점 더 발달될 것이므로 기술들을 배우고 익히고 누리는 교육도 계속 등장할 것이다.

그런데 학교에서 기술을 가르친다는 것은 준비시간을 필요로 하는 일이다. 학교교육에 도입할지를 검증하고 이에 맞는 인프라를 구축하며 가르칠 교사를 양성하는 시간으로 인해, 공교육은 기술의 변화 속도를 따라잡을 수 없다.

사교육이라면 가능할 수 있다. 2015 개정교육과정의 내용이 알려지자마자 사교육계에서는 초등학생부터 받게 되는 소프트웨어 교육에 대처하기 위해 유아를 대상으로 한 코딩교육 프로그램을 개설했다. 심지어 일부 코딩학원에서는 대학 전공자들이 배움직한 내용을 초등학생들에게 가르치고 있다.

앞으로 기술은 더 많은 유용성을 갖기 위해 어린아이조차 다룰 수 있도록 더욱 쉽게 발전할 것이며, 더 많은 이익을 창출하기 위해 이전의 것을 무용하게 하는 방향으로 확산될 것이다. 따라서 모두가 그 기술을 제대로 익힌다는 것은 의미가 없으며, 그것은 공교육이든 사교육이든 모두 고려해야 할 바다.

세계에서 기술진보에 가장 앞장서고 있는 실리콘밸리의 최고경영자들은 자녀교육에 있어서 첨단기기를 이용하기보다 거부하는 모순을 보인다. 아이폰으로 유명한 스티브 잡스는 "We limit how much technology our kids use at home"이라며 자녀에게 아이패드나 컴퓨터를 주고 그것에 몰두하게 하는 대신 책에 대해 토론을 했던 것으로 알려졌다.[235] 마이크로소프트사의 창업자 빌 게이츠는 자녀가 14세가 될 때까지 스마트폰을 금지했으며, 대학생이 될 때까지 스마트폰 사용을 제한했다고 알려져 있다. 현재 애플사의 최고경영자인 팀 쿡은 코딩교육을 하는 한 영국대학을 방문하여 "외국어와 코딩교육 중 선택을 해야 한다면 코딩교육을 지지하겠지만 미술과 문학을 포함한 모든 부분에 기술이 사용되어서는 안 된다"라고 지적하기도 했다.[236]

구글의 한 기계번역 전문가는 강연장 위에서 머지않아 외국어 공부를 안 할 수 있을 만큼 번역기술이 발달되고 있다고 말하면서도 강연장을 내려와서는 자기 자녀에게 '언어는 문화'라며 학교에 가서 중국어 공부를 열심히 하라고 말한다. 기술의 수용 범위와 한계를 어디에 두어야 할지는 기술을 개발하는 사람들조차 쉽지 않은 결정인 것이다. 아울러 '변화'가 속성인 기술을 그대로 흡수할 만큼 교육의 속성도 '변화'라고 봐야 하는지는 생각해봐야 할 바다.

세계의 여러 나라들을 살펴보면, 기술친화적 교육과정을 도입하면서도 동시에 그에 반하는 사회적 움직임들이 계속 나타나고 있다. 텔레비전, 스마트폰, 자극적인 동영상 등이 성장기 뇌에 끼치는 부정적인 영향에 대한 연구들이 발표되고 있으며, 영유아들에게 스마트폰이나 텔레비전을 보지 못하게 하는 금지법안이 상정되거나 청소년기에 들어서도 학교는 물론 가정에서까지 스마트폰을 사용하지 않도록 장려한다. 프랑스처럼 국가가 나서서 법으로 3~15세의 모든 학생들이 교육기관에 전자기기를 갖고 등교할 수 없도록 하고 있기도 하다. 기술에 쉽게 노출되는 사회로 갈수록 반대적인 움직임으로 균형을 맞추어 가려는 모습들이다. 그럼에도 한국은 학교교육을 통해 의무적으로 배우도록 하는 것은 무엇 때문일까?

그것은 다른 국가보다 빨리, 또래 친구들보다 빨리, 모르는 학부모들보다 더 정보력 있게 디지털교육으로 아이의 미래를 준비해야 한다고 생각했기 때문이다. 그리고 그것이 우리 공동체, 국가의 미래를 준비하는 것으로 판단되기 때문이다.

그러나 사회의 요구가 반영된 즉시적인 교육정책들은 교육대상자의 가까운 미래에는 유효하지만 보다 먼 미래의 삶에는 부정적일 수 있다.

일본의 유토리 교육ゆとり教育, 여유교육은 비주입식 교육, 남에 대한 배려 등이 특징인데, 오랫동안 공교육에 크고 작게 도입되어 왔다. 그러나 학생들의 학력 저하와 규율 중심의 기업문화에 대한 부적응을 이유로 2016년 공교육에서 전면적으로 제외됐다.

그런데 '4차 산업혁명'의 '혁신과 변화'가 사회의 주요 의제로 본격적으로 다뤄지기 시작하면서 '실패한 교육세대'로 불렸던 유토리 세대가 이런 '빠른 변화'에 잘 적응할 수 있는 세대로 기대되고 있다.[237] 반면 '시대의 흐름에 맞는 교육'을 기조로 학력 신장과 학력평가를 강조하는 탈유토리 교육현장은 경쟁이 일상화되고 학교가 피라미드화되면서 오히려 부정적인 문제들을 드러내기 시작했다.[238]

'탈유토리 교육'이 성급한 결정이었는지의 여부는 아직 속단하기 어렵지만, '변화의 속도'에 맞는 교육정책을 내놓기 어렵다는 것은 분명하다. 그래서 교육에 대한 제안은 현상에 대응하고 현 사회의 요구를 수용하는 것을 넘어 현상 이면에 집중해야 한다.

사회의 문화, 국가의 정책 이면에는 그것을 보는 각자의 가치가 자리 잡고 있다. 가치는 모호하고 드러나지 않지만 개인과 사회를 움직이고 변화를 유도하며 공동체의 미래 모습을 결정짓는다. 기술이 어떠하든지 간에 우리 아이들의 미래에 도움이 된다면 이를 받아들이고 잘 가르쳐야 한다. 그런데 한국은 물론이고 핀란드와 같이 국가에서 주도한 기술친화적 교육과정을 들여다보면 그 핵심내용은 사실 '기술'이 아닌 '컴퓨팅사고'를 기르는 데 방점을 찍고 있다.

컴퓨팅사고란 컴퓨터처럼 사고하는 것을 말한다. 인간이 인간의 뇌의 작동원리를 본떠 만든 컴퓨터는 알고리즘에 의해 작동하며 인간보다 더 절차적이고 논리적이다. 세상에는 다양한 문제들이 있고, 사람들은 살아가면서 그런 문제들을 해결해 나가야 하는데, 컴퓨터처럼 사고하는 것을 가르쳐서 문제해결력을 높이려는 것이다. 그렇다면 한국이 기술친화적 교육과정을 강조한다는 것은 오해일 수 있으며, 진위는 기술을 가르치는 교육이 아니라 기술을 통해 무언가를 교육하려는 것으로 볼 수도 있다.

기술친화적 교육과정을 통해 길러내려는 '역량'은 OECD로부터 출발한다. 경제발전을 위해 서로 협력하고자 모인 OECD 국가들은 회원국들의 미래를 짊어진 학생들의 우수성을 비교하고자 1997년부터 읽기, 수학, 과학, 문제해결력 분야의 성취도를 비교하는 PISA를 마련하면서 '역량'의 개념을 가져왔다. 문화와 교육이 각기 다른 국가들이 서로를 비교하여 평가한 결과에 수긍하기 위해서는 정량적이고 표준화된 수치와 '할 수 있는지' 여부가 중요한 기준이 된다.

반면 정량화하거나 수치화하기 어려운 '태도', '가치', '삶에서의 지속적인 실천'과 같은 영역은 평가에서 제외될 수밖에 없다. 이렇게 마련된 역량의 개념은 OECD 회원국들의 국가교육과정에 영향을 미쳤으며 2015 개정교육과정의 경우 교과역량별 지도방안을 제시할 정도로 교육방향과 교육목표에 중요하게 작용하고 있다.

우리 아이들이 가져야 할 역량 그리고 학교교육을 통해 성취해야 할 성취 기준은 누가 정했으며, 무엇이 기준에 영향을 미쳤는가를 살펴보면, 국가, 좀 더 분명히는 기업적 관점, 경제적 의미에서 출발하고 있다. 새로운 무언가를 만들어내는 '창의'라는 역량이, 새로운 무언가를 만들어내는 '메이커'라는 인재상이 변화가 가속되는 미래사회에 새로운 변화를 부채질하며 대다수 사람들의 삶을 오히려 힘겹게도 할 수 있지 않을까?

국가공무원인 나와 같은 교사들은, 새로운 기술을 가르치는 교육과정이 가르칠 학생들이 살아갈 잘삶과 얼마만큼의 연관성이 있는지 생각할 겨를도 없이 도달해야 하는 교육의 목표로 받아들이고 있지는 않은지 살펴야 한다. 극단적으로 국가공동체의 경제성 향상을 위해 오로지 교육이 쓰여야 하는가에 대해 그저 수용하고 순응하는 것이 교사와 교육행정 입안가의 책임을 다하는 것인지 생각해본다.

최근 OECD는 평가하기 어려운 '실천, 태도, 가치'를 평가의 틀 속에서 측정하고자 노력하고 있으며 교육의 중요한 내용으로 가져오고 있다. 무언가를 해내는 '역량'이나 '할 수 있느냐 없느냐'의 성취 기준보다 '자유, 정의, 존엄, 관용, 평화, 안전, 심미성, 자신감, 창의적 상상, 호기심, 감성, 자기통제, 자기이해'와 같은 것들이 교육에 담겨야 한다고 보는 것이다. 이것은 미래를 연구하는 학자들도 오랫동안 주장해온 내용들로, 미래를 준비해 나가기 위해서는 '도덕', '가치', '윤리'가 필요하다는 것이다. 이들이 이런 주장을 해온 것은, 교육의 효용과 수단보다 살아갈 삶과 공동체의 모습을 고려하기 때문이다.

다시 한번 생각해본다. 우리 아이들에게 진정 필요한 교육은 무엇일까? 무엇이 우리 아이들의 미래를 제대로 준비시켜 줄 것인가?

주석

1. THE FUTURIST(2013.9-10월). Disappearing Futures. 24.
2. 한국교육학술정보원(2011.07.) 미래학교 체제 도입을 위한 future school 2030 모델 연구. 120.
3. businessinsider(2017.11.) Tech billionaires spent $170 million on a new kind of school-now classrooms are shrinking and some parents say their kids are 'guinea pigs'. http://www.businessinsider.com 검색: 2018.01.10.
4. 하인호(2009) 미래학이란 무엇인가. 서울: 일송북. 24.
5. 하인호(2008) 미래를 읽는 9가지 방법. 서울: 일송북.; 하인호(2009) 미래학이란 무엇인가. 서울: 일송북.
6. Schwartz P.(1996) *The Art of the Long View.* 박슬라 역(2009) 미래를 읽는 기술. 서울: 비즈니스북스.
7. 박영숙·Glenn J.(2017) 세계미래보고서 2055. 서울: 비즈니스북스.
8. Gardner, D.(2010) *Future Babble.* 이경식 역(2011) 앨빈토플러와 작별하라. 서울: 생각연구소. 128.
9. 박영숙·Glenn J.(2017) 세계미래보고서 2055. 서울: 비즈니스북스. 22.
10. Martin J.(2006) *The Meaning of the 21st Century.* 류현 역(2009) 미래학 강의. 경기도: 김영사. 92-112.
11. Gardner, D.(2010) *Future Babble.* 이경식 역(2011) 앨빈토플러와 작별하라. 서울: 생각연구소. 75.
12. Kurzweil, R.(2005) *The Singulaity Is Near.* 김명남·장시형 역(2016) 특이점이 온다. 경기도: 김영사. 445.
13. Harari N. Y.(2015) *Homo Deus: A Brief History of Tomorrow.* 김명주 역(2017) 호모데우스 미래의 역사. 경기도: 김영사. 48-49.
14. EBS(2010) 미래의 학교. 동영상.
15. Rifkin J.(2011) *The Third Industrial Revolution: How Lateral Power is Transforming Energy, the Economy, and the World.* 안진환 역(2012) 3차 산업혁명 수평적 권력은 에너지, 경제, 그리고 세계를 어떻게 바꾸는가. 서울: 민음사. 336-339.
16. Kurzweil R.(2005) *The Singulaity is Near.* 김명남·장시형 역(2016) 특이점이 온다. 경기도: 김영사. 463-465.
17. Toffler A.·Toffler H.(2006) *Revolutionary Wealth.* 김중웅 역(2016) 부의 미래. 서울: 청림출판. 67.
18. 최재천(2013) 통섭의 식탁 최재천 교수가 초대하는 풍성한 지식의 만찬. 서울: 명진출판. 39.
19. 신고리 5·6호기 공론화위원회(2017.10.20.) 신고리 5·6호기 공론화 시민참여형조사 보고서.
20. Shorris, E.(2000) *Riches for the Poor: The Clemente Course in the Humanities.* 이병곤 외 역(2006) 희망의 인문학. 서울: 이매진.

21. Whitehead, A. N.(1967) *The Aims of Education and Other Essays.* 오영환 역(2004) 교육의 목적. 경기도: 궁리. 69-163.
22. Kant I.(1803) *Kants Vorlesung Ueber Paedagogik.* 조관성 역(2007) 칸트의 교육학 강의. 서울: 철학과 현실사. 73-74.
23. Toffler A.(1980) *The Third Wave.* 원창엽 역(2009) 제3의 물결. 서울: 홍신문화사.
24. Drucker F. P.(1989) *The New Realites.* 김용국 역(1989) 새로운 현실. 서울: 시사영어사. 212-225.
25. Attali, J.(2007) *Une Brève Histoire de L'avenir.* 양영란 역(2010) 미래의 물결. 경기도: 위즈덤하우스.
26. Rifkin J.(2011) *The Third Industrial Revolution: How Lateral Power is Transforming Energy, the Economy, and the World.* 안진환 역(2012) 3차 산업혁명 수평적 권력은 에너지, 경제, 그리고 세계를 어떻게 바꾸는가. 서울: 민음사.
27. 박영숙·Glenn, J.(2017) 세계미래보고서 2055. 서울: 비즈니스북스. 130.
28. Kurzweil R.(2005) *The Singulaity is Near.* 김명남·장시형 역(2016) 특이점이 온다. 경기도: 김영사. 326.
29. Schwab K.(2016) *The Fourth Industrial Revolotion.* 송경진 역(2017) 클라우드 슈밥의 제4차 산업혁명. 서울: 메가스터디. 25.
30. 구본권(2017) 로봇 시대, 인간의 일 인공지능 시대를 살아가야 할 이들을 위한 안내서. 서울: 어크로스.
31. 최윤식(2014) 2030 대담한 미래2 서울: 지식노마드.
32. 홍선주·이명진·최영인 외(2016) 지능정보사회 대비 학교 교육의 방향 탐색. 서울: 한국교육과정평가원. 7.
33. ktv뉴스(2017.12.29.) 드론전투로봇부터 투명전차까지 미래무기발표.; 김승아(2017.12.27.) 투명망토제작 열쇠는 찾았다. http://www.astronmer.rocks 검색: 2018.01.07.
34. Darwin R. C.(1871) *The Descent of man, and Selection in Relation to Sex.* 김관선 역(2009) 인간의 유래1. 경기도: 한길사. 100-202.
35. Bauman, Z.(2000) *Liquid Modernity.* 이일수 역(2009) 액체근대. 서울: 도서출판 강.
36. Huxley, H. T.(1894) *Evolution and Ethics- The Romanes Lecture, Prolegomena.* 이종민 역(2014) 진화와 윤리. 부산: 산지니.
37. Drucker F. P.(1989) *The New Realites.* 김용국 역(1989) 새로운 현실. 서울: 시사영어사. 302.
38. 최윤식·김건주(2014) 기회의 대이동. 경기도: 김영사. 216.

39. 小林 薰(2001) *Druker to No Taiwa.* 남상진 역(2002) 피터드러커 미래를 읽는 힘. 서울: 청림출판. 197.
40. 최윤식·김건주(2014) 기회의 대이동. 경기도: 김영사. 22-25.
41. Toffler A.·Toffler H.(2006) *Revolutionary Wealth.* 김중웅 역(2016) 부의 미래. 서울: 청림출판. 154-156.
42. Arbesman, S.(2013) *The Half_Life of Facts.* 이창희 역(2014) 지식의 반감기. 서울: 책읽는 수요일. 77-93.
43. Arbesman, S.(2013) *The Half_Life of Facts.* 이창희 역(2014) 지식의 반감기. 서울: 책읽는 수요일. 54-59.
44. Rifkin, J.(2011) *The Third Industrial Revolution: How Lateral Power Is Transforming Energy, The Economy, and The World.* 안진환 역(2012) 3차 산업혁명 수평적 권력은 에너지, 경제, 그리고 세계를 어떻게 바꾸는가. 서울: 민음사. 236.
45. Kurzweil, R.(2005) *The Singulaity Is Near.* 김명남·장시형 역(2016) 특이점이 온다. 경기도: 김영사. 81.
46. Toffler A.·Toffler H.(2006) *Revolutionary Wealth.* 김중웅 역(2016) 부의 미래. 서울: 청림출판. 170-173.
47. Attali, J.(1999) *Fraternités.* 이세욱 역(2001) 합리적인 미치광이. 서울: 중앙M&B. 66.
48. 최윤식(2014) 2030 대담한 미래2 서울: 지식노마드. 315.
49. 사진출처 YTN뉴스(2017.11.10.) 지구상에 단 한 마리 남은 수컷 북부흰코뿔소의 슬픈 표정. http://www.ytn.co.kr 검색: 2018.01.07. 한겨레(2017.11.14.) 6차 대멸종 진행중. http://www.hani.co.kr. http://scientistswarning.forestry.oregonstate.edu 세계 과학자들의 '인류에 대한 경고' 결의안. 검색: 2018.08.25.
50. 시사저널(2018.08.08.) 인류 위협하는 '마이크로비즈'. http://www.sisajournal.com 검색: 2018.08.25.; 서울경제(2018.07.26.) 플라스틱범벅생선, 2050년 식탁을 점령하다. http://www.sedaily.com 검색: 2018.08.25.
51. CNN(2018.08.23.) The Arctic's 'last bastion' of sea ice is breaking up for the first time on record. https://edition.cnn.com; 김현정의 뉴스쇼(2018.08.24.) 빙하전문가 2030년북극얼음 사라진다 이젠 늦었다. 검색: 2018.08.25.
52. Sax, D.(2016) *The Revenge of Analog.* 박상현·이승연 공역(2017) 아날로그의 반격. 서울: 어크로스.
53. 김왕배(2017). 혐오 혹은 메스꺼움과 배제의 생명정치. 사회사상과 문화 Vol.20. No1. 111-149.
54. 김지혜·이숙정(2017). 여성혐오에 대응하는 온라인 커뮤니티의 실천 전략과 장치의 세속화 가능성. 커뮤니케이션학 연구 Vol.25. No1. 85-113.
55. Waldron, J.(2012). *The Harm In Hate Speech.* 김은주·이소영 공역(2017). 혐오표현, 자유는 어떻게 해악이 되는가. 고양시: 이후.

56. Attali, J.(1999) *Fraternités*. 이세욱 역(2001) 합리적인 미치광이. 서울: 중앙M&B. 59.
57. 심상정국회의원보도자료(2018.08.30.)통계청 가계동향조사 무엇이 문제인가. ; KBS뉴스 (2018.09.02.) 상위 0.1%는 얼마나 벌까. http://news.kbs.co.kr 검색:2018.09.02.
58. Attali, J.(2003) *L'homme Nomade*. 이효숙 역(2010) 호모 노마드, 유목하는 인간. 서울: 웅진 지식하우스. 40.
59. Attali, J.(2003) *L'homme Nomade*. 이효숙 역(2010) 호모 노마드, 유목하는 인간. 서울: 웅진 지식하우스. 427.
60. Attali, J.(2007) *Une Brève Histoire de L'avenir*. 양영란 역(2010) 미래의 물결. 경기도: 위즈덤하우스. 151.
61. Toffler A.(1980) *The Third Wave*. 원창엽 역(2009) 제3의 물결. 서울: 홍신문화사. 19-27.; Toffler A.(1990) *Power Shift*. 이규행 역(1995) 권력이동. 서울: 한국경제신문사. 112.
62. 김재민(2015) 한국의 해외입양 정책 연구. 성공회대학교 일반대학원 사회학과 박사학위논문. 41. 김국현(2012) 교육학개론 경기도: 교육과학사.
63. Toffler A.(1990) *Power Shift*. 이규행 역(1995) 권력이동. 서울: 한국경제신문사. 106.
64. Augé, M.(1992) Non-Lieux. 이상길·이윤영 공역(2017) 비장소 초근대성의 인류학 입문. 파주시: 아카넷. 97.
65. Toffler A.(1990) *Power Shift*. 이규행 역(1995) 권력이동. 서울: 한국경제신문사. 311-315.; Rifkin, J.(2001) *The Age of Access*. 이희재 역(2002) 소유의 종말. 서울: 민음사. 384-392.
66. 구본권(2015) 당신을 공유하시겠습니까 셀카 본능에서 잊혀질 권리까지, 삶의 격을 높이는 디지털 문법의 모든 것. 서울: 어크로스. 68-96.
67. 한병철(2012) *Transparenzgesellschaft*. 김태환 역(2017) 투명사회. 서울: 문학과 지성사. 101-102.
68. Kurzweil, R.(2005) *The Singulaity Is Near*. 김명남·장시형 역(2016) 특이점이 온다. 경기도: 김영사. 433.
69. Rifkin, J.(2001) *The Age of Access*. 이희재 역(2002) 소유의 종말. 서울: 민음사. 392.
70. 최윤식·김건주(2014) 기회의 대이동. 경기도: 김영사.
71. Kurzweil R.(2005) *The Singulaity is Near*. 김명남·장시형 역(2016) 특이점이 온다. 경기도: 김영사. 271.
72. 유엔미래포럼(2016.05.16.) KFF2016 뇌+AI '증강된 천재온다 2030년 대변혁 제롬 글렌 밀레니엄 프로젝트 회장 미래 예측. http://korea2050.net 검색: 2017.09.26.
73. Kurzweil R.Grossman T.(2009) *Transcend: Nine Steps To Living Well Forever*. 김희원 역(2015) 영원히 사는 법 의학혁명까지 살아남기 위해 알아야 할 9가지. 서울: 승산. 59-60.
74. Kurzweil R.(2005) *The Singulaity is Near*. 김명남·장시형 역(2016) 특이점이 온다. 경기도: 김영사. 273-276.

75. Harari N. Y.(2015) *Homo Deus: A Brief History of Tomorrow.* 김명주 역(2017) 호모데우스 미래의 역사. 경기도: 김영사. 478-480.
76. 다음백과. http://100.daum.net 관련내용 검색.
77. Kurzweil R.(2005) *The Singulaity is Near.* 김명남·장시형 역(2016) 특이점이 온다. 경기도: 김영사. 306.; 박영숙·Glenn, J.(2017a). 세계미래보고서 2055. 서울: 비즈니스북스. 101.
78. 전방욱(2017) DNA혁명 크리스퍼 유전자 가위. 서울: 이상북스.
79. Attali, J.(2007) *Une Brève Histoire de L'avenir.* 양영란 역(2010) 미래의 물결. 경기도: 위즈덤하우스. 272.
80. Rifkin, J.(1980) Entropy. 이창희 역(2014) 엔트로피. 서울: 세종연구원. 299.
81. IT world(2016.05.10.) 사람인 줄 알았는데 인공지능 조교, 조지아공과대학 등장. http://www.itworld.co.kr 검색: 2017.09.19.; The Science Times(2016.12.09.) 로봇교사 등장에 학생들 열광 미국 프랑스 학교에 로봇교사 확산. http://www.sciencetimes.co.kr 검색: 2017.09.19.
82. Drucker F. P.(2000b) *The Essential Drucker III.* 이재규 역(2001) 이노베이터의 조건 어떻게 스스로를 혁신할 것인가. 서울: 청림출판. 163.
83. Kenichi O.(2009) *"Chi No Suitai" Kara Ika Ni Dasshutsu Suruka?.* 양영철 역(2009) 지식의 쇠퇴: 오마에 겐이치의 21세기 집단지성론. 서울: 도서출판 말글빛냄. 169-179.
84. 황규희 외(2017) 글로벌 인재포럼 2017. 한국직업능력개발원.
85. 최윤식·김건주(2014) 기회의 대이동. 경기도: 김영사. 29.
86. 최윤식·김건주(2014) 기회의 대이동. 경기도: 김영사. 29.
87. 小林 薰(2001) *Druker to No Taiwa.* 남상진 역(2002) 피터드러커 미래를 읽는 힘. 서울: 청림출판. 127.
88. Schnabel, U.(2010) *Mube: Vom Glück des Nichtstuns.* 김희상 역(2016) 아무것도 하지 않는 시간의 힘. 경기도: 가나출판사. 165-173.
89. Klein, S.(2006) *Zeit. Der Stoff, aus Dem Das Leben Ist. Eine Gebrauchsanleitrun.* 유영미 역(2007) 시간의 놀라운 발견. 서울: 웅진지식하우스. 173.
90. Salecl, R(2015) *On Anxiety.* 박광호 역(2015) 불안들. 서울: 후마니타스. 112.
91. 한병철(2012) *Transparenzgesellschaft.* 김태환 역(2017) 투명사회. 서울: 문학과 지성사. 46.
92. Toffler, A.(1970) *Future Shock.* 이규행 역(1998) 미래 쇼크. 서울: 한국경제신문사. 347-348.
93. 박영숙·Glenn J.(2017) 세계미래보고서 2055. 서울: 비즈니스북스. 151.
94. Attali, J.(2009) *Survivre Aux Crises.* 양영란 역(2010) 살아남기 위하여. 경기도: 위즈덤하우스. 35.
95. 박영숙·Glenn J.(2017) 세계미래보고서 2055. 서울: 비즈니스북스. 245-246.
96. Schwab, K.(2016) *The Fourth Industrial Revolotion.* 송경진 역(2017) 클라우드 슈밥의 제4차 산업혁명. 서울: 메가스터디. 59-70.

97. Frey, B. C. Osborne, M.(2013) *The Future of Empliyment.* LD: Oxford Martin School.
98. WEF(2017.08.14.) 6 ways to make sure AI creates jobs for all and not the few. https://www.weforum.org 검색: 2017.09.01.
99. WEF(2017.07.26.) Robots have been taking our jobs for 50 years, so why are we worried? https://www.weforum.org 검색: 2017.09.01.
100. Cohen D.(1997) *Richesse du monde, Pauvretés Des Nations.* 주명철 역(2000) 부유해진 세계, 가난해진 사람들. 서울: 시유시. 72-85.
101. WEF(2016c) *The Global Risks Report 2017 12th Edition.* World Economic Forum. 39.
102. Drucker F. P.(2000b) *The Essential Drucker III.* 이재규 역(2001) 이노베이터의 조건 어떻게 스스로를 혁신할 것인가. 서울: 청림출판. 140-141.
103. kbs1tv(2015.04.26.) 오늘 미래를 만나다 미래혁명 1장 미래직업. 동영상.
104. Rifkin, J.(1995) *The End of Work.* 이영호 역(2016) 노동의 종말. 서울: 민음사. 397.
105. 박영숙·Glenn J.(2017) 세계미래보고서 2055. 서울: 비즈니스북스. 144.; Schwab, K.(2016) *The Fourth Industrial Revolotion.* 송경진 역(2017) 클라우드 슈밥의 제4차 산업혁명. 서울: 메가스터디. 71.
106. 황규희 외(2017) 글로벌 인재포럼(2017.10.31.-11.02.) 한국직업능력개발원. 45.
107. 시사저널(2017.08.11.) 한국형 로봇세 도입은 정말일까. http://www.sisapress.com 검색: 검색: 2017.09.01.
108. Toffler, A.·Toffler, H.(2006) *Revolutionary Wealth.* 김중웅 역(2016) 부의 미래. 서울: 청림출판. 496.
109. Harari N. Y.(2015) *Homo Deus: A Brief History of Tomorrow.* 김명주 역(2017) 호모데우스 미래의 역사. 경기도: 김영사. 537.
110. Illich I. 외(2011) *Disabling Professions.* 신수열 역(2017) 전문가들의 사회. 사월의 책. 경기도: 사월의 책. 13-53.
111. 박영숙·Goertzel, B.(2016) 인공지능 혁명 2030. 서울: 더블북. 35.
112. Domingos P.(2015) *The Master Algorithm: How the Quest for the Ultimate earning Machine Will Remake Our World.* 강형진 역(2016) 마스터알고리즘 머신러닝은 우리의 미래를 어떻게 바꾸는가. 서울: 비즈니스북스; Martin, J.(2006) *The Meaning of The 21st Century.* 류현 역(2009) 미래학 강의 경기도: 김영사.
113. Kurzweil R.(2005) *The Singulaity is Near.* 김명남·장시형 역(2016) 특이점이 온다. 경기도: 김영사. 183.
114. Kurzweil R.(2005) *The Singulaity is Near.* 김명남·장시형 역(2016) 특이점이 온다. 경기도: 김영사. 470.

115. Attali, J.(2007) *Une Brève Histoire de L'avenir.* 양영란 역(2010) 미래의 물결. 경기도: 위즈덤하우스. 287.
116. 박영숙·Glenn, J.(2017a) 세계미래보고서 2055. 서울: 비즈니스북스. 249.
117. Kurzweil R.(2012) *How To Create A Mind The Secret of Human Thought Revealed.* 윤영삼 역(2013) 마음의 탄생 알파고는 어떻게 인간의 마음을 훔쳤는가. 서울: 크레센도. 354.
118. Attali, J.(2007) *Une Brève Histoire de L'avenir.* 양영란 역(2010) 미래의 물결. 경기도: 위즈덤하우스. 287.
119. Kurzweil R.(2012) *How To Create A Mind The Secret of Human Thought Revealed.* 윤영삼 역(2013) 마음의 탄생 알파고는 어떻게 인간의 마음을 훔쳤는가. 서울: 크레센도. 350-358.
120. Attali, J.(2007) *Une Brève Histoire de L'avenir.* 양영란 역(2010) 미래의 물결. 경기도: 위즈덤하우스. 287.
121. Toffler, A.(1970) *Future Shock.* 이규행 역(1998) 미래 쇼크. 서울: 한국경제신문사. 129-154.
122. Cohen D.(2013) *Homo Economicus.* 박상은 역(2013) 호모 이코노미쿠스 새로운 시대에 방황하는 선구자. 경기도: 글항아리. 203.
123. https://en.wikipedia.org/wiki/Harry_Harlow.; Slater, L.(2004) Opening Skinner's Box: Great Psychological Experiments of The Twentieth Century. 조증열 역(2015) 스키너의 심리상자 열기. 서울: 에코의 서재. 121-146.
124. Bentham, J.(1791) *Panopticon.* 신건수 역(2017) 파놉티콘 감시시설, 특히 감옥에 대한 새로운 원리에 관한 논문. 서울: 책세상. 68쪽.
125. Attali, J.(2007) *Une Brève Histoire de L'avenir.* 양영란 역(2010) 미래의 물결. 경기도: 위즈덤하우스. 287.
126. 위키백과. http://ko.wikipedia.org 관련내용 검색: 2017.09.29.
127. 박영숙·Glenn, J.(2017a) 세계미래보고서 2055. 서울: 비즈니스북스. 105.
128. 파이낸셜뉴스(2017.06.08.) 국내 첫 팔이식 환자 홍보맨 활동. http://www.fnnews.com 검색: 2017.09.28.
129. US National Library of Medicine National Institutes of Health(2013.06.13.) HEAVEN: The head anastomosis venture Project outline for the first human head transplantation with spinal linkage (GEMINI) https://www.ncbi.nlm.nih.gov 검색: 2018.02.07.; 중앙일보(2018.02.07.) 전신마비 환자 머리에 뇌사자의 몸 이식한다 http://news.joins.com 검색: 2018.02.07.
130. Kurzweil, R.(2005) *The Singulaity Is Near.* 김명남·장시형 역(2016) 특이점이 온다. 경기도: 김영사. 570-571.
131. Carr, N.(2014) *The Glass Cage.* 이진원 역(2014) 생각을 통제하는 거대한 힘 유리감옥. 서울: 한국경제신문. 280.

132. Capuro, L. Nagenborg, N.(2012) 변순용·송선영 공역(2013) 로봇윤리. 서울: 어문학사. 36-41; 이중원 외(2017). 『디지털 시대 인문학의 미래』 서울: 푸른역사. 15.
133. 한국경제(2017.09.27.) 중국 해커 놀이터 된 독일 74조원 규모 기술 뺏기고도 침묵한 까닭. http://news.hankyung.com 검색 2017.10.04.; 매일경제(2017.09.20.) IP카메라 해킹영상 중국 성인사이트까지 유포. http://news.mk.co.kr 검색: 2017.10.04.; 인터넷나라지표. http://www.index.go.kr 검색: 2017.10.04.
134. Foucault, M. Chomsky, N. A.(2006) *The Chomsky-Foucault Debate-On Humanl Nature by Noam Chomsky.* 이종인 역(2017) 촘스키와 푸코, 인간의 본성을 말하다. 서울: 시대의 창. 212-216.
135. Ridley, M.(1996) *The Origins of Virtue.* 신좌섭 역(2017) 이타적 유전자. 서울: 사이언스북스. 204-205.
136. 최윤식(2016) 미래학자의 인공지능 시나리오. 서울: 대성 korea. 181-219.
137. Schwab, K.(2016) *The Fourth Industrial Revolotion.* 송경진 역(2017) 클라우드 Schwab의 제4차 산업혁명. 서울: 메가스터디. 261.; Attali, J.(2007) *Une Brève Histoire de L'avenir.* 양영란 역(2010) 미래의 물결. 경기도: 위즈덤하우스. 240.; 박영숙·Glenn, J.(2017a) 세계미래보고서 2055. 서울: 비즈니스북스. 370-372.
138. Future of Life Institute(2017) Asiloma AI Principles. https://futureoflife.org 검색: 2017.11.24.
139. Wallijasper, J.(2010) *All That We Share.* 박현주 역(2013) 우리가 공유하는 모든 것 서울: 검둥소. 24-45.; Ostrom, E.(1990) Governing the Commons. 강은숙·김종석 역(2016) 엘리너 오스트롬, 공유의 비극을 넘어. 서울: 커뮤니케이션북스. 2-3.
140. 이경아(1997) 17세기 영국 농업 경영 변화와 그 원인. 논문집. Vol.11.No.1. 379-388.; Wallijasper, J.(2010) *All That We Share.* 박현주 역(2013) 우리가 공유하는 모든 것. 서울: 검둥소. 126-131.
141. Attali, J.(1999) *Fraternités.* 이세욱 역(2001) 합리적인 미치광이 서울: 중앙M&B. 206.; Rifkin, J.(2001) The Age of Access. 이희재 역(2002) 소유의 종말. 서울: 민음사. 24.
142. Castells M.(2000) *The Rise Of The Network Society.* 김묵한·박행웅·오은주 역(2003) 네트워크 사회의 도래. 서울: 도서출판 한울. 454-457.: Castells M.(2013) *Communication Power.* 박행웅 역(2014) 마누엘 카스텔의 커뮤니케이션 권력. 경기도: 도서출판 한울. 99-106.
143. 통계청. 가구 인터넷 및 컴퓨터 보급률. http://www.index.go.kr; https://isis.kisa.or.kr; https://www.akamai.com; https://en.wikipedia.org; USATODAY(2016.06.30.) Superfast internet? South Korea wins, U.S. lags far behind. https://www.usatoday.com 검색: 2018.09.01.
144. Toffler, A.(1990) *Power Shift.* 이규행 역(1995) 권력이동. 서울: 한국경제신문사. 146.
145. Castells M.(2013) *Communication Power.* 박행웅 역(2014) 마누엘 카스텔의 커뮤니케이션 권력. 경기도: 도서출판 한울. 109.; Rifkin J.(2001) *The Age of Access.* 이희재 역(2002) 소유의 종말. 서울: 민음사. 62.; Toffler, A.(1990) *Power Shift.* 이규행 역(1995) 권력이동. 서울: 한국경제신문사. 147-168.

146. Schwab, K.(2016) *The Fourth Industrial Revolotion.* 송경진 역(2017) 클라우드 슈밥의 제4차 산업혁명. 서울: 메가스터디. 34.
147. 플라톤 아카데미(2016) Slavoj Zizek의 미래를 위해 우리는 무엇을 해야 하는가? 강연동영상. http://www.platonacademy.org 검색: 2017.10.10.
148. 최윤식(2014) 2030 대담한 미래2. 서울: 지식노마드. xxxvii-xxxxix.
149. Rifkin, J.(1980) *Entropy.* 이창희 역(2014) 엔트로피. 서울: 세종연구원. 59.
150. Lovelock J.(1979) *GAIA: A New at Life on Earth.* 홍욱희 역(2017) 가이아 살아있는 생명체로서의 지구. 서울: 갈라파고스. 64.
151. 경향신문(2018.01.09.) 산소 사라진 죽음의 바다 70년간 4배 늘어 생태계붕괴 위험. http://news.khan.co.kr 검색: 2018.01.09.
152. 연합뉴스(2017.10.01.) 전세계 대부분 수돗물 플라스틱 성분에 오염. http://www.yonhapnewstv.co.kr 검색: 2017.10.10.
153. Rifkin, J.(2014) *The Zero Marginal Cost Society: The Internet of Things, The Collaborative Commons, and The Eclipse of Capitalism.* 안진환 역(2015) 한계비용 제로 사회 사물인터넷과 공유경제의 부상. 서울: 민음사. 23.
154. 아시아경제(2018.01.09.) 미국 지난해 자연재해로 327조원 피해 사상최대규모. http://www.asiae.co.kr. 검색: 2018.01.09.
155. Rifkin, J.(2014) *The Zero Marginal Cost Society: The Internet of Things, The Collaborative Commons, and The Eclipse of Capitalism.* 안진환 역(2015) 한계비용 제로 사회 사물인터넷과 공유경제의 부상. 서울: 민음사. 444.
156. Rifkin, J.(1993) *Beyond Beef.* 신현승 역(2012) 육식의 종말 서울: 시공사. 351.
157. Ziegler J.(2000) *Wie Kommt Der Hunger In Die WELT.* 유영미 역(2011) 왜 세계의 절반은 굶주리는가 유엔 식량특별조사관이 아들에게 들려주는 기아의 진실. 서울: 갈라파고스. 21.
158. Drucker F. P.(1989) *The New Realites.* 김용국 역(1989) 새로운 현실. 서울: 시사영어사. 162.
159. Attali, J.(2007) *Une Brève Histoire de L'avenir.* 양영란 역(2010) 미래의 물결. 경기도: 위즈덤하우스. 7.
160. 이정우(2011) 불평등의 경제학. 서울: 후마니타스. 430-441.; Piketty T.(2013) *Le Capital Au XXIe SICÈLE.* 장경덕 외 역(2014) 21세기 자본. 경기도: 글항아리. 300.
161. Stiglitz, J.(2012) *The Price of Inequality.* 이순희 역(2013) 불평등의 대가. 파주시: 주식회사 열린책들. 104.
162. Stiglitz, J.·Greenwald C.B.(2015) *Creating a Learning Society.* 김민주·이엽 공역(2016) 창조적 학습사회. 서울: 한국경제신문 한경BP.

163. Schumpeter, J.(1942) *Capitalism, Socialism, Democracy.* 변상진 역(2016) 자본주의·사회주의·민주주의. 경기도: 한길사.
164. Rousseau J. J.(1754) *Discour sur L'origne, et les Fondements de L'inégalité Parmi les Hommes.* 김중현 역(2010) 인간 불평등 기원론. 서울: 펭귄클래식 코리아. 156.
165. Rifkin, J.(1980) *Entropy.* 이창희 역(2014) 엔트로피. 서울: 세종연구원. 214-215.
166. 內田樹(2007) 下流志向. 김경옥 역(2014) 하류지향. 서울: 민들레. 57-58.
167. Bauman, Z.(2000) *Liquid Modernity.* 이일수 역(2009) 액체근대. 서울: 도서출판 강. 120-125.; Fromm E.(1976) *To Have Or To Be.* 차경아 역(2012) 소유냐 존재냐. 서울: 까치글방. 33-34.
168. 최윤식(2014) 2030 대담한 미래2 서울: 지식노마드. 289.
169. Attali, J.(2010) *Tous Ruinés Dans Dix Ans.* 양진성 역(2012) 더 나은 미래. 서울: 청림출판. 206.
170. 최윤식·김건주(2014) 기회의 대이동. 경기도: 김영사. 218.
171. Comenius J. A.(1657) *The Great Didactic.* 정확실 역(2013) 대교수학. 경기도: 교육과학사. 75.
172. Dewey, J.(1899) *The School and Society.* 이인기 역(1975) 학교와 사회. 서울: 박영사. 21.; Dewey, J.(1916) *Democracy and Education.* 이홍우 역(2007) 민주주의와 교육. 경기도: 교육과학사. 514-517.
173. 서근원(2003) 수업을 왜 하지? 서울: 우리교육. 214-215.
174. 서근원(2003) 수업을 왜 하지? 서울: 우리교육. 228.
175. 추창훈(2017) 로컬에듀. 서울: 에듀니티.
176. Hargreaves A. Shirly D.(2015) *The Fourth Way.* 이찬승·김은영 역(2016) 학교교육 제4의 길. 서울: 교육을 바꾸는 책.
177. Rancière, J.(1987) *Le Maître Ignorant.* 양창렬 역(2013) 무지한 스승. 서울: 궁리출판. 13-72.
178. Vygotsky, L. S.(1934) *Thinking and Speech.* David Kellogg 외 역(2013) 생각과 말. 서울: 살림터. 477-514.
179. Huizinga, J.(1938) *Homo Ludens: A Study of The Play Element in Culture.* 이종인 역(2017) 호모 루덴스 놀이하는 인간. 경기도: 연암서가.
180. 마스다 히로야(2014) *Chihou Shoumetsu.* 김정환 역(2015) 지방소멸. 서울: 미래엔. 37.
181. 마강래(2017) 지방도시 살생부. 경기도: 개마고원. 32.
182. 김항심(2016) 지방 엄마의 유쾌한 교육 혁명. 전북: 내일을 여는 책. 29.
183. Seligman, E. P. M.(2002) *Authentic Happiness.* 김인자·우문식 공역(2014) 마틴 셀리그만의 긍정심리학. 경기도: 물푸레·한국긍정심리연구소. 400-417.
184. 박영숙·Glenn, J.(2017a) 세계미래보고서 2055. 서울: 비즈니스북스. 132-331; 박영숙·Goertzel, B.(2016) 인공지능 혁명 2030. 서울: 더블북. 105-116.

185. Hesselbein, F·Goldsmith, M(2006)ed) *The Leader of The Future2.* 문일윤 역(2007) 미래형 리더. 경기도: 북앤북스. 267.
186. Attali, J.(2014) *Devenir Soi.* 김수진 역(2016) 언제나 당신이 옳다. 서울: 미래엔. 179.
187. Csikszentmihalyi M.(1997) *Finding Flow.* 이희재 역(2007) 몰입의 즐거움. 서울: 해냄출판사. 75-181.
188. Csikszentmihalyi, M.(1996) *Creativity: Flow and Psychology of Discovery and Invention.* 노혜숙 역(2017) 창의성의 즐거움. 서울: 더난콘텐츠그룹. 433.
189. 플라톤 아카데미(2013) Bernard Werber의 인간을 보는 다른 시선. 강연동영상. http://www.platonacademy.org 검색: 2017.09.10.
190. Bureau, S.(2014) *If You Want To Get a Glibal Job, Meet Simon.* 김정민 역(2014) 글로벌 취업을 원하면 시몽을 만나라 서울: 라이온북스. 46-47.
191. Nietzsche, F.(1889) *Götzen-Dämmerung oder Wie man mit dem Hammer philosophirt.* 박찬국 역(2015) 『우상의 황혼』 경기도: 아카넷. 94-95.
192. 송순재·고병헌 외(2015) 위대한 평민을 기르는 덴마크 자유교육. 서울: 민들레.; 시미즈 미츠루(2014) 김경인·김형수 역(2014) 삶을 위한 학교. 서울: 녹색평론사.
193. 강원일보사·강원도교육청(2016). 2015 학교혁신 확산을 위한 국외연수 보고서. 17.
194. Kant, I.(1787) *Kritik Der Reinen Vernunft.* 정명오 역(2015) 순수이성비판. 서울: 동서문화사. 337.
195. 강선보(1992) 만남의 교육. 서울: 양서원. 108-111.
196. Gadamer, H. G.(2000) *Eeziehung Ist Sich Erziehen.* 손승남 역(2004) 교육은 자기교육이다. 서울: 동문선. 28-73.
197. Foucault, M.(2001) *L'Herméneutiques du Sujet.* 심세광 역(2007) 주체의 해석학. 서울: 동문선. 269.
198. Habermas J.(1981) *Theories des Kommunikativen Handelns: Zur Kritik der Funktionalistischen Vernunft.* 장춘익 역(2015) 의사소통행위이론2 기능주의적 이성 비판을 위하여. 경기도: 나남. 174-231.
199. DR하브루타교육연구회(2012) 하브루타 질문 수업. 서울: 경향비피.
200. 김세범(2015) '하브루타'를 통한 교수방법의 변화 가능성에 관한 연구. 신학과 목회. 22. 389-415. 영남신학대학교. 407.
201. 佐藤 学(2012) *Gakko Wo Kaikaku Suru.* 손우정·신지원 공역(2016) 사토마나부, 학교개혁을 말하다 서울: 에듀니티. 48.
202. 손우정(2016) 배움의 공동체. 서울: 해냄출판사. 61.
203. 오인탁(2017) 파이데이아 고대 그리스의 교육사상. 서울: 학지사. 32.

204. 김봉섭·김현철·박선아 외(2017) 4차 산업혁명시대 지능정보사회의 디지털 시민성에 대한 탐색. 대구: 한국교육학술정보원. 3-9.
205. 박영선의원 블로그 http://blog.pys21.net 검색: 2017.10.13.
206. European Parliament(2017.01.12.) Robots: Legal Affairs Committee calls for EU-wide rules. http://www.europarl.europa.eu/news 검색: 2017.10.13.
207. Gray, H. C.(2001) *Cyborg Citizen*. 석기용 역(2016) 사이보그 시티즌. 경기도: 김영사. 65-74.
208. Drucker F. P.(2000b) *The Essential Drucker III*. 이재규 역(2001) 이노베이터의 조건 어떻게 스스로를 혁신할 것인가. 서울: 청림출판. 146-148.
209. 이문영(2016) 톨스토이와 평화. 서울: 모시는 사람들. 118-130.
210. Maxcy, J. S.(1994) *Educational Philosophy for The Future*. 성기산 역(1996) 미래를 위한 교육철학. 서울: 집문당. 184-187.
211. UK Qualifications and Curriculum Authority(1998) *Education for Citizenship and The Teaching of Democracy in Schools*. LD: Qualifications and Curriculum Authority.
212. 징검다리교육공동체 연구팀(2016) 보이텔스바흐 합의 정신에 기반한 민주시민교육 정책 방안 연구. 서울: 서울교육정책연구소.
213. Gray, H. C.(2001) *Cyborg Citizen*. 석기용 역(2016) 사이보그 시티즌. 경기도: 김영사. 70-79.
214. https://en.wikipedia.org/wiki/Uncanny_valley
215. Attali, J.(1999) *Fraternités*. 이세욱 역(2001) 합리적인 미치광이 서울: 중앙M&B. 219.
216. Rifkin, J.(2014) *The Zero Marginal Cost Society: The Internet of Things, The Collaborative Commons, and The Eclipse of Capitalism*. 안진환 역(2015) 한계비용 제로 사회 사물인터넷과 공유경제의 부상. 서울: 민음사. 444-445.
217. 최병모·박형준·조병철(2004) 세계화·지식기반사회에 적합한 경제시민성 교육의 방향모색: 다중적·다차원적 경제시민성의 관점에서. 사회과교육 Vol.43. No.3. 103-126. 한국사회과교육연구학회.
218. 김정은·이기춘(2009) 소비자시민성의 구성요소와 소비생활영역별 차이분석. 소비자학연구 Vol.20. No2. 27-51.
219. 김병연(2015) 생태시민성과 페다고지: 에코토피아로 가는 길. 서울: 박영스토리.
220. Lovelock J.(1988) *The ages of Gaia: A Biography of Our Living Earth*. 홍욱희 역(1992) 가이아의 시대: 살아 있는 우리 지구의 전기. 서울: 범양사출판부. 51-52.
221. Brown T. Brown J.(2006) *Tom Brown's Field Guide To Nature And*. 김병순 역(2006) 산과 들에서 배우는 감각 교육 길잡이 여우처럼 걸어라. 경기도: 보리. 75.
222. Lovelock J.(1988) *The ages of Gaia: A Biography of Our Living Earth*. 홍욱희 역(1992) 가이아의 시대: 살아 있는 우리 지구의 전기. 서울: 범양사출판부. 304.

223. Sadovnik, R. A.(ed)(2007) *Sociology of Education.* NY: Routledge. 53-69.
224. 이정우(2011) 불평등의 경제학. 서울: 후마니타스. 103.
225. Drucker F. P.(2000a) *The Essential Drucker II.* 이재규 역(2011) 변화 리더의 조건 어떻게 변화를 이끌어 갈 것인가. 서울: 청림출판. 53-55.
226. Attali, J.(1999) *Fraternités.* 이세욱 역(2001) 합리적인 미치광이. 서울: 중앙M&B. 220.
227. Attali, J.(1999) *Fraternités.* 이세욱 역(2001) 합리적인 미치광이. 서울: 중앙M&B. 184.
228. Shermis S. S.(1967) *Philosophic Foundations of Education.* 김동구 역(1998) 교육의 철학적 기초. 서울: 학지사. 21-22.
229. Kant I.(1803) *Kants Vorlesung Ueber Paedagogik.* 조관성 역(2007) 칸트의 교육학 강의. 서울: 철학과 현실사.
230. Whitehead, A. N.(1967) *The Aims of Education and Other Essays.* 오영환 역(2004) 교육의 목적. 경기도: 궁리.
231. White, J.(2011) *Exploring Well-Being in Schools.* 이지헌·김희봉 공역(2014) 잘삶의 탐색 학교교육의 새로운 목적. 경기도: 교육과학사. 6, 150, 220.
232. Rifkin, J.(2014) *The Zero Marginal Cost Society: The Internet of Things, The Collaborative Commons, and The Eclipse of Capitalism.* 안진환 역(2015) 한계비용 제로 사회 사물인터넷과 공유경제의 부상. 서울: 민음사. 485.
233. Nussbaum C. M.(2011) *Not For Profit.* 우영석 역(2016) 학교는 시장이 아니다. 경기도: 궁리. 77-78.
234. 배영권 외(2017) KERIS 이슈리포트 해외 소프트웨어 교육정책 동향 분석. 한국교육학술정보원.
235. NYTIMES(2014.09.11.) Steve Jobs Was a Low-Tech Parent. https://www.nytimes.com 검색: 2018.02.01.
236. THEGUARDIAN(2018.01.19.) Apple's Tim Cook: I don't want my nephew on a social network. https://www.theguardian.com 검색: 2018.02.01.
237. 한국경제(2017.09.27.) 중국 해커 놀이터 된 독일 74조원 규모 기술 뺏기고도 침묵한 까닭. http://news.hankyung.com 검색: 2017.10.04.
238. 고전(2014) 일본교육개혁론. 서울: 박영스토리. 197-297.